パラリーガルの
実務感覚から学ぶ

民事訴訟・執行・保全

川嶋四郎／監修
山本　真／著

日本評論社

〈監修者のことば〉
民事訴訟法は実際どのように活用されているか

　私は本書を監修し、"The life of the law has not been logic; it has been experience."（法の生命は論理ではなく経験である。）というオリバー・ウェンデル・ホームズ・Jr.元アメリカ合衆国最高裁判事の言葉を想い起こしました。法は論理的な構造をもち、権力や人々を拘束し規範的な指針を提供しますが、「制度は人」と言われるように、それを生かすも殺すも法の担い手にかかっています。人こそが、まさにその経験によって法に命を吹き込むと考えられるからです（知識も経験の一部なのです。）。この本には、そのような民事訴訟法を中核とする民事手続法を、個々の民事事件で生かす実務の英知が込められています。筆者の実務経験と実務感覚が、私たちを「生きた民事訴訟の世界」に、易しくかつ優しく誘ってくれるのです。

　手続に関する法の実践は、多くの場合いわば非日常的な世界の営みですので、初めて学ぶ人や一般市民にとって時に難解なものと感じられます。民事訴訟法は、紛争解決や法的救済に関する手続を定めた法規範ですが、本書を読むことによって、それらの法律が、実際にどのように具体的に活用されているかがよく分かります。それとともに、様々な民事手続を自分で用いることさえ可能になるのです。

　国連サミットで加盟国の全会一致で採択された『SDGs（持続可能な開発目標）目標16』（「平和と公正をすべての人に」）の中では、「誰一人取り残さない強い民事司法制度」の構築が要請されています。民事裁判のICT化は、それを実現する可能性を秘めています。本書は、最新の民事訴訟法改正をも盛り込んで執筆されていますので、即戦力となる利便性の高い書籍に仕上がっています。抽象的な手続を具体化する実務の知恵が満載されているのです。

　著者の山本真さんは、30年近くパラリーガルとして活躍しています。また、社会人学生として同志社大学大学院法学研究科の修士課程・博士課程で学び、龍谷大学法学部で毎年授業を行っています。本書は、山本さんが、長い時間を

かけて執筆した民事訴訟手続に関する法と実務の入門書です。弁護士事務所で弁護士活動やその法律実務を支えてきた筆者ならではの読者へのきめ細やかな配慮が、その随所に見られます。丁寧な説明と柔らかい語り口、そして本書の各所にちりばめられた民事実務秘訣集とでもいうべき「つぶやき」には、山本さんの人柄が表れています。民事訴訟法や紛争解決手続の全体を初めて学ぶ人たちや若いパラリーガルの方々が陥りがちな隘路（あいろ）を回避し、一期一会的な法律実務におけるベスト・プラクティスを実現できるような工夫が凝らされているのです。そこには、通常の民事訴訟法のテキストに書かれている基本手続だけではなく、書かれていないような、たとえば、手数料額、印紙の貼り方、必要書類とその書き方、具体的な裁判実務の運用・慣行・作法なども、詳しく紹介されています。数多くの書式例は、逆説的に聞こえるかもしれませんが、血の通った法実践への架橋となり、手続実践を通じて、民法等の実体法の価値が具体的に実現され法的救済が図られていくことの理解に役立ちます。ようやく大切さが認識されるようになった「法教育」の教材にもなりますし、民事模擬裁判にも最適です。

　大学の研究者が書いた民事訴訟法のテキストなどとは一味違った醍醐味や実務の繊細さを、本書を通じて一人でも多くの読者に味わってもらえればと願っています。そして、読者の皆さんが、民事訴訟法の「新しい景色」を堪能（たんのう）していただければと思います。

2022年12月14日

冷泉家時雨亭文庫（れいぜい・しぐれてい）を臨む同志社大学弘風館にて

同志社大学教授　川嶋四郎

はしがき

第1　本書執筆の経緯と本書の特徴

　本書は、法律事務職員（パラリーガル）の実務感覚に基づいて民事訴訟法・民事執行法・民事保全法を解説した入門書です。

　筆者は、大学卒業と同時に法律事務職員となりました。丸15年を過ぎた2010年4月、龍谷大学非常勤講師に就任し、現在に至るまで、法学部専攻科目「法律事務実務」を担当しています。「法律事務実務」は、法律事務所で日々働いている弁護士と法律事務職員が講師となり、法律事務所の日常業務や訴訟進行に沿った手続を解説する科目であり、実務の一端を知ることで、法律科目への興味と理解度を高めることを目的としています。現在、法律事務実務は、Ⅰ・Ⅱ・Ⅲ・Ⅳの4科目で構成されており、筆者は、法律事務実務Ⅱ（民事訴訟手続）及びⅢ（民事執行・民事保全手続）を担当しています。

　授業では、民事訴訟・執行・保全の各手続について、架空の貸金請求事件をもとに、手続の進行に沿って、裁判所に提出する書類の基本的な書き方や提出方法を説明したり、裁判所が作成する書類を見たりすることによって、手続の全体像と手続の流れを楽しく理解できるように工夫しています。また、授業の1コマを利用し、証人尋問の模擬裁判を実施しています。

　筆者は、2017年度以降、毎年、受講生向けに作成したレジュメを簡易製本し、講義テキストとして龍谷大学生活協同組合書籍部で販売してきました。本書は、その講義テキストが他に類似性のないものであり、学生だけでなく、広く一般の初学者にも適していると考え、執筆し直したものです。

　本書の特徴は、①法律事務職員が実務の基本に基づいて手続の進行に沿った解説をしていること、②書式例を掲載していること、③民事手続を理解する上で知っておいた方が良いと思われる基礎知識（期間の計算、利息・損害金の計算、弁済の充当）を織り込んだこと、④つぶやき（コラム）を豊富に織り込んだこと、⑤本書を参考にして民事模擬裁判（証人尋問）をできるようにしたことです。

　書籍を読むことによって未知の世界を学ぶためには、文章の読解力が必要ですが、イメージが湧くと読解力を補うことができます。実務の一端を知ると、法律に規定されている手続が実際にどのように活用されているかが分かり、具体的なイメージが湧くと思います。そのイメージは、実際に使われている書式例を照らし合わせると、より鮮明になります。実務は難しいという先入観を抱く人がいるかもしれませんが、本書は手続の基本的・原則的な事項のみを扱っており、実務上の難しい問題や学問的な問題は扱っていませんので、安心してください。

　本書が、民事訴訟という未知の世界への導入となれば嬉しいです。

第2　こんな人に読んで欲しい

　本書は初学者向けとなっていますが、特に、法学部生、法律事務職員、裁判所書記官試験を受験する裁判所事務官に読んで欲しいです。

1　法学部生

　民事訴訟法は、理解することが難しくて面白くもなく、眠素法（みんそほう）と揶揄されることがあります。その要因の一つは、具体的な手続の流れがイメージしにくいからだと思います。本書を通読すれば、民事訴訟の手続の流れと全体像を把握することができ、民事訴訟法の面白さに気づくでしょう。また、民事訴訟法・民事執行法・民事保全法を学ぶと、民法の理解を深めることができます。民事模擬裁判にも是非挑戦してください。挑戦こそが自分の成長につながります。

2　法律事務職員

　法律事務職員（パラリーガル）は、裁判所書記官（事務官）や検察事務官と同じように、法曹（裁判官・検察官・弁護士）を支える専門職です。ところが、弁護士会は、裁判所や検察庁とは異なり、自分たちを支える人材の育成に力を注ぎません。そのため、法律事務職員は、孤軍奮闘して実力をつける必要がありますが、業務の都合上、どうしてもマニュアル本に頼ってしまいがちです。しかし、マニュアル本では小手先の技術と手続の一部の理解しか身につきません。弁護士を支える真の専門職となるためには、手続の全体像と手続の流れをしっかりと理解する必要があります。日常業務で民事手続に関わっているみなさんにとって、本書は読みやすいと思います。

3　裁判所書記官試験の勉強をしている裁判所事務官

　各裁判所では、裁判官や裁判所書記官が講師となり、昼休みや勤務後に、裁判所書記官試験のための勉強会が開催されているようですが、民事訴訟法は選択科目ということもあり、勉強会では、基本3法（憲法・民法・刑法）が中心になると聞いています。論文試験には本書の知識では足りませんが、まず、本書を通読し、民事訴訟の手続の流れと全体像を把握すれば、概説書がすんなり読めると思います。また、本書は法律事務所の視点で書いていますので、裁判所の視点とは異なるところがあり、新鮮に感じるかもしれません。

第3　お世話になった方々

　本書を執筆するにあたり、大きな影響を受けた書籍があります。鬼追明夫＝加島宏監修『書式と理論で民事手続〔新版〕』（日本評論社、2010年）です。この書籍は、当時、法律事務職員・龍谷大学非常勤講師であった古川末治先生、姫田左代子先生、安達隆治先生、芦田幸雄先生の4名が執筆されました。この書籍は、架空の貸金請求事件をもとに解説されていますが、とても良い事案ですので、本書は、当事者名等を変更するなどして、ほぼ同じ内容の貸金請求事件を使わせていただきました。著者の先生方には、同じ内容の事案を使うことについて御快諾いただき感謝申し上げます。とりわけ、古川末治先生には多くの感謝の言葉を尽くしても尽くし足りません。古川先生から龍谷大学の後任講師に推挙されなければ、今の私はありません。

　何よりも龍谷大学の受講生に心より感謝します。5講時という疲れて眠たくなる時間帯にもかかわらず、いつも熱心に授業を聞いてくれています。受講生の熱意に応えるため、どのようにすれば民事訴訟法の面白さを感じるかについて工夫を重ね、講義テキストの改訂を続けたのが本書の出版につながりました。

　元受講生の紺谷柚穂さん（法律事務職員）、安藤優来さん（裁判所事務官）、西村優希さん（法学部3年生）には、草稿を通読してもらい、貴重な助言やアイディアをもらいました。本書の原告と被告の氏名は西村さんが考え、西村さんのイメージを元にして、安藤さんが原告と被告のイラストを書いてくれました。また、弁護士加島宏先生（元龍谷大学客員教授）には、民事模擬裁判のために、訴訟記録（訴状・答弁書・準備書面・証拠申出書・書証・証拠説明書）に目を通し

ていただくとともに、尋問のルールに関するレジュメを御提供いただきました。さらに、日本評論社の岡博之さんには、本書の企画段階からご尽力をいただくとともに、体裁や構成に関する様々なご助言をいただきました。心より感謝申し上げます。

最後に、師匠の川嶋四郎先生（同志社大学法学部教授）に心より深く感謝申し上げます。川嶋先生はいつも笑顔で本当に楽しそうに授業をしておられます。川嶋先生のおかげで民事訴訟法の面白さにはまりました。川嶋先生には、本書の出版を日本評論社に推薦していただくとともに、ご監修いただき、細部にわたっていろいろな御教示を賜りました。

お世話になった方々に万感の思いを込めて感謝の気持ちを捧げます。

2023年1月22日

山本　真

【令和4年の民事訴訟法等の改正について】

2022年5月25日、「民事訴訟法等の一部を改正する法律（令和4年法律第48号）」が公布されました（本書では、この法律を「令和4年改正法」と呼びます）。なお、令和4年改正法は、民事訴訟法だけでなく、関連する他の法律（民事訴訟費用等に関する法律等）も一部改正されています。

令和4年改正法の主たる目的は、民事訴訟を全面的にIT化できるようにすることです。もっとも、実際に民事訴訟をIT化するためには、民事訴訟規則の改正や裁判所の事件管理システムの整備が必要となりますが、本書脱稿時（2023年1月22日）において、その詳細は明らかになっていません。また、施行日は、原則として公布日から4年以内となっており、全面的に施行されるまでには、本書発行後、まだ約3年もかかります。

したがって、本書は、現在適用されている改正前の法律に基づいて解説することとし、令和4年改正法については簡単に触れる程度にとどめています。

なお、令和4年改正法によって、一部の条文等は、繰り下げられるなどして、条数等が変わっています（例：民訴99条→101条、民訴費別表第2→別表第3）。本書では、施行後に条数等が変わるものについては、〔令4法施行後○条〕と表記しています。

目　次

【つぶやき】一覧

法令略語

（本書で引用する法律・規則等）

か	家事	家事事件手続法
き	行訴	行政事件訴訟法
	供	供託法
	供則	供託規則
け	憲	日本国憲法
さ	裁	裁判所法
し	司書	司法書士法
	執行官	執行官法
	執行官規	執行官規則
	人訴	人事訴訟法
せ	税徴	国税徴収法
	税通	国税通則法
と	登税	登録免許税法
ふ	不登	不動産登記法
み	民	民法
	民執	民事執行法
	民執規	民事執行規則
	民執令	民事執行法施行令
	民訴	民事訴訟法
	民訴規	民事訴訟規則
	民訴費	民事訴訟費用等に関する法律
	民訴費規	民事訴訟費用等に関する規則
	民保	民事保全法
	民保規	民事保全規則
ゆ	郵便	郵便法

参考文献
【著者（監修者・編集者）の50音順】

本書は、先人の優れた研究業績の上に成り立っています。心より感謝申し上げます。

い　生熊長幸『わかりやすい民事執行法・民事保全法〔第2版〕』（成文堂、2012年）

い　伊藤眞『民事訴訟法〔第7版〕』（有斐閣、2020年）

い　伊藤真『合格のお守り』（日本実業出版社、2008年）

う　上原敏夫編著『改正民事訴訟法　解説＋全条文』（三省堂、2022年）

お　大阪地裁執行実務研究会編『不動産明渡・引渡事件の実務』（新日本法規、2009年）

お　大阪地方裁判所簡易裁判所活性化研究会編『大阪簡易裁判所における民事訴訟の運営と定型訴状モデルの解説』（別冊判例タイムズ27号、2010年）

お　岡口基一＝中村真『裁判官！当職はそこが知りたかったのです。―民事訴訟がはかどる本―』（学陽書房、2017年）

か　笠井正俊＝越山和宏編『新・コンメンタール民事訴訟法〔第2版〕』（日本評論社、2013年）

か　加島宏監修『書式と理論で民事手続〔新版〕』（日本評論社、2010年）

か　兼子一ほか著『条解民事訴訟法〔第2版〕』（弘文堂、2011年）

か　川嶋四郎『民事訴訟法』（日本評論社、2013年）

か　川嶋四郎『民事訴訟法概説〔第3版〕』（弘文堂、2019年）

か　川嶋四郎＝笠井正俊編『はじめての民事手続法』（有斐閣、2020年）

か　川嶋四郎編著『判例民事訴訟法入門』（日本評論社、2021年）

か　川嶋四郎『日本史のなかの裁判―日本人と司法の歩み―』（法律文化社、2022年）

き　木山泰嗣『小説で読む民事訴訟法』（法学書院、2008年）

き　木山泰嗣『小説で読む民事訴訟法2』（法学書院、2012年）

こ　近藤基『債権配当の実務と書式〔第3版〕』（民事法研究会、2021年）

さ　最高裁判所事務総局民事局監修『執行官提要〔第6版〕』（法曹会、2022年）

さ　裁判所書記官研修所編『訴額算定に関する書記官事務の研究〔補訂版〕』（法曹会、2002年）

さ　裁判所職員総合研修所監修『民事上訴審の手続と書記官実務の研究〔補訂版〕』（司法協会、2019年）

さ　裁判所職員総合研修所監修『民事保全実務講義案〔改訂版〕』（司法協会、2007

年）

さ　裁判所職員総合研修所監修『民事実務講義案Ⅱ〔五訂版〕』（司法協会、2017年）

さ　裁判所職員総合研修所監修『民事実務講義案Ⅲ〔五訂版〕』（司法協会、2015年）

さ　裁判所職員総合研修所監修『民事訴訟法概説〔九訂版〕』（司法協会、2017年）

さ　裁判所職員総合研修所監修『執行文講義案〔改訂再訂版〕』（司法協会、2015年）

さ　裁判所職員総合研修所監修『民事実務講義案Ⅰ〔五訂版〕』（司法協会、2016年）

さ　裁判所職員総合研修所監修『民事訴訟法講義案〔三訂版〕』（司法協会、2016年）

し　潮見佳男『新債権総論Ⅰ（法律学の森）』（信山社、2017年）

し　執行官実務研究会編『執行官実務の手引〔第2版〕』（民事法研究会、2015年）

し　司法研修所編『新問題研究要件事実　付—民法（債権関係）改正に伴う追補—』（法曹会、2020年）

し　新堂幸司『民事訴訟制度の役割』（有斐閣、1993年）

し　新堂幸司『新民事訴訟法〔第6版〕』（弘文堂、2019年）

せ　瀬木比呂志『民事保全法〔新訂第2版〕』（日本評論社、2020年）

そ　園部厚『書式　不動産執行の実務—申立てから配当までの書式と理論〔全訂12版〕』（民事法研究会、2022年）

そ　園部厚『書式　債権・その他財産権・動産等執行の実務—申立てから配当までの書式と理論〔全訂15版〕』（民事法研究会、2020年）

た　竹下守夫『民事執行における実体法と手続法』（有斐閣、1990年）

た　髙中正彦ほか『裁判書類作成・尋問技術のチェックポイント』（弘文堂、2022年）

た　田中敦編『抗告・異議申立ての実務』（新日本法規、2021年）

と　道垣内弘人『リーガルベイシス民法入門〔第4版〕』（日経新聞出版社、2022年）

な　中野貞一郎『民事裁判入門〔第3版補訂版〕』（有斐閣、2012年）

な　中野貞一郎著／青木哲補訂『民事執行・保全入門〔補訂第2版〕』（有斐閣、2022年）

な　中野貞一郎＝下村正明『民事執行法〔改訂版〕』（青林書院、2021年）

な　中村真『若手法律家のための民事尋問戦略』（学陽書房、2019年）

ひ　平野哲郎『実践民事執行法民事保全法〔第3版補訂版〕：2022年』（日本評論社、2022年）

ふ　深沢利一（園部厚補訂）『民事執行の実務（下）総則・強制執行における救済、非金銭執行〔補訂版〕』（新日本法規、2007年）

ふ　藤田広美『民事執行・保全』（羽鳥書店、2010年）

ま　松本博之『民事執行保全法』（弘文堂、2011年）

み　三木浩一＝笠井正俊＝垣内秀介＝菱田雄郷『民事訴訟法〔第3版〕（Legal quest）』（有斐閣、2018年）

む　武藤貴明『争点整理の考え方と実務』（民事法研究会、2021年）

や　山本和彦ほか編『新基本法コンメンタール民事執行法』（別冊法学セミナー227号、2014年）

よ　横田明美『カフェパウゼで法学を』（弘文堂、2018年）

わ　我妻榮『債権総論〔新訂〕』（岩波書店、1964年）

わ　和田吉弘『基礎からわかる民事執行法・民事保全法〔第3版〕』（弘文堂、2021年）

わ　和田吉弘『基礎からわかる民事訴訟法〔第2版〕』（商事法務、2022年）

わ　和田吉弘『コンパクト版基礎からわかる民事訴訟法』（商事法務、2015年）

第1編 序 講

序講1　民事訴訟・強制執行・民事保全の関係

【事案】
　中堂慎司は水島透子に対して200万円を貸し付けました。しかし、水島透子は返済期日を過ぎても返済しません。

なか　どう　しん　じ
中 堂 慎 司

200万円貸付 →

みず　しま　とう　こ
水 島 透 子

第1　強制執行（権利の実現）

　本事案において、中堂慎司は、水島透子に対し、金銭消費貸借契約（民法587条）に基づき、「200万円を返せ！」と言える権利（貸金返還請求権）を有しています。水島透子が返済期日を過ぎても返済しない場合、中堂慎司はどのようにすべきでしょうか？

　まず、権利者は、権利があるからといって必ず行使しなければならないわけではありません。権利を行使するのもしないのも権利者の自由です。権利を放棄することもできます。これは**私的自治の原則**に基づくものです。

　では、中堂慎司が200万円の貸金返還請求権を行使したにもかかわらず、水島透子が任意に支払わない場合、中堂慎司は、この権利を実現する（200万円を実際に回収する）ためにはどのようにすれば良いのでしょうか？

　水島透子が任意に支払わないからといって、実力（暴力）で200万円を回収することは許されません。自力救済は禁止されています。

　そこで、国家は、自力救済を禁止する代わりに、国家の強制力を用いて債務者に履行させる制度を設けました。この制度が**強制執行**です。民法414条1項は、「債務者が任意に債務の履行をしないときは、債権者は、民事執行法その

他強制執行の手続に関する法令の規定に従い、直接強制、代替執行、間接強制その他の方法による履行の強制を裁判所に請求することができる。」と規定しています。

　強制執行は、債権者の申立てに基づき、裁判所が債務者の財産を差し押さえて、その財産を換価（売却するなどしてお金に換えることです）し、その換価代金を債権者に支払う（交付又は配当する）という手続です。例えば、不動産を対象とする強制執行の場合は、裁判所がその不動産を差し押さえて売却し、売却代金を債権者に交付（又は配当）します。手続の基本的な流れは、「申立て→差押え→換価→交付（配当）」です。この手続を定めた法律が民事執行法です。

　中堂慎司は、強制執行をすることによって、200万円を実際に回収し、満足を得ることができるのです。もっとも、中堂慎司が200万円全額を回収できるのは、水島透子が200万円以上の価値のある財産を有している場合です。また、その財産の所在を中堂慎司が知っている必要もあります（調べる手続はありますが、実際にはわからない場合も多いのです）。水島透子が強制執行の対象となる財産を有していない場合、回収は困難です。

　このように、強制執行は債権者の権利を実現するための手続ですが、一方で、強制執行は債務者の財産権を侵害するものです。したがって、強制執行が是認されるためには、権利が存在することについて、高度の蓋然性が必要です。そこで、民事執行法は、強制執行を実施する要件として、権利が存在することを公的に証明する文書の提出を要求しました。この強制執行に必要となる文書を**債務名義**といいます。

第2　民事訴訟（権利の確定）

　債務名義を得る方法の1つとして、民事訴訟を提起して勝訴判決を獲得するという方法があります（この勝訴判決の判決書が債務名義となります）。

　民事訴訟は、私人間の権利義務に関する争いを、国家機関である裁判所が法律を適用し、権利義務の存否を確定することによって解決する手続です。民事訴訟は、当事者の一方が裁判所に訴えを提起することによって始まります。訴えを提起した当事者を原告といい、訴えを提起された当事者を被告といいます。裁判所は、原告被告双方を手続に関与させ、権利義務の存否について、双方に

言い分を述べる機会を平等に与えて審理を行い、判決という形で判断します。手続の基本的な流れは、「訴えの提起→審理→判決」です。この手続を定めた法律が民事訴訟法です。

　中堂慎司は、貸金200万円の支払を求めて、裁判所に訴えを提起することができます。裁判所は、権利（200万円の貸金返還請求権）の存否について審理し、審理の結果、200万円の貸金返還請求権が存在すると判断すれば、「被告（水島）は、原告（中堂）に対し、200万円を支払え。」という判決を言い渡します（中堂勝訴・水島敗訴）。逆に、権利が存在しないと判断すれば、「原告（中堂）の請求を棄却する。」という判決を言い渡します（中堂敗訴・水島勝訴）。民事訴訟の判決が確定すると、権利の存否が確定します。このように民事訴訟は、権利義務の存否を判断して確定させる手続です。

　中堂慎司は、訴えを提起して勝訴判決を獲得することによって強制執行をすることが可能となるのです。

第3　民事保全（権利の実効性の確保）

　民事訴訟は、当事者双方の言い分を十分に聞くという手続なので、訴えの提起から判決までには多くの時間がかかります。直近の司法統計（令和3年司法統計年報概要版）によると、民事第一審訴訟事件（地方裁判所）の平均審理期間は、約10か月です（2020年9.9か月、2021年10.5か月）。その間に強制執行の対象となる財産を処分されてしまうと、せっかく債権者が勝訴判決を獲得しても強制執行をすることができなくなってしまうおそれがあります。

　例えば、中堂慎司は、水島透子が不動産を所有していたので、勝訴判決を獲得し、その不動産に対して強制執行をすれば200万円を回収できると考えていました。ところが、水島透子は、民事訴訟の手続中にその不動産を第三者に譲渡してしまいました。そうすると、その不動産は第三者の所有物となりますので、中堂慎司は勝訴判決を獲得しても、その不動産に対して強制執行をすることはできません。もし、水島透子が他に財産を有していなければ、200万円を回収することが困難となり、民事訴訟が無意味となりかねません。

　このような事態を避けるため、権利を主張する者に対し、仮に（暫定的に）一定の権能や地位を認める制度が**民事保全**です。

　例えば、水島透子の財産が不動産しか見当たらず、この不動産を処分されて
しまうと権利を実現することができなくなるおそれがある場合、中堂慎司は裁
判所に民事保全（不動産仮差押え）を申し立てることができます。裁判所は、
書面審理を行い、債権者の言い分が一応確からしいと判断すると、債権者に担
保を立てさせた上、仮差押決定を発令し、その仮差押決定に基づき不動産に仮
差押えの登記をします。強制執行と異なり、原則として、換価、交付（配当）
は行われません。しかし、この仮差押えの登記をしておけば、その後、水島透
子がその不動産を第三者に譲渡したとしても、中堂慎司は、民事訴訟で勝訴し
た場合、その譲渡を無視して、その不動産に対する強制執行をすることが可能
となります。

　このように、民事保全は、将来強制執行をすることができるように、権利の
実効性を確保するための手続です。

第4　民事訴訟・強制執行・民事保全の比較

4－1　3つの手続の関係

　3つの手続は、民事保全によって権利の実効性を確保し、民事訴訟によって
権利を確定させ、強制執行によって権利を実現するという関係になります。

民事保全	民事訴訟	民事執行
権利の実効性の確保	権利の確定	権利の実現

　もっとも、全ての事案において、3つの手続が必要となるわけではありませ
ん。事案によっていろんなパターンがあります。債務者が民事訴訟の判決に従
って債務を任意に履行すれば、強制執行は必要ありませんし、債務者が強制執
行の対象となる財産を多く所有しているのであれば、一般的には民事保全をす
る必要はありません。場合によっては、民事保全をしただけで債務者が任意に
履行してくることもあります（例えば、商売をしている人の取引銀行の預金を仮
差押えすると、その銀行から取引を停止されることがあり、それを避けるため、債
務者が任意に履行してくることがあります）。また、債務名義を得る方法は民事訴
訟に限られず、例えば、公証人に金銭消費貸借契約公正証書を作成してもらえ

ば、その公正証書（執行証書）が債務名義となり、民事訴訟をすることなく、強制執行をすることができます。

4－2　3つの手続の基本的な流れ

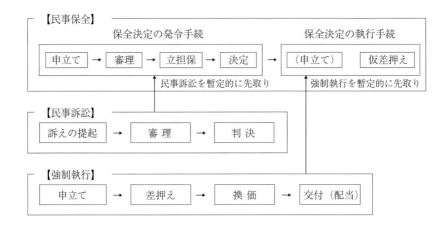

　3つの手続の基本的な流れを比較します。まず、民事訴訟は、「訴えの提起→審理→判決」という流れになります。次に、強制執行は、「申立て→差押え→換価→交付（配当）」という流れになります。他方、民事保全は、保全決定を発令するかどうかを審理・判断する手続（「申立て→審理→立担保→決定」という保全決定の発令手続）と、保全決定を具体的に実現する手続（保全決定の執行手続）の大きく2つの手続に分かれており、民事訴訟と強制執行を暫定的に先取りして行うような構造となっています。したがって、民事保全は、民事訴訟と強制執行を学んだ後に学ぶ方が理解しやすいです。

第5　手続法を学ぶ際の重要な視点

| 実体法 | 民法・商法・会社法等 |

| 手続法 | 民事訴訟法・民事執行法・民事保全法等 |

　民法、商法、会社法等は、権利義務の変動（発生・変更・消滅）の要件を定

める法律であり、実体法と呼ばれます。他方、本書で学ぶ民事訴訟法、民事執行法、民事保全法は、実体法で定められている権利の内容を実現する手続を定める法律であり、手続法と呼ばれます。手続法を学ぶ際、重要な視点があります。それは、実体的な問題と手続的な問題を分けて考えるということです。具体的にはどういうことか。第2編第1講を学んだ後に【つぶやき⑩】を読んでください。

第6 民事訴訟のIT化

近年、情報通信技術が急速に発展していますが、民事訴訟でも、IT（Information Technology）が活用され始めています。民事訴訟のIT化について簡単に触れておきます。

6−1 3つのe

2017年10月、内閣官房が「裁判手続等のIT化検討会」を設置し、2018年3月30日、同検討会が「裁判手続等のIT化に向けた取りまとめ―「3つのe」の実現に向けて―」を発表しました。

その内容は、以下の「3つのe」を目指すというものであり、フェーズⅠ（現行法下で新たな環境整備により実現可能となるもの）、フェーズⅡ（法改正により初めて実現可能となるもの）、フェーズⅢ（法改正とともにシステム整備等が併せて必要なもの）と段階を追って進めていくというものでした。

---

① e提出（e-Filing）：主張・証拠のオンライン提出や訴訟記録の電子化等
② e法廷（e-Court）：ウェブ会議導入等
③ e事件管理（e-Case Management）：訴訟記録への随時オンラインアクセス等

この発表後、民事訴訟のIT化が進められ、フェーズⅠの②e法廷として、2020年2月から一部の裁判所でウェブ会議（→88頁）が導入され、順次、全国の裁判所に導入されています。また、フェーズⅠの①e提出として、2022年4月から一部の裁判所で民事訴訟に関する書類を電子ファイルで提出することを可能とする「民事裁判書類電子システム（通称名「mints（ミンツ）」）（→58頁）が導入され、順次、全国の裁判所に導入されています。

6-2　民事訴訟法の改正

　2022年5月18日、「民事訴訟法等の一部を改正する法律（令和4年法律第48号）」が成立し、同月25日に公布されました。この法律の主たる目的は、フェーズⅡ・Ⅲの法改正として、民事訴訟を全面的にIT化できるようにすることです（本書では、この法律を「令和4年改正法」と呼びます）。具体的には、これまで紙の書面や対面でのやりとりで行われてきた民事訴訟を、今後は書面の電子化、ウェブ会議を行うなどして、オンライン上でできるようにするというものです。施行日は、公布日から4年以内（一部は令和5年2月20日施行、同年3月1日施行、2年以内）となっています。令和4年改正法が施行されると、民事訴訟の手続は従来とは大きく変わります。

　実際に民事訴訟をIT化するためには、民事訴訟規則（最高裁判所規則）の改正や裁判所の事件管理システムの整備が必要となりますが、その詳細は明らかになっていません（事件管理システムは、「TreeeS（ツリーズ）」という通称名のシステムが導入されるらしいですが詳細は不明です）。

6-3　民事執行法・民事保全法の改正

　民事執行法、民事保全法についても手続のIT化が検討され、法制審議会民事執行・民事保全・倒産及び家事事件等に関する手続（IT化関係）部会は、2023年1月20日、要綱案をまとめました。法務省は、2023年1月23日招集の第211回国会（常会）に改正案を提出する方針です。

【つぶやき①】　法学を学ぶことによって身につく力

　私は法学部卒ですが、学部生時代、法律知識をつけたり、法律解釈を学ぶことはそれなりに楽しかったので、幸いにも法学がつまらないと思うことはありませんでした。ただ、法学を学ぶことによってどんな力が身につくのかなんて考えたことがありませんでした。

　法学部卒業後かなりの時間が経ったある日、末弘厳太郎先生の「新たに法学部に入学された諸君へ」と題する文章に出会いました。目から鱗が落ちました。この文章は、1937（昭和12）年の法律時報9巻4号に掲載されたものですが、恥ずかしいことにそれまで全く知りませんでした。学部生時代に知っておきたかったと強く思いました。

　末弘先生は、法学部は**「法律的に物事を考える力」**のある人間を作ることを目的としていると言います。そして、「法律的に物事を考える力」とは、「物事を処

理するに当って、外観上の複雑な差別相に眩惑されることなしに、一定の規準を立てて規則的に事を考えることである。」と言います。

　具体的にはどういうことか。上記の文章は、著作権が消滅しており、「青空文庫」というサイトにて無償で公開されています。原典を読んでください。

　法学部は法曹を養成するためにあるのではありません。圧倒的多数の法学部卒業生は法曹以外の仕事に就きます。「法律的に物事を考える力」を身につけることができれば、どんな仕事に就いても社会で活躍できます。自信を持って真面目に法学を学んでください。

　末弘厳太郎「新たに法学部に入学された諸君へ」
　https://www.aozora.gr.jp/cards/000922/files/47098_31034.html

---

【つぶやき②】　法律事務職員になるためには

　法律事務職員になるためには、各法律事務所に採用される必要があります。必要となる資格は特にありません。法学部卒が多いですが、他の学部卒でも採用されています。採用方法は、一般企業における従業員の採用方法と同様に、基本的には、応募→書類選考→面接等→採用となります。ただし、定期的に求人を行っている法律事務所はごく僅かであり、弁護士が独立開業するときや、事務職員の欠員が生じたときに求人を行うのが一般です。

　法律事務所が事務職員の求人を行う場合は、就職情報サイトや新聞等に求人情報を掲載したり、大学に求人票を送ったり、ホームページを設けている法律事務所では、そのホームページに求人情報を掲載するなどしています。また、大阪弁護士会のように、弁護士会のホームページに各法律事務所の求人情報を掲載している弁護士会もあります。法律事務職員になりたい人は、これらの求人情報をチェックして、応募することになります。

　これとは別に、弁護士会に履歴書を預かってもらうという就職活動の方法があります。全国のどの弁護士会でも実施しているものではありませんが、例えば、京都弁護士会と大阪弁護士会では、就職希望者の履歴書を預かり、採用を希望する弁護士の閲覧に供しています（弁護士会が求人の仲介をするわけではありません）。採用を希望する弁護士が、弁護士会に出向き、専用ファイルに綴じられた履歴書を閲覧するというわけです。閲覧の結果、採用候補者に選ばれると、その弁護士から個別に面接等の連絡が入ることになります。私は、大学4年生のときに、この方法で大阪の法律事務所の内定を得ました。

　とても珍しい採用として、私の友人の法律事務職員（40代）は、大学4年生の

ときに、アルバイト先のお好み焼き屋で、常連客の弁護士から、「君は大学生か？　4 年生？　就職は決まったんか？　決まってない？　それやったらうちで働かないか？」との誘いを受け、法律事務職員に採用されました。その友人は、野球部特待生で入学した文学部生で法律事務職員という職種を全く知らなかったそうですが、今では、その弁護士から絶大な信頼を受け、法律事務職員として大活躍しています（少年野球の監督としても大活躍しています）。

◎　裁判所書記官になるためには

　裁判所書記官になるためには、まず、裁判所職員等になる必要があります。裁判所職員になるためには、裁判所職員採用試験に合格し、各裁判所に採用される必要があります。

　裁判所職員に採用された後、裁判所職員総合研修所裁判所書記官養成課程第一部（法学部卒・法科大学院卒対象）又は第二部（それ以外対象）の入所試験（筆記試験・口述試験・勤務評定）に合格し、第一部は約 1 年、第二部は約 2 年の研修を受け、研修を修了すると裁判所書記官に任命されます。第一部の筆記試験（論文試験）の試験科目は、憲法・民法・刑法と、刑事訴訟法と民事訴訟法のどちらか 1 科目です（計 4 科目）。

　この入所試験とは別に、裁判所書記官任用試験（筆記試験・口述試験・実務試験・勤務評定）に合格するという方法もあります。この試験は、裁判所職員の在職期間が一定期間（大卒程度以上の採用試験の合格者は 5 年）以上となれば受験できます。筆記試験（論文試験）の試験科目は、憲法・民法・刑法と、刑事訴訟法と民事訴訟法のどちらか 1 科目です（計 4 科目）。口述試験に合格すると、約 3 か月の研修があり、研修の中で実務試験を受けることになります。

　裁判所事務官や書記官等として一定の経験を積むと、簡易裁判所判事の選考試験を受けることができます（裁44条 1 項 4 号）。

序講2　期間の計算

第1　期間とは

　期間とは、ある時点からある時点までの継続した時の区分のことです。期間の経過によって法律効果が発生したり消滅したりするなどします。民事訴訟法、民事執行法、民事保全法でも様々な期間が定められています。例えば、控訴期間は判決正本の送達を受けた日から2週間です（民訴285条）。控訴期間を徒過すると控訴できません。例えば、第一審で敗訴したあなたは、2022年4月7日に判決正本の送達を受けました。控訴期間の末日はいつですか？

第2　期間の計算方法

　期間の計算は、民法の期間に関する規定に従います（民訴95条1項、民執20条、民保7条）。民法の規定は以下のとおりです。

- ◆　期間は暦にしたがって計算します（民143条1項）。
- ◆　期間の初日は算入しません（民140条）。ただし、初日が午前0時から始まるときは、算入します（同条ただし書）。
- ◆　期間は末日の終了をもって満了します（民141条）。
- ◆　週・月・年の初めから期間を計算しないときは、起算日に応当する日の前日に満了します（民143条2項本文）。応当日がないときは、その月の末日に満了します（民143条2項ただし書）。

　原則として、期間の初日は算入しません。これを**初日不算入の原則**といいます。したがって、期間の起算日は、初日の翌日となります。例えば、4月7日から5日間の場合、初日の4月7日は算入せず、翌4月8日が起算日となります。起算日を1日目として計算し、5日目の4月12日が末日となります。期間が日数の場合はこのように計算しますが、期間が週・月・年の場合は、1週間を7日、1か月を30日（28日、29日、31日）、1年を365日（366日）として日に

換算して計算するのではなく、起算日に応当する日（**応当日**）の**前日**を末日として計算することになります。この計算方法を暦法的計算法（暦に従って計算する方法）といいます。

　例えば、以下の期間の末日はいつになるでしょうか。いずれも、初日は午前0時ではないという前提です。

2022 年 4 月						
日	月	火	水	木	金	土
					1	2
3	4	5	6	7	8	9
10	11	12	13	14	15	16
17	18	19	20	21	22	23
24	25	26	27	28	**29**	30

　　①　2022年4月7日から1年

　　②　2022年4月14日から1か月

　　③　2022年1月30日から1か月

　　④　2022年4月7日から2週間

　①起算日は2022年4月8日となり、起算日の1年後に応当する日（応当日）は2023年4月8日です。応当日の前日が末日となりますので、末日は2023年4月7日となります。②起算日は2022年4月15日となり、起算日の1か月後の応当日は2022年5月15日です。応当日の前日が末日となりますので、末日は2022年5月14日となります。③起算日は2022年1月31日ですが、起算日の1か月後の応当日はありません（2月31日はありません）。応当日がないときは、その月の末日に満了しますので、末日は2022年2月28日となります。④起算日は2022年4月8日金曜日となり、起算日の2週間後の応当日は4月22日金曜日です（週が期間となるときは曜日に着目します）。応当日の前日が末日となりますので、末日は4月21日となります。

　なお、期間の末日が土曜日、日曜日、休日、1月2日、1月3日、12月29日、12月30日、12月31日に当たるときは、その**翌日**に満了します（民訴95条3項、民執20条、民保7条）。わかりやすく言うと、期間の末日が裁判所の閉庁日の場合、翌開庁日まで期間が延びるということです。例えば、控訴期間の末日が2022年4月23日（土曜日）となった場合、翌開庁日の4月25日（月曜日）が控訴期間の満了日となります。

【つぶやき③】　4月1日生まれの学年

　日本の小学校の学年は、4月1日に始まり、翌年3月31日に終わります。そういう規定があるからです（学校教育法施行規則59条）。中学校と高等学校も同様

です（同規則79条・104条）。大学は、「大学の学年の始期及び終期は、学長が定める。」となっています（同規則163条）。

　そうすると、4月1日生まれの人から翌年3月31日生まれの人が同じ学年となるように思いますが、4月1日生まれの人は、1つ上の学年となります。すなわち、4月2日生まれの人から翌年4月1日生まれの人が同じ学年となります。

　その理由は、年齢の計算方法にあります。

　まず、学校教育法17条1項は、「保護者は、子の満6歳に達した日の翌日以後における最初の学年の初めから、……これを小学校、義務教育学校の前期課程又は特別支援学校の小学部に就学させる義務を負う。」と規定しています。

　では、4月1日生まれの人は、いつ満6歳に達するのでしょうか。年齢の計算については、「年齢計算ニ関スル法律（明治35年法律第50号）」があり、「年齢ハ出生ノ日ヨリ之ヲ起算ス」、「民法第143条ノ規定ハ年齢ノ計算ニ之ヲ準用ス」と規定しています。すなわち、年齢の計算は、初日算入で計算され、起算日に応当する日の前日の終了時（午後12時）に年を1つとることになります。したがって、4月1日生まれの人は、4月1日（起算日）に応当する日の前日3月31日の終了時（午後12時）に満6歳に達することになります。

　こういう理由で、4月1日生まれの人は、1つ上の学年となるのです。

【つぶやき④】　週の初めは何曜日？

　民法143条2項は、「週、月又は年の初めから」とあります。月の初めは1日、年の初めは1月1日です。では、「週の初め」は何曜日なのでしょうか。民法には、「暦に従って」（同条1項）とあるだけで、週の初めが何曜日であるかは規定されていません。

　『広辞苑〔第7版〕』（岩波書店、2018年）を引くと、「暦」は「一年の月・日・曜日、祝祭日、季節、日出・日没、月の満ち欠け、日食・月食、また主要な故事・行事などを日を追って記載したもの。カレンダー」と書いてあります。

　現在のカレンダーや手帳は、日曜日始まりのものもあれば、月曜日始まりのものもあり、どちらかわかりません。

　『広辞苑』を引くと、「週」は「日・月・火・水・木・金・土の七曜日を一期とした称」と書いてあり、「日曜」は「週の第一日。官公庁・学校および一般企業で休日とする。日曜日。週の最終日とする考え方もある。」と書いてあります。

　民法の起草者はどのように考えていたのでしょうか。調べてみると、明治27年5月4日開催の第9回法典調査会議事録（法典調査会民法議事速記録第4巻）に

次のような発言を見つけました。なお、法典調査会議事速記録は、国立国会図書館デジタルコレクションで公開されています。

　議長（西園寺公望）「週ノ始メハ何時カラデアリマセウカ」

　梅謙次郎「月曜カ日曜デアリマセウ私ハ日曜デアルト考ヘマスガ或ハ私ノ考ヘガ間違ツテ居ルカモ知レマセヌ」（117頁）

　……その後、他の議論が続きます。

　議長（西園寺公望）「私ハ今日白狀スルガ是迄週ノ始メハ月曜ト思ツテ居タガ日曜ガ本統デスカ」

　奥田義人「西洋ノ暦デハ月曜日」

　議長（西園寺公望）「週ノ始メハ西洋デハ矢張り月曜日デセウ」（122頁）

　……その後、他の議論が続きます。

　尾崎三良「週ノ始メハ日曜日ニ極マツテ居ルト云フコトデアリマスガ夫レハ何處カラ然ウ云フコト出ルノデゴザイマセウカ」

　磯部四郎「夫レハ日カラト云フコト暦ニ書イテアリマス日月火水ト云フヤウニ日ガ一番始メニ書イテアリマス」（127頁）

　民法の起草者の一人である梅謙次郎は日曜日が週の始まりだと考えていたようですが、西園寺公望は月曜日が週の始まりだと思っていたようですね。

　西洋では本当に月曜日が週の始まりなのでしょうか。同志社大学図書館に行き、独独辞典の『Wahrig Deutsches Wörterbuch』（駿河台出版、1981年）を引いてみました。以下〔〕内は私の翻訳です。Woche〔週〕は「Folge der Tage vom Montag bis zum Sonntag」〔月曜日から日曜日までの日の連続〕、Sonntag〔日曜日〕は「siebenter,letzter Tag der Woche」〔週の7番目の、最後の日〕、Montag〔月曜日〕は「erster Tag der Woche」〔週の最初の日〕と書いてありました。なお、他の言語は辞書を引いても全く読めないので、調べていません。

　私はスマホのアプリで予定を管理しており、手帳を持っていませんが、手帳を制作している「NOLTY」（能率手帳）のホームページ（https：//nolty.jp/history/）によると、1989年に月曜日始まりの手帳ができたようです。その理由は、「週休2日制の導入増加により土日を並びにした方が予定を立てやすいはず、といった配慮があったからである。」とあります。

　結局のところ、「週の初め」は日曜日か月曜日かはっきりしませんが、期間の計算に関して言えば、「週の初め」が何曜日であろうと問題ありません。例えば、月曜日から2週間という期間は、カレンダーを見て、その翌日の火曜日が起算日となり（初日不算入の原則）、その2週間後の火曜日が応当日となって、その前日の月曜日が期間の満了日となります。このことをしっかりと理解してください。

序講3　利息・損害金の計算

【事案 I 】
　中堂慎司は水島透子に対し、以下の約定で200万円を貸し付けた。
　貸 付 日：2020年 4 月 1 日
　返済期日：2021年 3 月31日
　利息：年 5 ％　　損害金：年10％

第 1　利息

　利息は、元本を貸付日から返済期日まで使用した対価（法定果実・民88条 2 項）です。民法上の消費貸借は、利息を支払う旨の特約がない限り、無利息となります（民589条 1 項）。事案 I の利息は、元本200万円に対する2020年 4 月 1 日から2021年 3 月31日まで年 5 ％の割合による金員となります。なお、原則として、利息の期間計算は初日を算入します（最二小判昭和33年 6 月 6 日民集12巻 9 号1373頁）。

第 2　損害金

　損害金は、債務不履行による損害賠償金（民415条 1 項）です（遅延損害金や遅延利息と呼ぶこともあります）。返済期日に返済すれば、損害金は発生しません。返済期日を経過することによって債務不履行となり、弁済するまで損害金が発生します。事案 I の損害金は、元本200万円に対する2021年 4 月 1 日（返済期日を経過した日）から支払済みまで年10％の割合による金員となります。

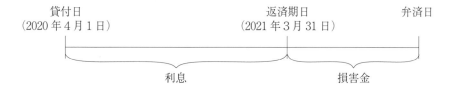

第3　計算方法

　計算方法は、「元本×利率×期間」です。

　事案Ⅰの利息は、「200万円×5％×1年＝10万円」となります。

3－1　単位に満たない期間

　利率には、1年を単位とした年利、1か月を単位とした月利、1日を単位とした日歩などがあります。年利と月利の場合、単位（年利＝1年、月利＝1か月）で計算できる期間は、そのまま計算すれば良いですが、単位に満たない期間は、特約がない限り、日割り計算をするのが原則です。

　例えば、2022年4月1日から2024年4月10日までの期間の年利計算をする場合、2022年4月1日から2024年3月31日までの2年（単位で計算できる期間）と、2024年4月1日から2024年4月10日までの10日（単位に満たない期間）とに分け、2年は「年利×年数」で計算し、10日は日割り計算をして、それぞれの金額を合算します。

3－2　日割り計算

　日割り計算は、年利の場合は日割り期間の年の日数を分母として、月利の場合は日割り期間の月の日数を分母として計算します。

　年や月によって日数が異なるので、分母の日数に注意が必要です。

年		月		
平年	閏年	1月・3月・5月・7月・ 8月・10月・12月	4月・6月・ 9月・11月	2月
365日	366日	31日	30日	28日・29日

　また、期間が年や月を跨ぎ、年の日数や月の日数が異なる場合は、年ごと、月ごとに分けて計算します。

　例えば、2023年12月28日から2024年1月10日までの期間の年利計算をする場合、期間は14日間ですが、2023年は平年、2024年は閏年ですので、4日（分母365日）と10日（分母366日）とに分けて計算します[1]。また、2023年10月28日から2023年11月3日までの月利計算をする場合、期間は7日間ですが、10月は31日、11月は30日ですので、4日（分母31日）と3日（分母30日）とに分けて計算します。

年　利													
2023 年 12 月（平年）							2024 年 1 月（閏年）						
日	月	火	水	木	金	土	日	月	火	水	木	金	土
3	4	5	6	7	8	9	1	2	3	4	5	6	
10	11	12	13	14	15	16	7	8	9	10	11	12	13
17	18	19	20	21	22	23	14	15	16	17	18	19	20
24	25	26	27	28	29	30	21	22	23	24	25	26	27
31							28	29	30	31			

$$\frac{4\,日}{365\,日} \qquad \frac{10\,日}{366\,日}$$

月　利													
2023 年 10 月							2023 年 11 月						
日	月	火	水	木	金	土	日	月	火	水	木	金	土
1	2	3	4	5	6	7				1	2	3	4
8	9	10	11	12	13	14	5	6	7	8	9	10	11
15	16	17	18	19	20	21	12	13	14	15	16	17	18
22	23	24	25	26	27	28	19	20	21	22	23	24	25
29	30	31					26	27	28	29	30		

$$\frac{4\,日}{31\,日} \qquad \frac{3\,日}{30\,日}$$

3 - 3　特約

　このように、年利の場合であれば、1年に満たない期間があると、その期間の年が平年か閏年かを確認しなければならず、手間と時間がかかります。そこで、金融機関等は、①「1年に満たない期間につき年365日の日割りによる」旨の特約や②「年365日の日割りによる」旨の特約を契約書に付け加えることが多いです。①の特約がある場合、年に満たない期間は1年を365日として日割り計算をします。②の特約がある場合、1年を365日とする日割り計算をします（通算日数で計算します）。次頁の計算例を参照してください。

【端数処理】

　債務を弁済する際、特約がない限り、1円未満の端数は四捨五入するのが原則です（通貨の単位及び貨幣の発行等に関する法律第3条1項）。ただし、国や地方自治体の債権債務については、切り捨てることになっています（国等の債権債務等の金額の端数計算に関する法律第2条1項）。

　なお、債権執行で利息・損害金を計算する場合（資料48-3参照）、東京地裁や大阪地裁の執行部は端数を切り捨てるように指示しています（四捨五入で1円増やすと切り捨てるように促されます）。

＊1　この年利の日割り計算の方法（閏年の処理）は、裁判所（執行裁判所）の考え方です。供託実務はこの計算方法とは異なりますので、注意してください。弁済供託（民494条）をする際の損害金の計算は、法務省ホームページからダウンロードできる「遅延損害金計算ソフトウェア」を利用してください。

【計算例】

　　事案Ⅰで2025年1月10日に弁済する場合の損害金はいくらになるか？

　　損害金の期間は、2021年4月1日（返済期日の翌日）から2025年1月10日（弁済日）までですので、その期間の損害金を計算します。

1　特約がない場合
　(1)　年単位で計算できる期間（2021.4.1〜2024.3.31＝3年）の計算
　　　　＝2,000,000円（元本）×10％（利率）×3年（期間）＝600,000円（①）
　(2)　年に満たない期間（2024.4.1〜2025.1.10＝285日）の計算
　　　　ア　閏年（2024.4.1〜2024.12.31＝275日）
　　　　　　＝2,000,000円（元本）×10％（利率）×275日／366日（期間）
　　　　　　＝150,273.2・・円（②）
　　　　イ　平年（2025.1.1〜2025.1.10＝10日）
　　　　　　＝2,000,000円（元本）×10％（利率）×10日／365日（期間）
　　　　　　＝5,479.4・・円（③）
　(3)　損害金合計
　　　　＝600,000円（①）＋150,273.2・・円（②）＋5,479.4・・円（③）
　　　　＝755,752.6・・円（1円未満は四捨五入）**＝755,753円**

2　1年に満たない期間につき年365日の日割りによる旨の特約がある場合
　(1)　年単位で計算できる期間（2021.4.1〜2024.3.31＝3年）の計算
　　　　　特約がない場合の(1)と同じ＝600,000円（①）
　(2)　年に満たない期間（2024.4.1〜2025.1.10＝285日）の計算
　　　　＝2,000,000円（元本）×10％（利率）×285日／365日（期間）
　　　　＝156,164.3・・円（②）
　(3)　損害金合計
　　　　＝600,000円（①）＋156,164.3・・円（②）
　　　　＝756,164.3・・円（1円未満は四捨五入）**＝756,164円**

3　年365日の日割りによる旨の特約がある場合
　　　　2021年4月1日から2025年1月10日までの通算日数＝1381日
　　　　＝2,000,000円（元本）×10％（利率）×1381日／365日（期間）
　　　　＝756,712.3・・円（1円未満は四捨五入）**＝756,712円**

序講4　弁済の充当

【事案Ⅱ】
　水島透子は、中堂慎司に対して以下のAとBの債務を負っています。

A債務		**B債務**	
貸 付 日	2020年4月1日	貸 付 日	2020年4月1日
返済期日	2021年3月31日	返済期日	2021年3月31日
借 入 額	200万円	借 入 額	100万円
利　　息	年5％	利　　息	年10％
損 害 金	年10％	損 害 金	年15％

　事案Ⅱにおいて、水島透子は、返済期日にAの債務として210万円（元本200万円＋利息10万円）、Bの債務として110万円（元本100万円＋利息10万円）、合計320万円を返済しなければなりません。ところが、水島透子は返済期日に10万円しか返済しませんでした。中堂慎司は、この10万円をABどちらの債務の弁済に充てるべきでしょうか。

第1　弁済の充当

　債務者が同じ債権者に対して数個の金銭債務を負っている場合において、債務者が債務の一部しか弁済しなかった場合、債権者はどの債務の弁済に充てるべきかを決めなければなりません。これを**弁済の充当**といいます（民488条〜491条）。当事者の合意（契約）があれば、その合意内容に従って充当します（民490条）が、合意がない場合は法律の規定に従って充当しなければなりません。

第2　元本、利息及び費用を支払うべき場合の充当　（民法489条）

　債務が1個でも数個でも、元本のほかに費用及び利息を支払わなければならない場合には、「**費用→利息→元本**」の順番で充当しなければなりません（民

489条1項)。債務者が支払った金額を、まず費用に充当し、残額があれば次に利息に充当して、それでも残額があれば最後に元本に充当するということです。債務が数個ある場合には、まず全ての費用に、次に全ての利息に、最後に元本に充当すべきことになります。この順番は当事者の一方的な指定によって変更することはできません。もちろん、当事者の合意(契約)によって変更することはできます。なお、この利息には、利息(法定果実)だけではなく、損害金(債務不履行による損害賠償金)も含みます(大判昭和16年11月14日民集20巻1379頁)。

　事案Ⅱの場合、2個の債務がありますので、10万円をまずAとBの利息に充当すべきことになりますが、利息全額(20万円)を消滅させることはできません。そこで、AとBの利息のうち、どちらの利息に先に充当すべきかという問題が生じます。この問題は、民法489条2項によって民法488条が準用されています。

第3　費用相互間、利息相互間、元本相互間での充当 (民法488条)

3-1　当事者の指定 (指定充当)

　費用相互間、利息相互間、元本相互間での充当について、当事者の合意(契約)がない場合、どの債務に充当するかは、まず債務者が弁済時に債権者に対する意思表示で一方的に指定できます(民488条1項)。次に、債務者の指定がなければ、債権者が受領時に債務者に対する意思表示で一方的に指定できます(同条2項)。ただし、債務者は直ちに異議を述べることができます(同条2項ただし書)。

　先ほども述べましたが、費用→利息→元本の順番は、当事者が一方的に指定することはできないことに注意してください。例えば、まず最初に「元本に充当する」と指定することはできません。当事者の指定は、費用相互間、利息相互間、元本相互間での充当についてです。例えば、AとBの利息相互間での充当が問題となる場合において、債務者は弁済時に、「まずBの利息に充当する」と指定することができるということです。

3-2　法定充当

　弁済時に当事者の指定がない場合、又は、債権者の指定に対して債務者が直ちに異議を述べた場合には、以下の順番で充当しなければなりません(民488

条4項）。これを**法定充当**といいます。

(1)　順番

　まず、①弁済期にあるものに先に充当します（民488条4項1号）。どちらも弁済期にあれば（又はどちらも弁済期になければ）、②債務者のために弁済の利益が多いものに先に充当します（同項2号）。弁済の利益が同じであれば、③弁済期が先に到来したもの（又は到来すべきもの）に充当します（同項3号）。弁済期が同じであれば④各債務額に応じて按分します（同項4号）。

(2)　弁済の利益

　上記の①から④までのうち、②債務者のために弁済の利益が多いものというのは、簡単に言うと、どちらの債務に先に充当する方が債務者にとって有利かということです。

　その判断基準として、利息の有無、利率の高低、担保の有無等が挙げられています。例えば、潮見佳男先生の『新債権総論Ⅰ（法律学の森）』（信山社、2017年）20頁には、「無利息債務よりは利息付債務、低利率の債務よりは高利率の債務、無担保債務よりは物的担保により担保された債務、連帯債務よりは単純債務、訴えられていない債務よりは訴えを提起された債務が、債務者のために利益が多い。」とあります。もっとも、画一的に判断することが難しい場合も多く（例えば、無担保債務と物的担保のある債務を比較した場合、無担保債務の方が高利率であることが多いです）、総合的に判断することになります。

第4　本事案の場合

　本事案の場合、弁済時に当事者の指定がなければ、どちらも弁済期にあるので、②どちらの利息に先に充当する方が債務者のために弁済の利益が多いかを検討します。Aの利息とBの利息を比べて、どちらの利息に10万円を充当する方が債務者に有利となるかを検討するということです。

4－1　利息相互間での充当

　本事案の場合、注意点が2つあります。1つ目は、利息相互間での充当が問題となっていることです。仮に、水島透子の弁済額が10万円ではなく、100万円であれば、まず、100万円をAとBの利息の全額20万円に充当し、充当後の残額80万円をAとBのどちらかの元本に先に充当することになります。この場

合は、元本相互間での充当が問題となります。したがって、80万円をAとBの「どちらの元本に先に充当する方が債務者に有利か」を検討することになります。

　しかし、本事案は、水島透子の弁済額10万円が、元本より先に充当すべき利息の全額20万円に不足しているので、利息相互間での充当が問題となります。したがって、10万円をAとBの「どちらの利息に先に充当する方が債務者に有利か」を検討しなければなりません。本事案では、AとBの「どちらの元本に先に充当する方が債務者に有利か」を検討するのではないということに注意してください。

4－2　利息相互間での充当が問題となる場合の注意点

　注意点の2つ目は、利息相互間での充当が問題となる場合、利率の高低は弁済の利益を検討する際の判断基準とならないことが多いということです。本事案の場合、AとBの利率の高低を比較し、Bの方が利息・損害金の利率が高いので、Bの利息に先に充当すべきだと考えてしまいそうです。

　確かに、元本相互間での充当が問題となる場合は、利率の高低が弁済の利益を検討する際の判断基準となります。なぜなら、元本に充当する場合、元本が変動するので、利率の高低によって、今後発生する損害金に差異が生じるからです。

　しかし、利息相互間での充当が問題となる場合は、既に発生している利息のどちらに先に充当しようが、弁済の利益に差異が生じることは少ないです。なぜなら、充当前と充当後の元本が変動しないからです。元本に変動がなければ、今後発生する損害金に差異は生じません。

　図1の㋐と㋑は10万円を利息に充当する場合の計算式です。㋐と㋑を比較すると、元本に変動がなく、今後発生する損害金に差異がないことがわかります。

【図1】

　㋐　10万円を先にAの利息に充当した場合

　　　　　　　　　　　　　　　　0円　　　　　200万円

　　　A債務　元本200万円　利息~~10万~~円　合計~~200万~~円

　　　B債務　元本100万円　利息10万円　合計110万円

　　　※　今後発生する遅延損害金

　　　　　A債務　200万円×年10%（年20万円）
　　　　　B債務　100万円×年15%（年15万円）
　　　　　1年後の遅延損害金合計35万円

　㋑　**10万円を先にBの利息に充当した場合**
　　　　　A債務　元本200万円　利息10万円　合計210万円
　　　　　　　　　　　　　　　　　　　　0円　　　　100万円
　　　　　B債務　元本100万円　利息~~10万~~円　合計~~110万~~円

　　※　今後発生する遅延損害金
　　　　　A債務　200万円×年10%（年20万円）
　　　　　B債務　100万円×年15%（年15万円）
　　　　　1年後の遅延損害金合計35万円

　このことについて説明している本が少なく、利率の高低を判断基準としよう
とする人が多いように感じます。もちろん、例外はあります。例えば、複利
（重利）の特約がある場合です。複利とは、返済期日に支払われない利息を元
本に組み入れることです（元本を増やして損害金を増やそうという特約です）。複
利特約がある場合、元本が変動しますので、利率の高低によって弁済の利益に
差異が生じることになります。

　したがって、利息相互間での充当が問題となる場合、基本的には弁済の利益
は同じであることが多く、弁済の利益が同じ場合は、③利息の弁済期が先に到
来したものに先に充当することになります。

4－3　結論

　弁済金10万円をAとBの利息のどちらに先に充当しても、弁済の利益は同じ
であり、弁済期も同じなので、④按分することになります。AとBの利息の額
は同じであり、按分率は5対5となります。

　したがって、中堂慎司は、弁済金10万円のうち5万円をAの利息に、10万円
のうち5万円をBの利息に充当すべきであるということになります。

第5　利息と遅延損害金との充当順位

事案の内容を変えます。水島透子の債務はA債務のみとします。

水島透子は、2022年3月31日、10万円のみ返済しました。返済期日（2021年3月31日）を過ぎているので、損害金が発生しています。2022年3月31日までの損害金は20万円です。債務総額は230万円（元本200万円、利息10万円、損害金20万円）です。中堂慎司は、この10万円を元本、利息、損害金のうちどれに充当すべきでしょうか。

5－1　利息相互間での充当

第2で説明したとおり、元本、利息及び費用を支払うべき場合において、債務者が全額を支払わないときは、費用→利息→元本の順番で充当しなければなりません（民489条1項）。この利息には損害金も含みます。したがって、この事例では、10万円を利息と損害金に充当すべきことになりますが、利息と損害金の全額（30万円）を消滅させることはできません。

では、利息と損害金のどちらに先に充当すべきでしょうか。

5－2　弁済の利益

これは利息相互間での充当の問題（民法488条の問題）であり、第3と同様となります。弁済時に当事者の指定がなければ、どちらも弁済期にあるので、②債務者のために弁済の利益が多い方に先に充当します。利息と損害金を比べて、どちらに10万円を充当する方が債務者に有利となるかということです。

この場合、数個の債務の利息相互間と異なり、担保の有無、単純債務か否か等は、いずれも判断基準とならないことが多いです。なぜなら、1個の債務から発生する利息と損害金について、利息には担保がつき、損害金には担保がつかなかったり、利息は連帯債務となり、損害金は単純債務になったりするということは通常はないからです。

利率の高低については、利率が高い損害金に先に充当すべきだと考えてしまいそうです。実際に、理由を述べることなく、「損害金、利息の順に充当された後、元本に充当される」と記載してある実務本もあります。しかし、既に発生している利息と損害金のどちらに先に充当したところで、元本に変動はなく、今後発生する損害金に差異は生じません（図2参照）。もちろん例外はあると思います。考えられる具体例としては、損害金が○○円に達したら流質するよ

うな特約（商515条参照）がある場合には、損害金に先に充当する方が債務者の
ために弁済の利益が多いといえるでしょう。

　なお、複利特約がある場合、返済期日を過ぎたことによって利息は既に元本
に組み入れられています。したがって、利息相互間での充当の問題（民法488
条の問題）とはなりません。損害金と元本のどちらに先に充当するかという問
題（民法489条の問題）となり、損害金に先に充当しなければなりません。

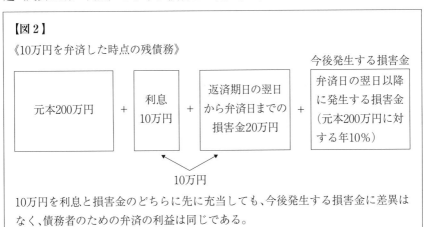

【図2】

《10万円を弁済した時点の残債務》

元本200万円　＋　利息10万円　＋　返済期日の翌日から弁済日までの損害金20万円　＋　今後発生する損害金　弁済日の翌日以降に発生する損害金（元本200万円に対する年10％）

10万円

10万円を利息と損害金のどちらに先に充当しても、今後発生する損害金に差異は
なく、債務者のための弁済の利益は同じである。

5-3　結論

　本事案の場合、弁済金10万円を利息と損害金のどちらに先に充当しても、債
務者のための弁済の利益は同じですので、③弁済期が先に到来したものに充当
します。利息の弁済期は返済期日である2021年3月31日ですが、遅延損害金は
返済期日の翌日から発生します。

　したがって、中堂慎司は、弁済金10万円を利息に充当すべきであるというこ
とになります。

第2編 民事訴訟手続

【事案の概要】

中 堂 慎 司
なか どう しん じ

水 島 透 子
みず しま とう こ

200万円貸付

① 中堂慎司（住所：京都市右京区太秦下刑部町10番地吉山パレス101号）は、
水島透子（住所：京都市伏見区深草西浦町四丁目53山本ハイツ303号）に対し、
2008（平成20）年12月1日、以下の約定にて、200万円を貸し付けました。

　返済期日：2012（平成24）年12月1日

　利息及び損害金：定めなし

② 水島透子は、返済期日を過ぎても返済しません。

※貸付日等が古いのは、模擬裁判（本書特別編）の事案として設定しているためです。

③ 中堂慎司は、水島透子に対して、2022（令和4）年8月16日、貸金の返済を
求める催告書を内容証明郵便で発送しました。ところが、その郵便物は、受取
拒絶を理由として差出人である中堂慎司に返送されました。

④ 中堂慎司は、弁護士美山彩に依頼し、2023（令和5）年1月23日、水島透子
を被告として、京都地方裁判所に訴えを提起しました。

日時		訴訟の進行状況
R5. 1. 23	月	**訴えの提起**
R5. 2. 3	金	訴状等の受送達日
R5. 2. 24	金	答弁書提出
R5. 3. 9 13：10	木	**第1回口頭弁論期日** 原告訴状陳述、被告答弁書陳述、本件を弁論準備手続に付する
R5. 3. 17	金	原告第1準備書面提出
R5. 4. 4	火	被告第1準備書面提出
R5. 4. 13 10：30	木	**第1回弁論準備手続期日** 原告第1準備書面陳述、被告第1準備書面陳述
R5. 4. 25	火	原告証拠申出書提出
R5. 5. 18 10：30	木	**第2回弁論準備手続期日** 原告証拠の申出、証人尋問及び被告本人尋問採用決定
R5. 7. 13 13：30	木	**第2回口頭弁論期日（証拠調べ）** 弁論準備手続の結果陳述、証人尋問、被告本人尋問、結審
R5. 8. 17 13：10	木	**判決言渡し期日**

※ 現在、裁判の期日はウェブ会議を利用することが多いですが、上記はウェブ会議を利用していない場合の進行状況の参考例です。裁判の期日は元号が使用されるので、元号で表示しています。

第1講　民事訴訟の基礎

第1　裁判手続の種類

　裁判所は、さまざまな紛争について、法律に基づいて判断を行う権限を有しています（裁3条）。その判断を行う裁判手続は、紛争の種類や内容によって異なり、各手続を定める法律が個別に制定されています。基本的な裁判手続（事件）を簡単に確認しておきます。

1－1　民事事件（民事訴訟）

　民事事件は、私人間の紛争を解決するための裁判手続です。以下のとおり、民事事件は広い意味で使われていますが、民事事件のうち、権利義務の存否を確定させる裁判手続を民事訴訟と呼ぶことが多いです（判決手続とも呼びます）。民事訴訟に関する手続を定めた法律が民事訴訟法です。

　民事事件には、話し合いで紛争を解決する裁判手続である民事調停事件（民事調停法）、権利を実現する裁判手続である民事執行事件（民事執行法）、権利の実効性を確保する裁判手続である民事保全事件（民事保全法）、負債の処理を行う裁判手続である倒産事件（破産法、民事再生法、会社更生法等）なども含まれます。

1－2　行政事件（行政訴訟）

　行政事件は、国や地方公共団体が行った処分に不服がある場合等、行政に関連して生じた争いを解決するための裁判手続です。行政事件に関する手続を定めた法律が行政事件訴訟法です。

1－3　家事事件

　家事事件は、家庭内の紛争（離婚・相続等）や成年後見等の家庭に関する事項を解決するための裁判手続です。家事審判事件と家事調停事件の2つに分かれます。**家事審判事件**は、裁判官が、当事者双方の言い分や資料に基づいて判断する裁判手続です。**家事調停事件**は、裁判官1人と調停委員2人以上で構成される調停委員会が、当事者双方から言い分を聴いて、話し合いを行う裁判手

続です。家事手続に関する手続を定めた法律が家事事件手続法です。

　また、広い意味で、家事事件には、身分関係の権利の形成や確認に関する紛争（離婚・認知等）を解決するための裁判手続である**人事訴訟事件**も含まれます。人事訴訟事件は、原則として、まず、家事調停を申し立て、家事調停で解決ができない場合に利用できることになっています。これを**調停前置主義**といいます。人事訴訟事件に関する手続を定めた法律が人事訴訟法です。

1－4　刑事事件（刑事訴訟）

　刑事事件は、罪を犯したと疑われている人の有罪・無罪などを決めるための裁判手続です。刑事事件に関する手続を定めた法律が刑事訴訟法です。

1－5　少年事件

　少年事件は、罪を犯したと疑われている非行少年について、再非行防止のために最も適した措置を決めるための裁判手続です。少年事件に関する手続を定めた法律が少年法です。

第2　民事訴訟の簡易手続

　強制執行をするためには、債務名義が必要であり、債務名義を得る方法の1つとして、民事訴訟を提起して勝訴判決を得るという方法があります。しかし、民事訴訟は、手続が厳格で時間もかかるため、例えば、債権額が少額の場合、費用対効果が見合わず、利便性が良くありません。そこで、当事者の利便性を図るため、裁判手続を簡略化し、簡易迅速に債務名義を得るための手続が設けられています。この手続を**簡易手続**と呼び、以下の手続があります。この簡易手続以外の民事訴訟（判決手続）を通常訴訟（通常手続）と呼びます。簡易手続と通常訴訟のどちらの手続を選択するかは、基本的に当事者の選択に委ねられています。

2－1　手形・小切手訴訟手続

　手形・小切手は現金の代わりになるものであり、簡易迅速な支払が特に強く求められますので、手形・小切手による金銭の支払を求める訴訟においても、簡易迅速な判決を言い渡すという特則手続が設けられました（民訴350条〜367条）。手形・小切手訴訟は証拠等が制限されているため、原告は、審理の途中で通常訴訟に移行させることもできます。

2-2　少額訴訟手続

少額訴訟手続は、60万円以下の金銭の支払を求める請求について、原則として1回で審理を終えて判決を言い渡すという簡易裁判所の手続です（民訴368条～381条）。被告は、通常訴訟に移行させることもできます。

2-3　督促手続

督促手続は、金銭その他一定数量の給付を求める請求について、簡易裁判所の裁判所書記官が書類審査により支払督促を発付する手続です（民訴382条～396条）。債務者が支払督促を受け取った日から2週間以内に督促異議を申し立てなければ、裁判所書記官は、債権者の申立てにより、支払督促に仮執行宣言を付します。債権者はこの仮執行宣言付支払督促を債務名義として、強制執行をすることができます。債務者から督促異議の申立てがあれば、通常訴訟に移行します。

第3　裁判所の種類

①最高裁判所、②高等裁判所、③地方裁判所、④家庭裁判所、⑤簡易裁判所の5種類が設置されています。裁判所の数と主な取扱いは、次頁の表のとおりです。

第4　三審制

1つの事件で異なる審級の裁判所に合計3回まで裁判を受けることができる制度を三審制といいます。最初の裁判を第一審といい、その後、第二審（控訴審）、第三審（上告審）と審級が上がっていきます。3つの審級を受けることができる当事者の利益を**審級の利益**といいます。

通常訴訟の場合、第一審が簡易裁判所であれば、第二審（控訴審）は地方裁判所、第三審（上告審）は高等裁判所となります。第一審が地方裁判所であれば、第二審（控訴審）は高等裁判所、第三審（上告審）は最高裁判所となります。

裁判所 （略称）	裁判所の数	主な取扱い
最高裁判所 （最高裁）	1庁（東京都千代田区 隼 町4番2号）	司法権の最高機関 高等裁判所の裁判に対する不服申立て 〔上告審・特別抗告審・許可抗告審等〕
高等裁判所 （高裁）	8庁〔東京・大阪・名古屋・広島・福岡・ 仙台・札幌・高松〕 支部6庁〔金沢・岡山・松江・宮崎・ 那覇・秋田〕 特別の支部〔知的財産高裁〕	地方裁判所・家庭裁判所の裁判に対 する不服申立て〔控訴審・抗告審・ 上告審等〕
地方裁判所 （地裁）	50庁〔都府県に各1庁、北海道のみ 4庁（札幌・函館・旭川・釧路）〕 支部203庁	通常訴訟、行政事件、刑事事件〔第 一審〕（通常訴訟で第一審が簡裁の事 件の控訴審） 民事執行事件、民事保全事件、倒産 事件等
家庭裁判所 （家裁）	50庁〔都府県に各1庁、北海道のみ 4庁（札幌・函館・旭川・釧路）〕 支部203庁　出張所77庁	家事事件、人事訴訟、少年事件等〔第 一審〕
簡易裁判所 （簡裁）	438庁	通常訴訟(140万円以下)、刑事事件（軽 微な犯罪）〔第一審〕 民事調停事件、少額訴訟事件、支払 督促事件等

民 事 事 件（通常訴訟）

最高裁判所

↑ 上告

高等裁判所

↑ 控訴　　↑ 上告

地方裁判所

↑ 控訴

簡易裁判所

家 事 事 件

最高裁判所

↑ 特別抗告
　許可抗告

高等裁判所

↑ 抗告

家庭裁判所

刑 事 事 件

最高裁判所

↑ 上告

高等裁判所

↑ 控訴

地方裁判所　　↑ 控訴

簡易裁判所

第5　民事訴訟の登場人物

裁判官 ↓　　　裁判所書記官 ↙

原告訴訟代理人→　　　←被告訴訟代理人

5−1　当事者

(1)　原告・被告

　訴えを提起した当事者を**原告**といいます。訴えを提起された当事者を**被告**といいます。民事訴訟では、互いに対立する当事者が2人以上存在します。これを二当事者対立構造といいます。

> **【つぶやき⑤】　被告と被告人**
> 　民事裁判で訴えを提起された当事者を被告といいます。他方、刑事裁判で公訴を提起（起訴）された者を被告人といいます。民訴の答案で被告のことを被告人と書いたり、刑訴の答案で被告人のことを被告と書いたりすると大きく減点されるでしょう。ところが、報道機関は、刑事裁判の報道の際、被告人とは呼ばず、被告と呼んでいます。その理由はわかりません。この報道のため、被告という言葉には悪いイメージがあるようで、民事裁判で訴えられた場合に、被告にされたことを、まるで犯罪者扱いされたかのように感じる人がいます。私は、過去に2度、被告本人から苦情の電話を受けたことがあります。「裁判所から書類が届いたけど、被告とはなんやねん！　俺を犯罪者扱いするのか！」と怒鳴られました。丁寧に説明すると理解してもらえましたが、報道機関には正しい用語を使ってもらいたいです。

(2)　当事者能力・訴訟能力

　民事訴訟の当事者となることのできる一般的な資格のことを**当事者能力**とい

い、民事訴訟を追行するために必要な能力を**訴訟能力**といいます。当事者能力と訴訟能力は民法の規定に従います（民訴28条）。したがって、当事者能力は自然人と法人に認められますが、民事訴訟では、一定の要件を満たした法人格のない団体にも当事者能力が認められます（民訴29条）。また、未成年者と成年被後見人は訴訟能力を有せず、法定代理人（親権者・成年後見人）が訴訟を追行します（民訴31条）。

【Q】法人が当事者として訴訟をする場合、誰が訴訟を追行するのか？

【A】法人の代表者が訴訟を追行します。代表者は法人の種類によって異なります。例えば、株式会社の場合、代表取締役や代表執行役が代表者となるのが原則です。

【Q】動物は当事者となることができるのか？

【A】現行法上、動物は裁判手続の当事者にはなれません（つぶやき⑳参照）。

---

(3)　当事者適格

　当該事件において当事者となることができる資格のことを当事者適格といいます。誰が誰を相手方として裁判を起こせるかという問題です。当事者適格のうち、原告となることのできる資格を原告適格といい、被告となることのできる資格を被告適格といいます。例えば、筆者（山本）には、当事者能力と訴訟能力はありますが、本事案の訴訟については当事者適格がありません。中堂慎司と水島透子との権利義務関係について何の関係もないからです。事件に無関係な人が当事者となるのを排除するという趣旨です。

5－2　裁判所（裁判官、裁判所書記官）

(1)　裁判所

　ア　2つの意味の裁判所

　裁判所という言葉には2つの意味があります。1つは、裁判官その他の裁判所職員が勤務している**官署としての裁判所**です。もう1つは、実際に裁判をする一人又は数人の裁判官によって構成される**裁判機関としての裁判所**です。この裁判機関としての裁判所を**裁判体**といいます。

イ　単独制と合議制

　裁判体には、一人の裁判官で構成される**単独制**と複数の裁判官で構成される**合議制**があります。単独制の裁判体を**単独体**、合議制の裁判体を**合議体**といいます。最高裁判所は合議制です。15人全員で構成される大法廷と、5人で構成される小法廷（第一小法廷、第二小法廷、第三小法廷）があります。高等裁判所は合議制です。3人で構成されるのが原則です。地方裁判所は原則として単独制です。例外として、地方裁判所が控訴審となる場合及び合議体で審理すると決定した場合は合議制となります（裁26条2項1号・3号）。3人で構成されるのが原則です。簡易裁判所は単独制です。

ウ　裁判長と陪席裁判官

　合議体の一人を**裁判長**といいます。裁判長以外の裁判官は**陪席裁判官**といいます（民訴149条参照）。3人の合議体では、裁判長から見て右側の裁判官を右陪席裁判官、左側の裁判官を左陪席裁判官といいます（一般的には、裁判長、右陪席、左陪席の順に経験年数が長いです）。合議体では全員で訴訟行為を行いますが、一部の訴訟行為（例えば、和解の試み。民訴89条）については、合議体を構成する裁判官に委任することができます。その裁判官を**受命裁判官**といい、裁判長から指名されます。

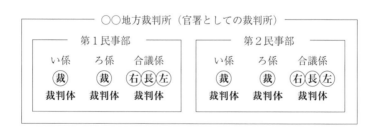

(2)　裁判官

　裁判官には、最高裁判所長官、最高裁判所判事、高等裁判所長官、判事、判事補、簡易裁判所判事の6種類の職名があります（裁5条）。判事は、高等裁判所、地方裁判所及び家庭裁判所に配属されます。判事補は、地方裁判所及び家庭裁判所に配属されます。一般的には、司法試験に合格し、司法修習を終えて裁判官に採用されると、判事補に任命され、11年目に判事に任命されます。

判事補は、単独では裁判できず、2人以上合議体に加わり、又は裁判長となることができません（裁27条）。もっとも、6年目になると特例判事補となり、実質的に判事と同じ仕事をすることになるのが一般です（判事補の職権の特例等に関する法律）。

(3)　裁判所書記官

　裁判所書記官は、事件に関する記録等の作成及び保管並びに裁判官の行う法令や判例の調査の補助といった仕事をしています（裁60条）。民事訴訟では、送達（民訴98条以下）や口頭弁論調書の作成（民訴160条）等、裁判所書記官の固有の権限となっているものも多く、また、訴状に不備があれば原告に補正を促したり、弁護士や当事者との間で期日調整をしたり、書面の提出を促したりするなど、重要な役割を担っています。裁判所書記官になるためには、まず、裁判所職員になる必要があります（つぶやき②参照）。

【つぶやき⑥　裁判長の権限】

　民事訴訟法の条文を読んでいると、「裁判所」の権限とされている事項と「裁判長」の権限とされている事項があることがわかります。例えば、訴え却下の権限は「裁判所」ですが（民訴140条）、訴状却下の権限は「裁判長」です（民訴137条2項）。

　「裁判長」とは誰なのでしょうか。民事訴訟法には「裁判長」の定義はありません。答えは裁判所法にあります。「裁判長」は合議体を構成する裁判官の一人です（裁9条3項・18条2項・26条3項・31条の4第3項）。合議体では、必ず一人の裁判官が「裁判長」となります。例えば、部が設置されている裁判所では、部の総括判事（部長と呼ばれています）が「裁判長」となります（下級裁判所事務処理規則5条2項・4条4項）。

　このように、「裁判長」は合議体にのみ存在し、単独体には「裁判長」は存在しません。

　では、単独体の場合、「裁判長」の権限とされている事項は誰が行使するのでしょうか。例えば、期日の指定（民訴93条）、訴状審査（民訴137条）、訴訟指揮権（民訴148条）、釈明権（民訴149条）、尋問の順序の変更（民訴202条2項）は、「裁判長」の権限となっていますが、「裁判長」の権限を「単独体の裁判官」の権限に読み換える規定がありません。単独体では、「裁判長」がいないので、「単独体の裁判官」は、期日を指定したり、訴状を審査したりすることはできないのでしょうか。

　そもそも、なぜ、「裁判長」の権限としている事項があるのでしょうか。合議体では、裁判官が意見を述べ合い、その過半数の意見によって決めます（これを評議といいます。裁75条〜78条参照）が、全ての事項について評議が必要となると、迅速に裁判を進めることができなくなります。また、一人で決めたとしても支障がない事項もあります。例えば、期日の指定は裁判官全員で話し合って決める必要はないでしょう。そこで、簡易な事項や迅速な処理を要する事項は、「裁判長」の権限として、評議をすることなく、裁判長一人で決めることができるようにしているのです。尋問の順序の変更のように、裁判長が決めたものの、当事者から異議があると、評議が必要となることもあります（民訴202条2項・3項）。

　このように、「裁判長」の権限とした趣旨・目的を考えれば、単独体の場合は、その裁判官に権限があると考えるのが自然といえるでしょう。学説でも実務でも、単独体では、その裁判官が「裁判長」の権限を行使すると解されています（反対説は見当たりません）。弁護士中村真先生は、著書（『若手法律家のための民事尋問戦略』18頁）の中で、勿論解釈だと考えるほかないと言っておられます。

　新堂幸司先生の著書（『新民事訴訟法〔第6版〕』219頁）には、「裁判長」とあるのは、昔は地方裁判所が合議制であったことによるもので、単独制を原則とする現在の地方裁判所では、裁判官が「裁判長」の権限を行うのが原則である旨、説明されています。確かに、地方裁判所は、裁判所構成法（明治23年法律第6号）の時代は合議制（同法19条1項）でした。しかし、裁判所法（昭和22年法律第59号）制定によって原則単独制（同法26条1項）となり、それから随分と時間が経っているのですから、遅くとも、現行民事訴訟法制定（平成8年）の際、「裁判長」の権限を「単独体の裁判官」の権限に読み換える規定を設けたら良かったのになあと思います。まあ、そんな当たり前のことを規定する必要はないという考えなのかもしれません。

　みなさんは、裁判所の権限と裁判長の権限の違いを意識すること、単独体の場合は、その裁判官が裁判長の権限を行使することをしっかりと理解してください。

5－3　訴訟代理人

　当事者は、どの審級でも自分で訴訟を追行することができますが、訴訟の追行を代理人に委任することもできます。訴訟追行の委任を受けて代理権を授与された任意代理人を**訴訟代理人**といいます。訴訟委任に基づく代理人は、弁護士でなければなりません（民訴54条1項）。ただし、簡易裁判所では、裁判所の許可を得て、家族（個人が当事者となっている場合）や従業員（法人が当事者と

なっている場合）等の紛争の内容に詳しい者を訴訟代理人とすることができます（同項ただし書）。また、簡易裁判所では、認定司法書士も訴訟代理人となることができます（司書3条1項6号・2項）。

　訴訟代理権は審級ごとに委任することになります（これを**審級代理の原則**といいます）。例えば、第一審の訴訟代理人が追行できるのは、第一審の訴訟行為であり、第二審（控訴審）の訴訟行為は追行できません。ただし、第一審の委任を受ける際に、控訴を提起することについて特別の委任を受けていれば、控訴を提起することは可能です（民訴55条2項3号）。なお、第一審の訴訟委任状《資料6》には、通常、控訴の提起を委任事項に入れていますが、第一審判決後、引き続き控訴審の委任を受ける場合には、別途、依頼者との間で控訴審の委任契約を締結し、控訴提起の訴訟委任状を新たにもらうのが一般です。

【つぶやき⑦】　弁護士バッジ

　弁護士バッジ（正確には「弁護士記章」といいます）は、向日葵をモチーフにしており、真ん中に天秤が描かれています。純銀製で金メッキが施されており、年数が経つ（キャリアを積む？）と金メッキが徐々に剥げてきます。ちなみに、高いお金を払って純金製にすることもできます。

　弁護士バッジは、日本弁護士連合会から貸与されるもので、バッジの裏側には各自の弁護士登録番号が刻印されています。弁護士バッジを紛失すると再発行してもらえますが、官報（国の機関誌）の『弁護士記章紛失公告』に掲載されるという恥ずかしい思いをします。再発行されると、バッジの裏に再発行の意味を表す「再」の文字と再発行回数を表す数字が刻印されます。私の知り合いの弁護士バッジの裏側には、「再2」と刻印されています……。

【つぶやき⑧】　弁護士に依頼するとお金はいくらかかるのか？

　弁護士に相談したり、裁判を依頼したりすると、お金はいくらかかるのでしょうか。法的トラブルを解決するために弁護士に相談したいと思っても、お金のことが気になって相談しづらいという人は多いと思います。

　弁護士に依頼する場合、弁護士報酬（弁護士費用）と呼ばれるお金を弁護士に支払う必要があります。また、これとは別に、実費（通信費、交通費、裁判所に納める手数料・郵券代等）も必要です。

　弁護士報酬には主に以下のものがあります。

① 相談料：法律相談の対価です。

② 着手金：事件依頼時（着手時）に発生する委任事務の対価です。結果が悪かった場合（敗訴等）でも返金されません。

③ 報酬金（成功報酬）：事件の解決時に発生する委任事務の対価です。結果（成功）の程度に応じて発生します。全部敗訴のときは発生しません。

④ 日当：出張等、移動時間がかかる（時間が拘束される）場合に発生する対価です。

　以前は、弁護士会の規程によって報酬基準が定められており、法律事務所の報酬体系は一律でした。ところが、公正取引委員会から、弁護士会が報酬基準を定めることは独占禁止法に違反する疑いがあるとの指摘がされ、弁護士会は2004年に報酬基準を廃止しました。

　現在は、法律事務所によって報酬体系が異なります。全ての法律事務所は独自の報酬基準（○○法律事務所報酬基準）を作成し、事務所に備え置かなければなりません（日弁連「弁護士の報酬に関する規程」3条1項）。もっとも、独自の報酬基準を作成する際、廃止された弁護士会の報酬基準（以下、「旧基準」といいます）を参考にして作成するので、旧基準と全く同じ事務所もあります。

　民事の通常事件における旧基準は以下のとおりです。

着手金：事件の経済的な利益の額が

　　　　300万円以下の場合　　　　　　　　経済的利益の8％

　　　　300万円を超え3000万円以下の場合　5％＋9万円

　　　　3000万円を超え3億円以下の場合　　3％＋69万円

　　　　3億円を超える場合　　　　　　　　2％＋369万円

　　　　※　着手金の最低額は10万円

報酬金：事件の経済的利益の額が

　　　　300万円以下の場合　　　　　　　　経済的利益の16％

　　　　300万円を超え3000万円以下の場合　10％＋18万円

　　　　3000万円を超え3億円以下の場合　　6％＋138万円

　　　　3億円を超える場合　　　　　　　　4％＋738万円

　例えば、本事案の中堂さんと水島さんが支払うべき着手金及び報酬金を旧基準で計算すると、以下のとおりとなります。

中堂さん　着手金：200万円（経済的利益）×8％＝16万円（＋消費税）

　　　　　報酬金：①全部勝訴（200万円を支払え）の場合

　　　　　　　　　　200万円（経済的利益）×16％＝32万円（＋消費税）

　　　　　　　　　②全部敗訴（請求を棄却する）の場合

　　　　　　　　　　0円

　　　　　　　　　③訴訟上の和解（120万円を分割して支払う）の場合

　　　　　　　　　　120万円（経済的利益）×16％＝19万2000円（＋消費税）

　　水島さん　着手金：200万円（経済的利益）× 8 ％＝16万円（＋消費税）

　　　　　報酬金：①全部勝訴（請求を棄却する）の場合

　　　　　　　　　　200万円（経済的利益）×16％＝32万円（＋消費税）

　　　　　　　　　②全部敗訴（200万円を支払え）の場合

　　　　　　　　　　0 円

　　　　　　　　　③訴訟上の和解（120万円を分割して支払う）の場合

　　　　　　　　　　80万円（経済的利益）×16％＝12万8000円（＋消費税）

　どうですか？　高いと思いましたか、思ったより安いと思いましたか。法律事務所に長年いると、安いなあと思ってしまいがちですが、自分が実際に払う立場になると安いとは言えないと思います。旧基準を見ればわかるように、経済的利益が多くなれば、弁護士報酬も高くなります。本事案における中堂さんの着手金は16万円（＋消費税）ですが、仮に貸付金が200万円ではなく、1000万円であれば、着手金は59万円（＋消費税）となります。貸付金が200万円でも1000万円でも、貸金請求訴訟における弁護士の訴訟活動は基本的に変わりません。そうすると、弁護士にとっては、請求金額が多い事件の方がコスパが高いといえます。弁護士数が少なかった時代には、請求金額が少なく手間のかかる事件を断る弁護士もいたようです。弁護士数が大幅に増えた現在ではそのようなことは少なくなったと思いたいです。とはいえ、弁護士には受任義務はありません（医師には応召義務があります。医師法19条）。弁護士と依頼者との契約は委任契約であり、委任契約は当事者間の人的信頼関係を基礎とする契約だからです。弁護士としては、この依頼者のために力を貸したいと思うからこそ、依頼を受けるのです。依頼者も同様です。この弁護士なら信頼して任せられると思うからこそ、その弁護士に高いお金を支払って依頼するのです。

　弁護士報酬がこんなに高いのなら依頼できないと思わないでください。まずは、法律相談をしてください。弁護士会、法テラス、市町村等では初回無料の法律相談もあります。弁護士報酬等を立て替えてくれる民事法律援助制度（法テラス）もあります（資力要件があります）。

　弁護士に裁判を依頼する場合、信頼できる弁護士かどうかしっかりと観察してください。弁護士報酬については見積書をもらうことをお勧めします（見積書の作成は努力義務になっています。日弁連「弁護士の報酬に関する規程」4条）。弁護士は、事件を受任する際、委任契約書《資料7》を作成しなければなりません（日弁連「弁護士職務基本規程」30条）。委任契約書をよく読み、不明な点はどんな些細なことでも質問し、弁護士報酬でトラブルにならないようにしてくだ

さい。

　弁護士報酬のうち、トラブルが発生しやすいのは被告事件の報酬金です。報酬金が発生するのは勝訴（一部勝訴・全部勝訴）した場合です（全部敗訴の場合、報酬金は発生しません）。例えば、1000万円の損害賠償請求の訴えを提起され、請求棄却判決（全部勝訴）が確定したとします。1000万円を支払わずにすんだという経済的利益を受けていますので、その経済的利益1000万円に対する報酬金が発生します。上記の旧基準で計算すると、報酬金は118万円（＋消費税）となります。全部勝訴しても被告には１円も入ってきませんので、報酬金を支払うためには、資金を調達しなければなりません。回収できた金員から報酬金を支払う原告事件とは事情が異なります。トラブルになるのは、受任の際の説明不足に原因があると感じます。自分に関わるお金の話をするのは苦手だという弁護士も多く、弁護士は説明したつもりになり、依頼者は訴えられたことで頭が一杯で勝訴したときのお金の話をちゃんと聞いていないのだと感じます。

　私は、見積書を作成しています。全部勝訴した場合の報酬金の見込額を書いておくと、依頼者の方も安心されますし、トラブル発生の防止にもなります。

第6　民事訴訟における裁判所と当事者の役割分担

　民事訴訟では、裁判で何を求めるのか、どういう主張をするのか、どういう証拠を出すのかについては当事者に主導権があり、処分権主義、弁論主義と呼ばれる重要な原則があります。他方、裁判の手続の進め方については裁判所に主導権があり、職権進行主義と呼ばれています。

6－1　処分権主義

　訴訟の開始・訴訟物の特定・訴訟の終了について、当事者に処分権能を認め、当事者が自由に決めることができることを**処分権主義**といいます。私的自治の原則の現れです。民事訴訟の大きな流れは、「訴訟の開始→審理→訴訟の終了」です。この流れで考えるとわかりやすいです。

(1)　訴訟の開始の場面

　民事訴訟は、当事者の一方が訴えを提起することによって始まります。裁判所が勝手に裁判を始めることはできません。

(2)　審理の場面

　どのような権利を審理の対象とするかは原告が決めることができます。裁判所は、原告が審理の対象としなかった権利については審理及び判断をすること

ができません（民訴246条参照）。例えば、本事案において、原告が審理の対象として特定した権利（これを**訴訟物**といいます）は、200万円の貸金返還請求権ですが、この権利とは別に、原告が被告に対して100万円の売買代金支払請求権を有していたとしても、原告がその売買代金支払請求権について審理を求めていない以上、裁判所はその売買代金支払請求権については審理及び判断をすることができません。

(3)　訴訟の終了の場面

当事者は、民事訴訟を終わらせるにあたり、判決を求めてもよいし、和解したり、訴えを取り下げたりすることも自由です。

6-2　弁論主義

弁論とは、当事者が裁判所に対して言い分を述べること（主張）とその言い分を裏付ける証拠を提出すること（立証）です。その弁論を当事者の権限かつ当事者の責任とするのが**弁論主義**です。すなわち、裁判に必要となる事実は当事者が主張し、その事実を裏付ける証拠は当事者が自分で収集して自分で提出しなさいということです。弁論主義は3つの原則（3つのテーゼ〔These〕（ドイツ語）とも呼ばれています）に分けて考えられています。

(1)　主張原則（第1テーゼ）

「裁判所は、当事者の主張しない事実を判決の基礎にすることはできない。」という原則です。例えば、本事例において、被告は債務を全額弁済していたとします。この場合、裁判所は、被告が「弁済した」と主張しない限り、弁済の事実を認めることはできないということです。当事者の視点に立つと、主張しないと負けてしまうということです。当事者が負うこの不利益を主張責任といいます。

原告　　　　　　　　被告

200万円を貸しました。

ちゃんと返したのに……

「返した」と主張しない。

→　裁判所は弁済の事実を認めることができない。

(2)　自白原則（第 2 テーゼ）

「裁判所は、当事者間に争いのない事実はそのまま判決の基礎にしなければならない。」という原則です。自白とは、相手方の主張する自己に不利な事実を認めることです。例えば、本事例において、200 万円を貸したという原告の主張する事実を被告が認めることです。自白は原則として撤回できません。自白が成立すると、裁判所はその事実に拘束され、200 万円を貸したという事実を否定することはできません（裁判所拘束力といいます）。また、原告は 200 万円を貸したという事実を証明する必要がなくなります（民訴 179 条。証明不要効といいます）。

　200 万円を貸した事実は争いのない事実となる。　→　証拠不要・裁判所拘束

(3)　証拠原則（第 3 テーゼ）

「裁判所は、当事者間に争いのある事実を証拠により認定する場合には当事者の申し出た証拠によらなければならない。」という原則です。職権証拠調べの禁止ともいいます。例えば、本事例において、200 万円を貸したという原告の主張する事実を被告が否認すると、200 万円を貸したという事実は、当事者間に争いのある事実（争点）となります。この争いのある事実を裁判所が認定するためには、その事実を裏付ける証拠（借用書等）が必要となりますが、その証拠は当事者が提出した証拠でなければならないという原則です。

200 万円を貸した事実は争いのある事実（争点）となる。→証拠必要（当事者提出）

【訴訟資料と証拠資料】

　裁判所が当事者の主張によって得た資料を**訴訟資料**といいます（最近は**主張資料**とも呼ばれています）。他方、裁判所が証拠調べによって得た資料を**証拠資料**といいます。例えば、200万円を弁済したという被告の主張が訴訟資料であり、その証拠として提出した領収書が証拠資料となります。裁判所は、この訴訟資料と証拠資料を材料にして判決を書きます。

　注意点が2つあります。1つは、証拠資料を訴訟資料の代用とすることはできないことです。これを訴訟資料と証拠資料の峻別といいます。例えば、被告が弁済の証拠として領収書を提出したとしても、「弁済した」という主張がない限り、裁判所は、弁済の事実を認定することができません（弁論主義の主張原則）。もう1つは、裁判所は、訴訟資料も証拠資料も、当事者のどちらか一方から得ればよいことです。例えば、原告の主張や原告が提出した証拠を被告に有利となる材料にすることもできます（これを主張共通の原則、証拠共通の原則といいます）。

【つぶやき⑨】　Gericht

　日本の民事訴訟法は、1890（明治23）年、当時のドイツ民事訴訟法を参考にして制定されました（多くの条文が直訳です）。そのため、民事訴訟法の研究者にはドイツ語に堪能な人が多いです。

　独和辞典を持っている人がいれば、「Gericht」を引いてみてください。「料理」と「裁判」という訳が出てきます。中性名詞です。この単語を初めて引いたとき、おお！と思いました。なぜなら、料理と裁判はよく似ているからです。料理は料理人が材料を集めて調理するものです。裁判も裁判官が材料（主張と証拠）を集めて調理（審理）するものです。よく似ていると思いませんか。

　さて、処分権主義と弁論主義は理解できましたか。なんとなくわかったつもりのままでいると、具体的な問題を考える際、これって、処分権主義と弁論主義のどっちの問題やったっけ？となるかもしれません。そうならないために、処分権主義と弁論主義を料理にあてはめてイメージしてみましょう。

　あなたは料理の注文者です。料理を注文するかしないかはあなた（注文者）に決定権があります。どんな料理を注文するのかもあなた（注文者）に決定権があります。これが処分権主義です。料理人に視点を変えると、料理人は、あなた（注文者）が注文していないのに料理をすることはできませんし、あなた（注文者）が注文した料理以外の料理を作ることはできません。例えば、あなたがエビフライ定食を注文すれば、料理人はエビフライ定食以外を作ることはできません。

裁判にあてはめると、裁判所は当事者が訴えを提起しないのに裁判を始めることはできませんし、当事者が申し立てていない事項について判決を書くことができないということです。

弁論主義は、一般のレストランとは少し異なるレストランをイメージする必要があります。通常は、料理人が材料を集めて調理しますが、このレストランは注文者であるあなたが材料を集めなければなりません。材料を全て持ち込んで調理をしてくれるレストランといったところでしょうか。例えば、あなた（注文者）が近江牛カレーライスを注文すれば、近江牛カレーライスを完成させるために必要となる材料（近江牛、玉葱、トマト、米、各種スパイス等）をあなた（注文者）が集めなければなりません。あなた（注文者）が近江牛を用意しなかったからといって、料理人が用意することはできません。裁判にあてはめると、判決を書くために必要な材料（主張と証拠）は当事者が集めなければならず、裁判所は、当事者が主張していない事実や当事者が提出していない証拠を判決の材料にすることはできないということです。

わかりやすくまとめると、処分権主義は、料理を注文するかしないか、どういう料理を注文するかは注文者に権限があるというイメージです。弁論主義は、注文した料理の材料は注文者が集めなければならないというイメージです。あくまでもイメージです。でも、法律の学習にはイメージが大切だと思っています。

処分権主義と弁論主義の話は、民訴の学習を進めていくにつれて何度も出てきます。徐々に理解できるようになりますので、安心してください。

第7　訴えの類型

訴えの目的は、判決を得ることによって紛争を解決することです。判決は当事者間の紛争を解決するための手段であり、解決方法に応じて大きく3つの類型に分けられています。**給付判決**（給付を命じる判決）、**確認判決**（権利義務の存否を確認する判決）、**形成判決**（法律関係を形成する判決）です。それぞれ、給付を得るための手段、権利義務の存否を確認するための手段、法律関係を形成するための手段となります。したがって、訴えも、どの手段によって紛争を解決するのか、すなわち、どの判決を求めるのかによって、大きく3つの類型に分けられています。

7－1　給付の訴え

給付を命じる判決を求める訴えです。給付の典型例は、金銭の支払や物の引渡しですが、作為（建物を撤去せよ等）、不作為（騒音を出すな等）、登記手続

（登記官に対し登記申請という意思表示をすること）も給付に含まれます。原告の主張が認められると、被告に対して給付を命じる判決（給付判決）が言い渡されます。3つの訴えの類型のうち、給付の訴えの件数が最も多いです。給付の訴えの特徴は、他の2つの類型と異なり、判決を得るだけでは目的を達成できない場合があることです。すなわち、給付を命じる判決が確定しても、被告が判決で認められた給付義務を任意に履行しない限り、原告は給付を得ることはできません。給付を得るためには、この給付判決を用いて強制執行の手続をとる必要があります。

【給付判決の主文例】

① 金銭の支払を求める訴え
　　被告は、原告に対し、200万円を支払え。
② 建物の明渡しを求める訴え
　　被告は、原告に対し、別紙物件目録記載の建物を明け渡せ。
③ 作為を求める訴え
　　被告は、別紙物件目録記載の土地上にある別紙妨害動産目録記載の各動産を撤去せよ。
④ 不作為を求める訴え
　　被告は、別紙物件目録記載の建物内において犬を飼育してはならない。
⑤ 登記手続を求める訴え
　　被告は、原告に対し、別紙物件目録記載の不動産について、令和〇年〇月〇日売買を原因とする所有権移転登記手続をせよ。

7-2　確認の訴え

　特定の権利や法律関係等が存在すること、又は存在しないことを確認する判決を求める訴えです。例えば、所有権を有していることの確認、債務が存在しないことの確認などです。権利や法律関係の存否を裁判所で確定することで紛争を解決しようとするものです。原告の主張が認められると、権利や法律関係の存否を確認する判決（確認判決）が言い渡されます。

【確認判決の主文例】

① 建物所有権の確認を求める訴え

> 　別紙物件目録記載の建物について、原告が所有権を有することを確認する。
> ②　債務不存在の確認を求める訴え
> 　原被告間の令和○年○月○日付金銭消費貸借契約に基づく原告の被告に対する200万円の返還債務が存在しないことを確認する。

7-3　形成の訴え

　法律関係や権利関係の変動（発生・変更・消滅）を宣言する判決を求める訴えです。身分関係や会社関係など、特定の法律関係（権利関係）については、明確かつ画一的に変動を生じさせる必要があるとして、裁判所が法律関係の変動を宣言したときに、当該法律関係が変動すると規定されています。

　例えば、民法770条1項は、「夫婦の一方は、次に掲げる場合に限り、離婚の訴えを提起することができる」とし、「配偶者に不貞な行為があったとき」（1号）、「配偶者から悪意で遺棄されたとき」（2号）、「配偶者の生死が3年以上明らかでないとき」（3号）、「配偶者が強度の精神病にかかり、回復の見込みがないとき」（4号）、「その他婚姻を継続し難い重大な事由があるとき」（5号）の要件を定めています（この要件を形成要件といいます）。

　この場合に、原告が形成要件が存在すると主張し、婚姻関係の消滅を求める訴えが形成の訴えです。裁判所は、この1号から5号のうち、1つ以上の形成要件が存在すると判断すると、「原告と被告とを離婚する」というように、婚姻関係の消滅を宣言する判決を言い渡します。この判決が確定すると、婚姻関係が消滅します（原告は、裁判が確定した日から10日以内に裁判の謄本を添附して市町村役場に届けなければなりません（戸籍法77条・63条））。なお、離婚の訴えは民事訴訟ではなく、人事訴訟です。

> 【形成判決の主文例】
> ①　離婚を求める訴え（民770条）
> 　原告と被告とを離婚する。
> ②　株主総会等の決議の取消しの訴え（会831条）
> 　被告の令和○年○月○日開催の定時株主総会における別紙記載の各決議をいずれも取り消す。

【つぶやき⑩】　手続法を学ぶ際の重要な視点

　民事訴訟法は手続法ですが、手続法を学ぶ際、重要な視点があります。それは、実体的な問題と手続的な問題を分けて考えることです。具体的にどういうことでしょうか。弁護士木山泰嗣先生の著書『小説で読む民事訴訟法』（2008年、法学書院）96頁以下に書いてある説明がわかりやすかったので、参考にさせていただきました。

　例えば、以下の事案において、民事訴訟法上の問題点について説明せよという問題が出題されたとします。

　「中堂慎司さんと宮瀬龍子さんは12年間交際してきました。婚姻関係も内縁関係もありません。二人は、中堂さんの浮気（不貞行為）を原因として別れました。その際、宮瀬さんは中堂さんに対し、交際中に100万円を貸していることを思い出し、中堂さんに返還を求めましたが、中堂さんはもらったもの（贈与）だと言い張り、返還に応じてくれません。そこで、宮瀬さんは、100万円の返還を求める訴えを提起しました（貸金請求訴訟）。この民事訴訟において、裁判官は、貸金ではなく贈与だと判断しましたが、少なくとも、貸金と同額の慰謝料が発生していると判断し、『100万円を支払え』という判決を言い渡しました。」

　この事案における手続的な問題というのは、原告が慰謝料請求をしていないにもかかわらず、貸金請求訴訟において、裁判官は被告に対して慰謝料を支払えという判決を書けるのかという問題です（処分権主義）。したがって、民事訴訟法の問題としては、その点について答えなければなりません。

　ところが、民事訴訟法上の問題に対して、実体的な問題を答えてしまう人がいます。この場合、実体的な問題というのは、婚姻関係も内縁関係もない単なる男女交際で慰謝料請求ができるのか、つまり、不法行為（貞操義務違反）による精神的損害に対する損害賠償請求権（民法709条・710条）が発生するのかという問題です。

　民法等の実体法を勉強しているときは、実体的な問題しか扱っていないため、手続的な問題は出てきません。そのため、実体的な問題と手続的な問題を分けるという視点を持っていなくても勉強はできます。

　しかし、民事訴訟法という手続法を勉強する場合は、実体法の法律関係が前提としてあり、その上で、手続法上の問題が出てきます。そのため、手続法を勉強するときは、実体法上の問題は問われていません。この点を混同しないことが大切です。

第 2 講　第一審訴訟の流れ

　民事訴訟は、当事者の一方が裁判所に訴えを提起することによって始まります（訴訟の開始）。訴訟が開始されると、当事者双方は言い分を述べ、その裏付けとなる証拠を出し、裁判所は当事者の言い分を聞いて証拠を調べます（審理）。審理が終わると、裁判所は判決を言い渡します（訴訟の終了）。これが、民事訴訟の第一審の原則的な流れです。

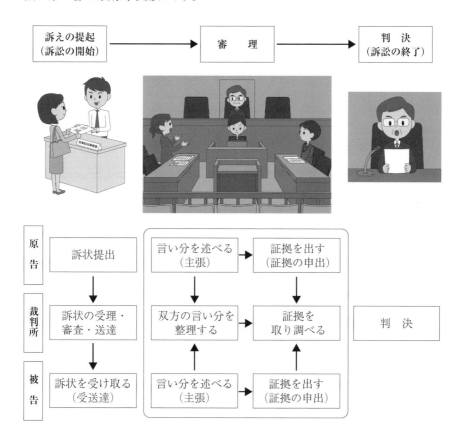

【つぶやき⑪】　本当は面白い民事訴訟法

　民事訴訟法は、理解することが難しくて面白くもなく、眠素法と揶揄されることがあります。その要因の一つは、具体的な手続の流れがイメージしにくいからだと思います。また、民事訴訟法は手続法であり、訴えの提起から審理を経て判決に至るという手続を順に追って学んでいきますが、最初に出てくる語句が後から出てくる語句と密接に関連することが多いです。例えば、訴えとは裁判所に対して審理及び判決を求める申立てのことですが、判決のところを学んでいないと理解しにくいところがあります。だからといって、判決のところを先に学ぶと、判決とは訴えに対する裁判所の判断のことであり、訴えのところの理解が必要となります。要するに、訴えの提起から審理を経て判決に至るという手続を一体として理解する必要があるのです。したがって、最初はわからないところがあってもどんどん先に進み、まずは手続の流れを一通り学ぶことです。本講では、第一審訴訟の流れを一気に説明します。わからないところがあってもあまり気にしないでください。第4講から詳しく説明します。その際には、手続のどの部分を学んでいるのかをしっかりと理解してください。あわてずゆっくり、でもしっかりと学んでいけば、きっと理解できます。民事訴訟の手続の流れと全体像を把握できれば、民事訴訟法の面白さに気づくでしょう。

第1　訴訟の開始

1－1　訴えの提起　〔➡第4講〕

　裁判所に対して審理及び判決を求める申立てのことを訴えといいます。民事訴訟は、当事者の一方が裁判所に訴えを提起することによって開始します。訴えを提起するためには、**訴状**という書面を作成して、裁判所に提出しなければなりません（民訴133条1項〔令4法施行後134条1項（令5.2.20施行）〕）。訴えを提起するためには、手数料を納める必要があります。原則として収入印紙で納めます。

1－2　訴状の受理等　〔➡第5講〕

　裁判所は、訴状を受理し、事件番号を付け、事務分配の規定に従って、担当部に当該事件を配てんします。事件の配てんを受けた裁判長は、訴状を審査した上、第1回口頭弁論期日を指定し、訴状及び期日呼出状を被告に送達します。訴状が被告に送達されることにより、訴訟は被告を巻き込んだ段階に入ります。この段階に入ったことを「裁判所に訴訟が係属した」（**訴訟係属**）といいます。

第2　審理

　審理とは、裁判所が判決を書くために必要となる資料（訴訟資料・証拠資料）を収集することです。資料の収集は、弁論と証拠調べによって行われます。

　弁論とは、当事者が言い分を述べること（主張）とその言い分を裏付ける証拠を提出すること（立証）です。**証拠調べ**とは、事実の存否を認定するために裁判所が証拠を調べることです。

　まず、原告は、自己の請求が根拠のあるものであることを示す事実を主張し、その事実の存在を裏付ける証拠を提出します（原告の主張・立証を**攻撃方法**といいます）。例えば、本事案の場合、200万円を貸し付けたという事実を主張し、その事実の存在を裏付ける証拠として、借用書を提出します。これに対し、被告は、原告の請求が棄却されるべきであることを示す事実を主張し、その事実の存在を裏付ける証拠を提出します（被告の主張・立証を**防御方法**といいます）。例えば、返済したという事実を主張し、その事実の存在を裏付ける証拠として、領収書を提出します。裁判所は、当事者の言い分を整理して争点を明らかにし、当事者が提出した証拠を取り調べます。

2－1　審理の方式（口頭弁論）

　審理には、書面審理方式と口頭審理方式とがありますが、通常訴訟では、口頭審理方式が原則となっています。口頭審理方式のうち、原告と被告とが公開の法廷で対席し、審理を担当する裁判官の面前において、口頭で主張・立証をするという審理方式を**口頭弁論**といいます。通常訴訟では、特別の定めがある場合を除き、必ず口頭弁論をしなければなりません（民訴87条1項）。これを**必要的口頭弁論の原則**といいます。

2－2　審理の日時（期日）〔➡第7講〕

　審理は、一定の日時に一定の場所で行われます。その日時を期日といいます。口頭弁論のための期日を**口頭弁論期日**といいます。

2－3　主張の方法（準備書面の提出）〔➡第8講〕

　当事者は、口頭弁論において主張しようとする事項を書面に記載し、事前に相手方及び裁判所に提出しなければなりません（民訴161条1項）。その書面のことを**準備書面**といいます。被告が初めて提出する準備書面を**答弁書**といいます。口頭弁論では、準備書面に書いたことを陳述します。

2−4 証拠の提出（証拠の申出）〔➡第9講〕

　当事者は裁判所に対し、証拠の取調べを要求します。この要求を**証拠の申出**といいます（民訴180条）。人が対象となる証拠（証人等）を**人証**といい、物が対象となる証拠（文書等）を**物証**といいます。

　証拠として最も多く提出されるのが文書です。文書を証拠とする場合は、当事者がその文書を裁判所に提出します。実務では、原告が提出する文書には「甲」という符号、被告が提出する文書には「乙」という符号を付け、「甲第1号証」、「甲第2号証」というように提出する順番に符号と番号を付けて提出します（原告が提出する文書を**甲号証**、被告が提出する文書を**乙号証**と呼びます）。なお、実務では、証拠となる文書それ自体を**書証**と呼ぶことが多いです（本来は文書の証拠調べのことを書証といいます）。

　他方、人証は、証明すべき事実と証拠との関係を具体的に明示した書面を裁判所に提出しなければなりません。その書面を**証拠申出書**といいます。例えば、弁済の事実を証明するため、弁済に立ち会った証人を取り調べて欲しい場合には、その必要性等を具体的に書いた証拠申出書を提出しなければなりません。

2−5 証拠調べ〔➡第9講〕

　裁判所は、当事者の言い分を整理し、当事者間の争点について、文書や人証の証拠調べを行います。

2−6 審理の終了（口頭弁論の終結）

　当事者の主張や証拠が出尽くし、判決をすることができるようになれば、裁判所は口頭弁論を終結します。審理を終えるということです。

第3 訴訟の終了

　口頭弁論が終結すると、裁判所は判決を言い渡します。判決の言渡しによって第一審の訴訟が終了します。もっとも、判決に不服のある当事者は、控訴期間（2週間）内に控訴することができます。控訴が提起されると、控訴審の裁判が始まります。控訴期間内に控訴がなければ、判決が確定します。

　判決以外にも、訴訟上の和解、訴えの取下げ、請求の認諾・放棄によって訴訟が終了します。

3-1　終局判決　〔➡第10講〕

その審級での訴訟が終了する判決を**終局判決**といいます。終局判決は、請求の当否を判断するか否かによって、本案判決と訴訟判決とに分かれます。

(1)　本案判決

原告の被告に対する権利主張を**請求**といいます。この請求の当否を判断する判決を**本案判決**といいます。請求について裁判所が応答するということです。本事案にあてはめると、200万円の貸金返還請求権の主張が請求であり、この請求について、裁判所が審理を行って当否を判断するのが本案判決です。請求を認める判決（被告は原告に対し200万円を支払え）を**請求認容判決**と言い、請求を認めない判決（原告の請求を棄却する）を**請求棄却判決**といいます。

(2)　訴訟判決

本案判決をするためには、一定の要件が必要とされています。この要件を**訴訟要件**（→110頁）といいます。訴訟要件を欠く場合、訴えが不適法となります。訴えが不適法である場合、裁判所は、訴え却下の判決を言い渡します。この判決を訴訟判決といいます。請求の当否については判断しません。

3-2　訴訟上の和解　〔➡第11講〕

訴訟係属中に、当事者双方が互いに譲歩し、訴訟を終了させる旨の合意をすることを訴訟上の和解といいます。訴訟上の和解が成立すると、和解調書が作成され、訴訟は終了します。和解調書は、確定判決と同一の効力が生じます。

3-3　訴えの取下げ　〔➡第12講〕

訴えを撤回することを訴えの取下げといいます。原告は終局判決が確定するまで、訴えを取り下げることができます。訴えを取り下げると、訴訟係属の効果が遡及的に消滅し、訴訟は終了します。

3-4　請求の認諾・請求の放棄

被告が原告の請求を認めることを請求の認諾といいます。被告が負けを認めることです。他方、原告が自らの請求に理由のないことを認めることを請求の放棄といいます。原告が負けを認めることです。どちらも調書が作成され、訴訟は終了します。認諾調書は、請求認容の確定判決と同一の効力が生じます。放棄調書は、請求棄却の確定判決と同一の効力が生じます。

【司法統計①】　通常訴訟　第一審（地方裁判所）　終局区分別既済事件数

	総数	判決		和解	取下げ	認諾	放棄
		対席	欠席				
2011 年 （H23）	212,490	70,690 33.3%		68,857	61,865	699	181
		48,209 22.7%	22,415 10.5%	32.4%	29.1%	0.3%	0.1%
2012 年 （H24）	168,230	69,750 41.5%		57,368	36,234	688	181
		47,308 28.1%	22,386 13.3%	34.1%	21.5%	0.4%	0.1%
2013 年 （H25）	149,931	64,746 43.2%		51,056	30,096	617	193
		42,749 28.5%	21,912 14.6%	34.1%	20.1%	0.4%	0.1%
2014 年 （H26）	141,012	61,458 43.6%		48,691	26,117	615	239
		40,201 28.5%	21,196 15.0%	34.5%	18.5%	0.4%	0.2%
2015 年 （H27）	140,991	59,871 42.5%		50,694	24,514	500	192
		38,375 27.2%	21,458 15.2%	36.0%	17.4%	0.4%	0.1%
2016 年 （H28）	148,022	61,323 41.4%		52,960	23,686	483	245
		36,803 24.9%	24,463 16.5%	35.8%	16.0%	0.3%	0.2%
2017 年 （H29）	145,985	58,643 40.2%		53,037	21,045	483	225
		35,502 24.3%	23,107 15.8%	36.3%	14.4%	0.3%	0.2%
2018 年 （H30）	138,683	57,370 41.4%		51,448	19,804	391	231
		33,486 24.1%	23,840 17.2%	37.1%	14.3%	0.3%	0.2%
2019 年 （H31・R1）	131,557	57,549 43.7%		50,623	19,410	415	227
		32,730 24.9%	24,779 18.8%	38.5%	14.8%	0.3%	0.2%
2020 年 （R2）	122,749	53,084 43.2%		43,364	22,372	369	212
		28,747 23.4%	24,306 19.8%	35.3%	18.2%	0.3%	0.2%
2021 年 （R3）	139,011	59,989 43.2%		51,239	23,169	404	293
		34,047 24.5%	25,907 18.6%	36.9%	16.7%	0.3%	0.2%

※　最高裁判所事務総局編『司法統計年報（民事・行政編）』（平成23年～令和3年・第19表）に基づく

第3講　訴訟上の書類の提出・交付方法

第1　書類の提出方法

　当事者等が書類を裁判所に差し出すことを**提出**といいます。提出方法は、①裁判所に持参する方法（持参）、②郵便を利用する方法（郵送）、③ファクシミリを利用する方法（FAX 送信）があります。

　ただし、訴状や取下書等、FAX で提出できない書類もあります（民訴規3条参照）。FAX で提出できる書類でも、FAX では不鮮明になる書類（写真や細かい文字で書かれたもの）は、FAX での提出を控えるべきですし、書類の枚数が多い場合も持参又は郵送の方が望ましいです。

第2　書類の交付方法

　裁判所が当事者等に書類を引き渡すことを**交付**といいます。訴訟手続を進行させる前提として、訴訟上の書類の内容を当事者等に知らせる必要があり、その書類を当事者等に交付する必要があります。交付方法は、①送達という方法と、②送付という方法があります。どちらの方法も裁判所書記官が事務を取り扱います（民訴98条2項、民訴規47条2項）。

2−1　送達
(1)　概説

　訴訟上の重要な書類は、当事者等に確実に交付する必要があります。そのために、**送達**という特別の伝達制度が設けられています（民訴98条以下）。送達は、当事者等に対し、訴訟上の書類の内容を知らせるために、法定の方式に従って書類を交付する、又は交付を受ける機会を与える裁判所の訴訟行為です。送達は、交付したことを公証する行為も含まれており、現実の受領者、場所、日時等が公証されます。現実に交付できなくても、交付を受ける機会を与えることで一定の訴訟行為が成立します。

(2)　送達すべき書類

送達すべき書類は法定されています。例えば、訴状（民訴138条1項）や判決書（民訴255条1項）です。

(3)　送達場所

送達場所とは、送達を受けるべき人（「受送達者」といいます）に対し、送達すべき書類を交付すべき場所のことです。送達は訴訟手続において複数回行われることが予定されており、送達手続を迅速かつ確実にするため、当事者は送達場所を裁判所に届け出ることが義務づけられています（民訴104条1項）。原告は訴状に自らの送達場所を記載し、被告は答弁書に自らの送達場所を記載します。個人であれば、住所を送達場所として届け出ることが多いですが、就業場所等を送達場所とすることもできます。弁護士が訴訟代理人となっている場合は、弁護士の法律事務所の所在地を送達場所として届け出ます。

(4)　送達実施機関

送達は、①郵便業務従事者が実施する方法（民訴99条〔令4法施行後101条〕）、②裁判所書記官が自ら実施する方法（民訴100条〔令4法施行後102条〕）、③執行官が実施する方法（民訴99条1項〔令4法施行後101条1項〕）があります。①は特別送達という郵便で実施されることから（郵便49条）、実務では、①を特別送達（略称「特送」）と呼んでいます。また、②を書記官送達、③を執行官送達と呼んでいます。

ア　特別送達（特送）

特別送達は、原則的な送達の実施方法です。通常の郵便と同様、郵便配達員が送達書類を受送達者に配達しますが、郵便配達員は受領者から署名又は押印をもらうだけでなく、場所、日時等を確認します。また、配達後、適正に送達されたことを郵便認証司が認証します（郵便58条2号）（《資料10》参照）。送達費用（郵便料金）も高いです（例えば、定型郵便物で25gまでの重量の場合、郵便料金は1089円です。基本料金84円＋書留料金435円＋特別送達料金570円）。

イ　書記官送達

書記官送達は、当事者や訴訟代理人が裁判所に書類を受け取りにいく方法です。送達費用はかかりません。例えば、弁護士が訴訟代理人となっており、裁判所が事務所の近くにある場合、判決正本の送達はこの方法が多いです。

ウ　執行官送達

執行官送達は、執行官が送達場所に赴き、受送達者に書類を手渡す方法ですが、証拠保全（→105頁）を除き、現在ではほとんど利用されていません（執行官の事務軽減のためと言われています）。

(5)　送達方法（交付送達の原則と例外）

送達は、訴訟上の重要な書類の内容を受送達者に知らせる手続ですので、受送達者に書類を直接手渡す方法が原則となります（民訴101条〔令4法施行後102条の2〕）。この方法を**交付送達**といいますが、送達の場所や方法について、いくつかの例外があります。

ア　出会送達（場所的特殊性）

送達場所以外の場所で受送達者に出会ったときに交付する方法です。例えば、郵便局の窓口で送達書類を交付する方法です。

イ　補充送達（人的特殊性）

送達場所で受送達者に出会えない場合に受送達者と一定の関係にある者（家族、従業員等）に交付する方法です。受領した送達書類を受送達者に交付することを期待できる者に交付するということです。

ウ　差置送達（現実の授受行為がない）

受送達者が正当な理由なく受領を拒んだ場合に送達場所に送達書類を差し置く方法です。

(6)　送達報告書

送達実施機関は、送達を実施した場合、送達報告書《資料10》を作成して裁判所に提出しなければなりません（民訴109条〔令4法施行後100条〕）。

(7)　送達の効果

送達が適式になされると、受送達者が送達書類の内容を現実に了知したか否かを問わずに訴訟上の効果が生じます。例えば、訴状が被告に送達されれば、訴訟係属が生じますし、判決正本が送達されれば、上訴期間が進行します。

2 - 2　送付

(1)　概説

送達は確実な交付方法ですが、厳格な手続であり費用もかかります。そのため、簡易な交付方法として、**送付**という制度が設けられています（民訴規47条）。

送付は受領の事実を確認することが主たる目的です。原則として、送達すべき書類以外の書類は送付することになります。

⑵　送付方法

　手渡したり、郵送（書留・普通郵便等）したり、FAX で送信したりすることになります。

第3　直送

　直送とは、当事者が裁判所を介さずに相手方に直接書類を送付することです。裁判所に提出して裁判所から相手方に交付するという手順を省略するということです。訴訟係属後、当事者間の書類の授受は、原則として直送しなければなりません（民訴規83条等）。例えば、訴状の場合、原告は、正本（裁判所用）及び副本（被告用）を裁判所に提出し、裁判所から被告に副本が送達されます。他方、答弁書の場合、被告は、正本（裁判所用）を裁判所に提出しますが、副本（原告用）は相手方（原告）に直送するのが原則です。

　直送方法は、相手方に手渡したり、郵送したり、FAX で送信したりすることになります（民訴規47条1項）。書類の直送を受けた当事者は、裁判所及び送付者に対し、書類を受領した旨を記載した書面（**受領書**）《資料13》を直送しなければなりません（民訴規47条5項）。

【民事裁判書類電子提出システム（mints）】

　民事訴訟の IT 化におけるフェーズⅠの①e 提出として、最高裁判所は、民事訴訟に関する書類を電子ファイルで提出することを可能とする「民事裁判書類電子提出システム」を開発しました。システムの通称名は「mints（ミンツ）」です。2022年4月21日から、大津地方裁判所（本庁）及び甲府地方裁判所（本庁）で本格運用が始まり、順次、他の裁判所にも拡大しています。

　現段階でミンツを利用して提出できるのは、FAX で提出することができる書類（準備書面等・民訴規3条）のみです。例えば、準備書面の電子ファイル（PDF）をミンツにアップロードすることによって提出することが可能です。相手方への直送も同時にでき、相手方にはアップロード通知が届きます。相手方は、そのファイルをダウンロードすることができます。

　なお、現在は訴訟記録が電子化されていないので、裁判所は当事者が提出した電子ファイルの書面を印刷しています。その印刷した書面が訴訟記録となります。

【つぶやき⑫】　FAX を受信する側への配慮

　FAX の送信枚数に制限はありませんが、FAX を受信する側への配慮が必要です。FAX は、受信する側の用紙を使いますし、受信中は基本的に他の受信や送信ができません。また、FAX で送信すると、どうしても文字が少し潰れてしまいますので、その点の配慮も必要です。細かい文字で書かれた書面や写真は FAX で提出すべきではありません。

　実務では、裁判所に FAX で書面を送信した後、別途、綺麗に印刷（コピー）した書面を裁判所に持参又は郵送することがあります。この綺麗に印刷（コピー）して提出した書面のことをクリーンコピーと呼んでいます。ところが、裁判所では、クリーンコピーがありがた迷惑になることが多いようです。裁判所では、先に FAX で提出された書面が正式な書面となり、その FAX で提出された書面を廃棄してクリーンコピーと差し替えることができず、両書面とも訴訟記録に編綴する必要があり、訴訟記録が分厚くなるからだそうです。私の友人の裁判官（大阪出身）は、FAX で提出された書面を読んだ後にクリーンコピーを続けて読み始め、「なんや同じ書面やん、途中まで読んで損した！と思うこともあるで〜」と笑いながら話していました。

　なお、裁判所は、執務時間（17時終了）外に受信した書面は、次の執務時間の最初に受け付けたものと扱うことになっていますので（平成4年8月21日付最高裁判所事務総長通達「事件の受付及び分配に関する事務の取扱いについて」第2の8項）、送信する時間にも気をつける必要があります。

　私の知り合いの優秀な弁護士（大阪弁護士会所属）は、準備書面は裁判官にきちんと理解してもらう必要があるので、読みやすいように、FAX ではなく持参又は郵送すると言っておられました（郵送する場合は提出期限までに到着するように余裕をもって発送するとも言っておられました）。他方、送信枚数を全く気にしない弁護士もいますし、中には、細かい文字で書かれた書面でも、読めなかったら裁判所から電話がかかってくるはずだから、とりあえず FAX で送信しておけば良いという考えの弁護士もいます。

　私の経験で最も多かった受信枚数は242枚です！　2009年3月9日午後4時4分に受信を開始し、受信を終えたのは午後4時36分でした。送信者は、民事訴訟の相手方訴訟代理人弁護士です（その弁護士の法律事務所から私の法律事務所までは、徒歩約10分弱の距離です）。

第4講　訴状の起案・提出

【裁判文書の書式】

① 用紙
　　A4判横書

② 余白
　　（目安）左30mm、右15mm、上35mm、下27mm
　　　文書の左側にパンチ穴（2穴）を空けて訴訟記録に綴じますので、左余白は広めにしてください。また、裁判所は文書を受け取ると受付印を押印しますので、上余白も広めにしてください。

③ 文字数・行数
　　（目安）1行37文字　　1頁26行

④ 文字の大きさ・フォント
　　（目安）12ポイント（見出しの文字は14〜20ポイント程度）
　　（目安）MS明朝

⑤ 数字
　　原則としてアラビア数字（算用数字）を用います。
　　万以上の数字には単位（万、億）を記載します。
　　【記載例】　2億3500万0500円

⑥ 年号
　　裁判所は元号（令和）を使用します。そのため、元号を使用する弁護士が多いですが、西暦でも構いません。本書の裁判文書は元号を使います。

⑦ 印刷方法
　　片面印刷

⑧ 複数枚の文書の綴じ方
　　左綴じです。ホチキス（ステープラー）で2か所をとめます。
　　契印します（ただし、ページ数を記載すれば契印は不要です）。

【契印と割印】
　　契印とは、1つの文書が2枚以上にわたるときに、1つの文書であることを証明するため、両ページにまたがって押す印のことです。

　　割印とは、同じ文面の文書を 2 つ以上作成したときに、その文書が関連し
ていることを証明するため、両文書にまたがって押す印のことです。
　　なお、契印と割印を逆の意味で使う弁護士が多いです。

【つぶやき⑬】　横書きの読点はコンマ？

　　私が法律事務職員になった時は、裁判所の書面は B5 版縦書き（B4 袋とじ）で
したが、2001（平成13）年 1 月 1 日から A4 版横書きになりました。裁判所は、
縦書きの時は読点にテンを使っていましたが、横書きになってから、読点にコン
マを使うようになりました。なんでコンマやねん！と驚きました。

　　裁判所が読点にコンマを使う理由は、1952（昭和27）年に内閣が作成した『公
用文作成の要領』に、横書の読点はコンマを使うようにと書いてあるからです
（縦書きの読点はテンを使うようにと書いてあります）。

　　ではなぜ、横書きの読点はテンではなくコンマなのか。少し調べてみました。

　　最初に句読点の使い方を示したのは、1906（明治39）年に文部省大臣官房調査
課が草案した『句読法案』です。教科書の表記方法の基準を示すことを目的とし
て作成されました。それまでは句読点は使われていなかったようです。例えば、
民事訴訟法（明治23年 3 月27日法律第29号）が掲載された1890（明治23）年 4 月
21日付官報号外を見ると、句読点がありません。私の手元にある1882（明治15）
年の判決言渡書（国立公文書館で閲覧しました）にも句読点はありません。

　　句読点を使うようになったのは、ドイツ語や英語等で使われる「,」（コンマ）
と「.」（ピリオド）の影響のようです。もっとも、『句読法案』では、「。」（マ
ル）、「、」（テン）、「・」（ボツ）、「」」（カギ）、「』」（フタヘカギ）の 5 種の符号
とその使い方が示されており、コンマは出てきません。コンマの使い方を示した
のは戦後です。1946（昭和21）年 3 月、文部省は、『句読法案』を骨子とし、『く
ぎり符号の使ひ方〔句読法〕（案）』を作成しました。縦書き用の符号12種と、横
書き用の符号 7 種が示され、横書きでは「テン又はナカテンの代りに、コンマ又
はセミコロンを適当に用ひる」と示されています。しかし、その理由は書いてあ
りません。横書きの読点がコンマなら、句点もピリオドになりそうですが、句点
は縦書きでも横書きでもマルです。『くぎり符号の使ひ方』には、「ピリオドは、
ローマ字文では終止符として用ひるが、横書きの漢字交りかな文では、普通には、
ピリオドの代りにマルをうつ」と書いてありますが、その理由は書いてありませ
ん。「・」（ナカテン）と間違えないようにとか、マルの方が見やすいからとか諸

説あるようです。

　このように、国や地方自治体では、1952（昭和27）年に作成された『公用文作成の要領』に基づき、横書きではコンマを使っていましたが、義務化されていなかったこと、一般社会では横書きでもテンを使っていること等から、時代の流れとともに、テンを使う役所が増えていったようです。2019（令和元）年11月20日付日本経済新聞夕刊によると、「インターネットではテンの使用が広がり、公式サイトのトップページでコンマを使い続けるのは裁判所や法務省、宮内庁、外務省など一部にとどまる」とのことでした。

　『公用文作成の要領』から約70年が経ち、実態と合わなくなっている部分があることから見直しが進められ、2022（令和4）年1月7日、文化審議会は『公用文作成の考え方』を公表しました。これによると、横書きの読点は、テンを用いることを原則としました。公表後、裁判所もテンを使うようになりました。

　『公用文作成の考え方』は、句読点のことだけ書いてあるわけではありません。読み手にわかりやすい文書を作成するための手引です。公用文だけでなく、準備書面や大学のレポートを書く際にも参考になると思います。

　ただし、『公用文作成の考え方』には疑問が生じる箇所もあります。数字の書き方です。大きな数字は3桁ごとにコンマで区切るとあり、兆、億、万の単位は漢字を使うと書いてあります。書き方の例として、『新しい「公用文作成の要領」に向けて』には、「101兆4,564億円」と書いてあります。この書き方には違和感を感じませんか？　この書き方だと、数字だけの場合とコンマの位置がずれてしまいます（4,564億円を数字だけで書くと、456,400,000,000円となります）。これまでの判決書では、単位の漢字と算用数字を合わせて使う場合はコンマを使っていません。１０１兆４５６４億円と書きます（判決では全角を使っています）。おそらく、この書き方は変わらないと思います。

第1　訴えの提起

　裁判所に対して審理及び判断を求める申立てのことを訴えといいます。当事者の一方が裁判所に訴えを提起することによって民事訴訟が開始します。訴えを提起するためには、**訴状**《資料3》という書面を提出する必要があります（民訴133条1項〔令4法施行後134条1項（令5.2.20施行）〕）。ただし、簡易裁判所では、口頭での訴え提起も可能となっています（民訴271条）。

第2　訴状の記載事項

　訴状には、①当事者、②請求の趣旨、③請求の原因を記載しなければなりません（民訴133条2項〔令4法施行後134条2項（令5.2.20施行）〕・民訴規53条）。訴状の**必要的記載事項**といいます。

2-1　当事者

　当事者とは、自己の名において訴えを提起する者（原告）と、その相手方（被告）のことです。当事者を明らかにするため、訴状に当事者を記載します。

(1)　自然人の場合

　自然人の場合、原則として、住所及び氏名を記載します。同一住所に同姓同名の他人がいる場合は生年月日等も記載します。

　　　【記載例】　〒616-8104
　　　　　　　　京都市右京区太秦下刑部町10番地 吉山パレス101号
　　　　　　　　原　　　　告　　中　堂　慎　司

【住所、氏名等の秘匿制度】

　令和4年改正法によって、当事者の住所、氏名等を秘匿することができる制度が創設されました（民訴133条）。例えば、性犯罪被害者が加害者に対して損害賠償請求の訴えを提起する場合、秘匿決定を受ければ、原告の住所、氏名等を訴状等に記載する必要はありません（秘匿決定において定められた代替事項を訴状等に記載します）。この制度は令和5年2月20日から施行されます。

---

(2)　法人の場合

　法人の場合、原則として、主たる事務所の住所、名称、代表者の資格・氏名を記載します。

　　　【記載例】　〒612-0021
　　　　　　　　京都市伏見区深草塚本町67
　代表者＋資格名　原　　　　告　　深　草　信　用　金　庫
　　　　　　　　代表者代表理事　　古　川　末　治

　判決書では当事者名等を均等割付で上下を揃えることが多いので、訴状でも同じようにすることが多いですが、揃えなくても構いません。

⑶　訴訟代理人がいる場合

　訴訟代理人の住所及び氏名を記載します。電話番号及びFAX番号も記載します。

　　　【記載例】　〒606-8104
　　　　　　　　　京都市左京区川端通丸太町下る　木内ビル4階
　　　　　　　　　美山法律事務所（送達場所）
　　　　　　　　　　電　話　075－761－○○○○
　　　　　　　　　FAX 075－761－○○○○
　　　　　　　　　原告訴訟代理人弁護士　　美　山　　　彩

⑷　送達場所の届出

　送達場所とは、裁判所から送達される書類を受け取る場所のことです。当事者は、送達場所を自ら届け出ることが義務づけられており（民訴104条1項）、原告は、訴状に自らの送達場所を記載します。個人の場合は、住所を送達場所として届け出ることが多いですが、就業場所等の書類を受け取りやすい場所でも構いません。弁護士が訴訟代理人となっている場合は、弁護士の法律事務所の所在地を送達場所として届け出ます。その場合、事務所の住所（事務所名）の後に「（送達場所）」と記載します。

2－2　請求の趣旨

　請求の趣旨とは、原告が求める判決の内容のことであり、**原告が求める判決の主文**を記載します。請求の趣旨をどのように書けば良いかわからない場合は、判例検索で同じような事案の裁判例を調べて、その判決主文を参考にすると便利です。訴えの類型（→45頁）のところで、判決主文を例示していますので、参照してください。

　なお、給付訴訟の場合、給付の法的性質や理由付けは記載しないのが実務の扱いです。例えば、貸金○○円、売買代金○○円と記載せず、「被告は、原告に対し、○○円を支払え。」のように記載します。

　【本事案】
　　中堂慎司は水島透子に対し、以下の約定で200万円を貸し付けた。
　　貸付日：平成20年12月1日　　返済期日：平成24年12月1日

利息及び損害金の定めなし

【請求の趣旨】
1　被告は、原告に対し、200万円及びこれに対する平成24年12月2日から支払済みまで年5分の割合による金員を支払え。
2　訴訟費用は被告の負担とする。
との判決並びに仮執行宣言を求める。

本事案の請求の趣旨について説明します。

⑴　請求の趣旨第1項

中堂慎司は、水島透子に対し、まず、元本200万円を請求することができます。元本を全額請求する場合の請求の趣旨は、「被告は、原告に対し、200万円を支払え。」（①）となります。

次に、利息及び損害金については、定めがありません。したがって、利息は請求できません。他方、損害金は、債務不履行に基づく損害賠償金ですので、定めがなくても請求することが可能であり、その額は法定利率によって定まります（民419条1項）。現在の法定利率は年3％ですが（民404条2項）、本事案は、2017年の民法改正（平成29年法律第44号）の施行日（2020年4月1日）前に損害金が発生していますので、改正前の民法が適用され（民法附則15条1項）、年5分となります（旧民404条）。したがって、本事案では、元本200万円に対する平成24年12月2日（返済期日の翌日）から支払済みまで年5分の割合による損害金を請求することが可能です。損害金を全額請求する場合の請求の趣旨は、「被告は、原告に対し、200万円に対する平成24年12月2日から支払済みまで年5分の割合による金員を支払え。」（②）となります。

本事案の請求の趣旨は、基本的には①と②をまとめて記載し、「被告は、原告に対し、200万円及びこれに対する平成24年12月2日から支払済みまで年5分の割合による金員を支払え。」となります。

⑵　請求の趣旨第2項

請求の趣旨の第2項は、訴訟費用の負担に関するものです。訴訟費用とは、訴訟追行に直接必要な費用のことです。例えば、訴え提起の手数料、送達費用、証人の旅費日当等です。訴訟費用は、敗訴の当事者の負担となるのが原則です（民訴61条）。訴訟費用の負担の裁判は職権で必ずなされますが（民訴67条）、請

求の趣旨で相手方の負担とすることを求めるのが通例です。なお、弁護士報酬
（つぶやき⑧参照）は訴訟費用に含まれません。

(3)　仮執行宣言

　請求の趣旨の最後に仮執行宣言を求めています。給付判決は判決が確定する
と強制執行をすることができますが、給付判決に仮執行宣言（「この判決は、仮
に執行することができる。」）が付されると、判決が確定していなくても、原告は
強制執行をすることができます。給付訴訟では、請求の趣旨で仮執行宣言を求
めるのが通例です。

【つぶやき⑭】　どのような執行手続が必要かを考えるべき

　給付の訴えにおいて、物の引渡し、作為・不作為、登記手続を求める場合には、
判決後のことを考えた上で、請求の趣旨を考えるべきです。

　例えば、登記手続を求める場合、判決確定後に登記手続を行うことになります
が、判決が出たからといって、その判決主文で必ず登記ができるとは限りません。
詳しい説明は省略しますが、登記手続上の問題があるからです。私の事務所では、
必ず、司法書士（登記のプロ）に相談して、請求の趣旨を考えています。

　また、物の引渡しを求めたり、作為・不作為を求めたりする場合、執行手続の
理解も必要です。例えば、自分の土地上に放置してある自動車の撤去を求める場
合、基本的には、①自動車を撤去せよという作為を求める方法（自動車を撤去せ
よ）と土地の明渡しを求める方法（土地を明け渡せ）が考えられますが、①は代
替執行、②は土地明渡執行と、執行手続が異なりますので、どちらの執行手続が
その事案に適切かを考えた上で、請求の趣旨を考える必要があります。なお、放
置自動車に価値があれば、不法行為に基づく損害賠償を求め、その判決で自動車
を売却する方法（動産執行又は自動車競売）によって結果的にその自動車を撤去
することも可能です。

　賃貸建物の明渡しを求める場合も単純ではありません。通常は、「建物を明け
渡せ」という判決主文があれば、その建物の明渡執行が可能ですが、賃借人の土
地の使用状況（建物の周囲に動産類を放置している等）によっては「土地を明け
渡せ」という判決主文も必要となる場合もあります（訴え提起前に執行官に相談
した方が良いです）。

　すなわち、どのような執行手続が必要となるかを考えた上で、請求の趣旨を考
える必要があるということです（判決後に執行手続のことを考えたのでは手遅れ
です）。そのためには、民事執行の基礎知識（本書第3編）が必要不可欠です。

2 - 3　請求の原因

⑴　請求を特定するのに必要な事実

　請求の原因とは、「請求を特定するのに必要な事実」と定義されています（民訴規53条1項）。請求とは原告の被告に対する権利主張のことであり、この主張の対象となる権利を特定するために必要な事実を記載します。

　訴えを提起するためには、審判の対象（訴訟物＝権利）が特定され、かつ、表示されていなければなりません。訴えにおいて特定・表示された審判の対象について、当事者が攻撃防御を尽くし、裁判所が判断を下します。訴えによって特定・表示された審判の対象は、裁判所を拘束し、裁判所は当事者が申し立てていない事項について裁判をすることができません（民訴246条・処分権主義）。

　そこで、原告は、訴状において、審判の対象を特定して表示する必要があります。他の権利と誤認混同を生じない程度に具体的な事実を記載します。例えば、本事案の審判の対象は、金銭消費貸借契約に基づく200万円の貸金返還請求権です。本事案の場合、「原告は被告に対し、平成20年12月1日、200万円を貸し付けた。」という具体的な事実を訴状に記載することによって、審判の対象を特定して表示したことになります。

⑵　請求を理由づける事実

　訴えを提起するためには、権利を特定するために必要な事実を訴状に記載すれば良いということになります。ただし、権利を特定するために必要な事実だけでは、裁判所が判決を書けない場合があります。権利を特定することはできても、その事実だけでは権利の存在が判断できない場合があるからです。

　裁判所がどのようにして権利の存否を判断するかというと、権利が発生したり消滅したりする原因は、民法等の実体法によって定められていますので、実体法に照らして判断することになります。例えば、民法587条は、「消費貸借は、当事者の一方が種類、品質及び数量の同じ物をもって返還することを約して相手方から金銭その他の物を受け取ることによって、その効力を生ずる。」と規定しています。この規定によって、金銭消費貸借契約は、①金銭の返還を約して、②金銭を受け取ることによって成立することがわかります。そして、金銭の返還を請求するためには、契約が終了すること、すなわち、③返還時期を合意して、④その返還時期が到来することが必要です（返還時期の合意がない場合

は、催告と催告後相当期間の経過が必要です。民591条1項）。したがって、貸金返還請求権は、①～④の要件（この要件を**法律要件**といいます）を満たした場合に発生することがわかります。

そこで、裁判所は、法律要件に該当する具体的な事実の存否を調べることによって、権利の存否を判断することになります。例えば、本事案の場合、裁判所は、①'200万円を返還することを合意した事実、②'200万円を交付した事実、③' 返還時期を平成24年12月1日と合意した事実、④' 平成24年12月1日が到来した事実、この4つの具体的な事実が存在するかどうかを調べ、全て存在する場合には200万円の貸金返還請求権が発生したと判断し、どれか1つでも存在しない場合には200万円の貸金返還請求権は発生していないと判断することになります。この法律要件に該当する具体的な事実（①'～④'）を**要件事実（主要事実）**といいます（なお、学説では、要件事実と主要事実とを区別する見解が有力ですが、実務では区別していません）。

このように、裁判所は、権利の発生や消滅などを判断する際には、その要件事実の存否を調べて判断することになりますが、その要件事実は、当事者が主張しなければなりません（弁論主義の主張原則）。

したがって、原告は、審判を求める権利を特定するとともに、その特定した権利が存在することを明らかにするため、その権利の要件事実を訴状に記載して主張する必要があります。この訴状に記載すべき要件事実のことを、**請求を理由づける事実**といいます。そして、通常は、請求を理由づける事実を記載すれば、権利を特定することができるので、訴状には請求を理由づける事実を記載すれば必要十分ということになります。

本事案における請求を理由づける事実は、「原告は、被告に対し、平成20年12月1日、返還時期を平成24年12月1日と定めて200万円を貸し付け、返還時期が到来した」という事実になります。返還を合意して金銭を交付したことを「貸し付けた（貸し渡した）」と表現します。

【Q】事実の存否はどのようにして判断するのか？
【A】自白又は証拠です。自白が成立すると、裁判所はその事実に拘束されます（弁論主義の自白原則）。これに対して、当事者間に争いのある事実については原

則として証拠が必要となります。

【請求の原因】

1　原告は、被告に対し、次の約定に基づき200万円を貸し渡した（甲第1号証）。

①　貸 付 日　　平成20（2008）年12月1日

②　貸付金額　　金200万円　　　　　　　　　　　　　　　証拠の引用

③　返済期日　　平成24（2012）年12月1日

④　利　　息　　定めず

⑤　損 害 金　　定めず

2　しかし、被告は、今日に至るまで一切返済しない。

3　よって、原告は、被告に対し、上記金銭消費貸借契約に基づき、金200万円及びこれに対する平成24年12月2日から支払済みまで民法所定の年5分の割合による遅延損害金の支払を求める。

【よって書き】

　請求の原因の最後のまとめとして、原告の主張を締めくくり、請求の趣旨と結びつける要約を記載します。この要約を「よって書き」と言います。よって書きでは、原告の法律上の主張として、①訴訟物、②給付、確認、形成の別、③全部請求か一部請求か、④併合態様を記載します。

2−4　その他の記載事項

(1)　証拠

　請求を理由づける事実について、事実を裏付ける証拠（書証）がある場合には、訴状に証拠を引用し、訴状と併せて提出します。原告が提出する書証には「甲」という符号を付け、提出する順番に符号と番号をつけます（甲第1号証、甲第2号証……）《資料4》。本事案の場合、返済時期を平成24年12月1日と約束して200万円を貸し付けたという事実の存在を裏付ける証拠として、借用証書を甲第1号証として提出します。また、どの事実を証明する証拠なのかがわかるように、証明する事実の後に括弧書きで書証番号を記載します（本事案の請求の原因第1項参照）。

(2)　添付書類

　訴状提出の際、訴訟要件に関する資料を添付する必要があり、添付書類を訴状に記載します。実務上よく添付するものとして、以下のものがあります。

ア　訴訟代理権を証する委任状（民訴規23条1項）

　弁護士が原告から委任を受けて訴状を提出する場合には、**訴訟委任状**《資料6》が必要となります。

イ　法定代理権を証する書面（民訴規15条）

　例えば、親権者の資格を証明する書面として、戸籍謄本が必要ですし、成年後見人の資格を証明する資料として、後見登記事項証明書や家事審判書謄本が必要となります。

ウ　法人の代表権を証する書面（民訴規18条・15条）

　当事者が法人である場合には、代表権を証明する書面として、法人登記事項証明書（代表者事項証明書《資料49》）が必要となります。

第3　訴額の算定・手数料の額の算出

　訴えを提起するためには手数料を納める必要があります（民訴費3条1項）。手数料の額は、訴額に応じて算出した額となります。訴額とは、訴訟の目的（訴訟物）の価額の略称です。なお、訴額は、手数料の額だけでなく、管轄（事物管轄）にも関係しますので、訴額を算定することは非常に重要です。

3－1　訴額の算定

　訴額は、訴えで主張する利益によって算定します（民訴8条1項）。訴えで主張する利益というのは、原告が全部認容判決を受け、その内容が実現された場合にもたらされる利益のことです。この利益のことを経済的利益と呼びます。

　訴額を決める権限は、裁判体の裁判長にありますが、最高裁判所が算定基準（昭和31年12月12日付け最高裁判所民事甲第412号民事局長通知「訴訟物の価額の算定基準について」）を作成しており、この算定基準に基づいて訴額を算定するのが実務の取扱いとなっています。例えば、金銭の支払を求める訴えは、請求金額が訴額となるのでわかりやすいですが、不動産の所有権の確認を求める訴えは、その不動産の価格が訴額となり、所有権に基づく不動産の引渡し（明渡し）を求める訴えは、その不動産の価格の2分の1が訴額となるなど、算定基

準を確認しないと算定できないものが多くあります。なお、この不動産の価格とは、固定資産税評価額（土地や建物を所有していると固定資産税が課税されますが、その税額の基準となる価格）となっています。本事案の訴額は、請求金額である200万円となります。

【訴額の算定が困難な場合】
　算定が困難なもの（解雇無効）や経済的利益を直接の目的としないもの（非財産権上の請求。例えば離婚訴訟等）は、訴額を160万円とみなすこととなっています（民訴費4条2項）。

【附帯請求不算入の原則】
　一つの訴えで数個の請求をする場合は合算するのが原則ですが、元本又は元物と共に、利息、遅延損害金、賃料、違約金等を併合して請求する場合には、その利息、遅延損害金、賃料、違約金等は訴訟の附帯の目的と評価され、それらの価額は訴額に算入されません（民訴9条2項）。すなわち、主たる請求である元本又は元物の価額のみが訴額となります。

3−2　手数料の額の算出

　手数料の額は、訴額に応じて、民事訴訟費用等に関する法律の別表第1の1項下欄に定めるところにより算出した金額となります。実務では、早見表《資料2》に基づいて算出します。本事案の手数料の額は1万5000円となります。この手数料は収入印紙を訴状に貼って納めます。

第4　管轄

　管轄とは、裁判所間における裁判権行使の分担の定めのことです。全国に数多くある裁判所のうち、どこの裁判所が裁判権を有するかというのが管轄の問題です。当事者の視点からいうと、どこの裁判所に訴えを提起すればよいかという問題です。

4−1　職分管轄

　各種事件をどの裁判所に担当させるかという定めを職分管轄といいます。例えば、通常訴訟の第一審は簡易裁判所又は地方裁判所が担当し、人事訴訟の第一審は家庭裁判所が担当します。

4−2　事物管轄

　第一審の裁判を簡易裁判所と地方裁判所のどちらに担当させるかという定めを事物管轄といいます。その区分の基準は訴額となり、訴額が140万円以下の請求は簡易裁判所、訴額が140万円を超える請求は地方裁判所となります（裁33条1項1号・24条1号）。なお、訴額が140万円以下の不動産に関する訴訟は、簡易裁判所も地方裁判所も管轄を有します。

4−3　土地管轄

　所在地を異にする同種の裁判所間でどこの裁判所に担当させるかという定めを土地管轄といいます。事物管轄で簡裁と地裁のどちらかに決まりますが、全国にある地裁又は簡裁のうち、どこの裁判所になるのかということです。その基準は、裁判籍となり、裁判籍の所在地を管轄区域にもつ裁判所が担当します。裁判籍とは、当事者や訴訟物と密接に関連する地点のことです。普通裁判籍、特別裁判籍と呼ばれる裁判籍があります。

⑴　普通裁判籍

　普通裁判籍とは、事件の内容・性質に関係なく、一般的に認められる裁判籍のことであり、被告の住所となります（民訴4条）。被告の住所に近い裁判所に訴えを提起する（原告が被告のところまで出向く）のが原則ということです。

⑵　特別裁判籍

　特別裁判籍とは、事件の内容等を考慮して、普通裁判籍とともに認められる裁判籍のことであり、いくつもの地点が定められています（民訴5条）。重要なものとして、財産権上の訴えについての義務履行地（同条1号）があります。義務履行地は、特約がない限り、持参債務の原則（民484条1項）が適用され、債権者の住所となります。したがって、多くの場合、債権者である原告は、自分の住所に近い裁判所に訴えを提起することが可能となります。

【管轄区域】

　裁判所のホームページで確認することができます。

　https://www.courts.go.jp/saiban/tetuzuki/kankatu/index.html

　本書では、紙幅の都合により、大阪高等裁判所管内の管轄区域表のみ作成して掲載しました《資料1》。

【本事案の管轄】

　本事案は、通常訴訟ですので、第一審は簡易裁判所又は地方裁判所が担当することになります（職分管轄）。第一審が簡易裁判所と地方裁判所のどちらになるかというと、訴額（200万円）が140万円を超えるので、地方裁判所となります（事物管轄）。どの地方裁判所になるかというと、まず、普通裁判籍である被告の住所（京都市伏見区）を管轄区域にもつ地方裁判所である①京都地方裁判所が管轄裁判所となります《資料1》。それに加えて、義務履行地（民訴5条1号）である原告の住所（京都市右京区）が特別裁判籍となりますが、原告の住所を管轄区域にもつ地方裁判所も②京都地方裁判所ですので、本事案の管轄裁判所は、京都地方裁判所となります《資料1》。仮に、①と②の裁判所が異なる場合、普通裁判籍と特別裁判籍は競合して認められますので、どちらの裁判所に訴えを提起するかは、訴えを提起する原告が選択できることになります。

【つぶやき⑮】　合意管轄

　第一審の管轄（事物管轄と土地管轄）に限っては、当事者の合意によって管轄裁判所を決めることができます。これを合意管轄といいます（民訴11条）。第一審の管轄に関して書面又は電磁的記録で管轄裁判所を特定する必要があります。

　例えば、本事案の第一審の管轄裁判所は京都地方裁判所となりますが、当事者が第一審を大阪簡易裁判所とすることに書面で合意すれば、大阪簡易裁判所に訴えを提起することができます。

　契約書や契約約款には合意管轄に関する条項が設けられていることが多いです。読者のみなさんも気づかないうちに管轄の合意をしています。右の写真は、私のスマートフォンに入れている某アプリの利用規約をスクリーンショットしたものです。多くの人が規約を読まずに下へスクロールして「同意する」をタップしていると思いますが、合意管轄条項が規約に書かれています。もっとも、合意管轄条項に不満があり、「同意しない」をタップすると、アプ

利用規約

上限として当該損害を賠償するものとします。但し、当社の故意又は重大な過失に基づく損害については、当該上限を適用しないものとします。

第11条（裁判管轄）
お客様との間で本利用規約の内容について疑義又は本アプリに関して争いが生じた場合には、誠意をもって協議することとしますが、それでもなお解決しない場合には東京地方裁判所を第一審の専属的合意管轄裁判所とします。

第12条（準拠法）
本利用規約は、日本国の法律に基づき解釈されます。

同意しない　　　　　同意する　　＞

リを使用することはできません。

　このように、企業（立場が強い）が契約約款で自社に有利な管轄の合意をして、個人消費者（立場が弱い）を相手にその合意管轄の裁判所に訴えを提起した場合、当事者間の衡平を図る必要があります。例えば、このアプリの会社（超大企業）が合意管轄の規約に基づき、私を被告として、東京地方裁判所に訴えを提起した場合、滋賀に住んでいる私は東京まで行かなければなりません（交通費が高い！）。他方、この会社は大阪に支店があります。そこで、被告である私が自分の住所を管轄する裁判所（大津地裁又は大津簡裁）に事件を移送するように申し立てると、認められる可能性があります（移送決定・民訴17条）。もっとも、今後、民事訴訟のIT化によってウェブ会議（88頁）のみで審理が行われるようになると、東京まで行く必要がなくなりますので、移送が認められにくくなるかもしれません。

第5　訴状の提出

5-1　必要な書類及び部数

　訴えの提起に必要な書類は、下記の表のとおりです。

提出書類等	必要部数	本事案の場合
訴　　状	正本（裁判所用）1通 副本（被告用）被告の数	正本1通（印紙1万5000円貼付） 副本　1通
書　　証	正本（裁判所用）1通 副本（被告用）被告の数	正本　1通 副本　1通
証拠説明書	正本（裁判所用）1通 副本（被告用）被告の数	正本　1通 副本　1通
訴訟要件に関する資料 （訴訟委任状・資格証明書等）	裁判所用のみ（原本）	訴訟委任状　1通
送達費用 （郵便費用）	裁判所に確認する	現金5000円

(1)　証拠説明書

　証拠説明書とは、証拠の早見表のことであり、書証を提出する際、同時に提出する必要があります（民訴規137条1項）《資料5》。証拠の標目、作成者、作成年月日、立証趣旨、原本・写しの別等を記載します。立証趣旨は特に重要です。文書のどの部分からどのような事実を証明したいのかを具体的かつ明確に記載する必要があります。裁判官は証拠説明書を重視しています。証拠説明書をコピーし、証拠説明書を見ながら記録を読む裁判官が多いそうです。

⑵　送達費用

　送達費用とは、裁判所が当事者に書類を送達・送付する際に必要な郵便費用のことです。概算費用を郵便切手（実務では「郵券」と呼びます）又は現金で裁判所に予納しなければなりません（民訴費11条1項・12条1項・13条）。訴訟終了後、余った費用は返還されます（足りなくなった場合は追納します）。予納額や郵便切手の組合せは、裁判所によって異なりますので、電話やホームページで確認します。

【正本・副本】

　民事訴訟の実務では、当事者が裁判所に提出する書類（訴状や準備書面等）について、裁判所が保管するものを**正本**と呼び、相手方に交付するものを**副本**と呼びます（民訴規58条1項参照）。例えば、訴状を提出する際、裁判所が保管するものを訴状の正本と呼び、被告に交付（送達）するものを訴状の副本と呼びます。判決正本という場合の正本（→112頁）とは意味が異なりますので、注意してください。

5－2　準備作業

⑴　訴状《資料3》

　①必要部数を印刷します。なお、訴状の正本には、表紙をつける法律事務所が多いです。②複数枚にわたるときは、左側をホチキスで2か所とめて契印をします（訴状に頁数の記載があれば契印は不要ですが、正本に表紙をつける場合、表紙には頁数の記載がないので、表紙と1頁目との間には契印が必要です）。③記名箇所に押印します。④四隅の余白のどこかに赤色で「正本」、「副本」と記載します（正本に表紙をつける場合は、表紙があることで正本だと分かるので、「正本」と記載しません）。⑤正本に収入印紙を貼ります（表紙をつける場合は、表紙の裏面に貼ります）。

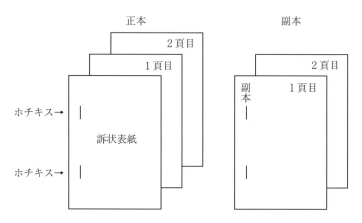

(2)　書証《資料4》

　①証拠書類を必要部数コピーします。裁判所に提出するのは、証拠書類の写し（コピー）です。原則として、白黒コピーです（写真等はカラーコピー）。原則として、縮小や拡大するなどして、A4又はA3で作成します。コピーをする際には、パンチ穴を空けられるように左側に3cm程余白を残すことと、右上に号証を記載できる余白を残すことが必要です。②右上に号証を赤色で記載します（順番に番号をつけます）。なお、枚数の多い書証はページ数を記載すべきです。③提出する書証を一括してホチキス等で綴じ、四隅の余白のどこかに赤色で「正本」、「副本」と記載します。

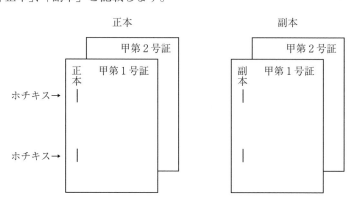

> 【写真を書証として提出する場合】
> 　撮影対象、撮影日時、撮影場所を証拠説明書等で明らかにする必要があります（民訴規148条）。また、不動産を撮影した写真を提出する際には、どの方向から撮影したのかが分かる図面も併せて提出すべきです。
>
> 【書証の原本】
> 　期日の際、書証の原本を裁判官に提示します。裁判官は提出された書証と原本を照合します（相手方も照合することができます）。裁判官が照合しやすいように、原本に「甲1」「甲2」……といった手書きの付箋をつけ、一括してクリップをするなどしておきます。

(3)　**証拠説明書《資料5》**

　①必要部数を印刷します。②複数枚にわたるときは、左側をホチキスで2か所とめて契印をします（ページ数を記載すれば契印は不要）。③記名箇所に押印します。④四隅の余白のどこかに赤色で「正本」、「副本」と記載します。

(4)　**訴訟要件に関する資料**

　原則として、発行日から3か月以内のものを提出します。訴訟委任状《資料6》は、訴状提出日の日付を記入することが多いです。

5－3　提出先

　提出書類一式を管轄裁判所の民事訟廷事務室（民事受付）に持参又は郵送します。送達費用は、郵券で予納する場合は民事受付に郵券を納めます。現金で予納する場合は民事受付から保管金提出書が交付されますので、現金を添えて裁判所の出納課（保管金係）に提出します（振込みも可能です）。

> 【オンライン提出】
> 　現在、訴えの起起は、訴状という書面を提出しなければなりません。督促手続については、2004年の民事訴訟法改正により、インターネットを利用した申立て（オンライン申立て）を可能とする規定が置かれ（民訴397条）、2006年9月1日から、東京簡易裁判所でオンライン申立てができるようになり、2010年11月1日以降は、全国の支払督促事件の処理を東京簡易裁判所で行えるようになりました（民事訴訟法第132条の10第1項に規定する電子情報処理組織を用いて取り扱う督促手続に関する規則）。
> 　通常訴訟でも、2004年の民事訴訟法改正により、オンライン申立てを可能とす

る規定が置かれましたが（民訴132条の10）、必要となるシステムが整備されておらず、実際にはオンライン申立てはできません。

　民事裁判のIT化の一環として、mints（ミンツ）の運用が始まりましたが、現時点では訴状の提出はできません。

　令和4年改正法が施行されると、弁護士にはオンラインによる訴状提出が義務化されます（改正民訴132条の11）。訴状の提出は、定型的な内容（管轄裁判所、当事者名等）はWeb上の画面に直接入力し、非定型的な内容（請求の趣旨・原因等）は電子ファイル（PDF等）をアップロードする方法で行うようになるようです（詳細は未定）。手数料の納付方法は電子納付（Pay-easy）が原則となり、郵便費用は手数料に組み込まれるようです。なお、事件管理システムは、mints（ミンツ）とは別の事件管理システム（「TreeeS（ツリーズ）」と呼ぶそうです）が導入されるようです。

第5講　訴状の受理・審査

第1　訴状の受理

　裁判所の受付（民事訟廷事務室の事件係）に訴状が提出されると、事件係の裁判所書記官は、管轄や訴額に誤りがないか、収入印紙が貼用されているか等を点検し、点検後、訴状に受付日付印を押印し、収入印紙に消印をします。また、事件簿と呼ばれる帳簿に登載し、事件番号（事件符号及び番号）を付けます。事件番号は、毎年1月1日から各裁判所で符号ごとに第1号から順番に付けます。例えば、地方裁判所の通常訴訟事件で令和5年に一番最初に受理した事件は、令和5年（ワ）第1号となります。実務では、事件簿に登載して事件番号を付けることを「立件」と呼びます。

　立件後、裁判事務分配の規定に従って、事件を部に配てんします。例えば、本事案では、第1民事部に配てんされています（京都地方裁判所は、第1民事部から第7民事部まであります）。

【**主な事件符号**】（最高裁判所民事事件記録符号規程）

ハ	通常訴訟事件（簡裁）	ネ	控訴事件（高裁）
少コ	少額訴訟事件（簡裁）	ツ	上告事件（高裁）
ワ	通常訴訟事件（地裁）	オ	上告事件（最高裁）
レ	控訴事件（地裁）	受	上告受理事件（最高裁）

第2　訴状審査

　事件の配てんを受けた裁判長は、管轄や訴額に誤りがないか、印紙が貼用されているか、訴状に必要的記載事項が記載されているか等、訴状に不備がないかどうかを審査します。訴状に補正の必要がある場合、まずは、担当書記官が原告訴訟代理人に電話し、任意の補正を促します。任意に補正されない場合、裁判長は、相当期間を定めて補正命令を発令し（民訴137条1項）、期間内に補正されなければ、訴状そのものを却下します（同条2項）。

第3　第1回口頭弁論期日の指定

　裁判長は、訴状に不備がないことを確認した後、第1回口頭弁論期日を指定し、当事者を呼び出します。原則として、第1回口頭弁論期日は、裁判所と原告との二者間で調整します（裁判所書記官から原告に対し、電話又はFAXで候補日の連絡があります）。期日調整後、裁判所は、原告には電話で告知し、被告には期日呼出状《資料9》を送達します。告知を受けた原告は、期日請書《資料8》を裁判所に提出します。

第4　訴状等の被告への送達

　第1回口頭弁論期日が指定されると、裁判所書記官は、被告に対し、訴状の副本、第1回口頭弁論期日呼出状、答弁書催告状等を送達します。訴状の副本が被告に送達されることにより、訴訟は被告を巻き込んだ段階に入ります。この段階に入ったことを「裁判所に訴訟が係属した」（訴訟係属）といいます。

【つぶやき⑯】　訴状の訂正

　訴状に不備（誤記等）があると、訴状を訂正しなければなりません。かつては、訂正箇所が少なければ、その箇所の頁を差し替えてもらうことができました。例えば、訴状の2頁目に訂正箇所があれば、裁判所に行き、訴状（正本・副本）を渡してもらい、その場でホチキスの針を外して2頁目を抜き取り、訂正後の2頁目を入れてホチキスで留め直すのです。この方法で訂正すれば、綺麗で読みやすい訴状となります。

　詳しい時期は忘れましたが、この方法が認められなくなり、現在は、ほぼ全ての裁判所で「訴状訂正の申立書」を提出する必要があります。正直、法律事務所としては不便です。これは被告代理人の立場でも同様です。訴状訂正の申立書と訴状を照らし合わせて、訴状を訂正する作業が必要となります（訂正箇所が多いと作業が大変です）。訂正のないように気をつければいいだけでしょと言われたら返す言葉もありませんが、誤字脱字を完全に防ぐのは難しいです。私も恥ずかしながら、訂正をしたことが何度もあります。訴状提出後、担当部の裁判所書記官から電話があり、「訂正をお願いしたい箇所があります」と言われると、恥ずかしい思いをします。訂正箇所を被告に見られたくないので、訴えを取り下げ、新たに訴状を提出する弁護士もいるそうです（印紙代が無駄になります）。

第 6 講　送達の不奏功

第 1　送達の不奏功

　裁判所は、当事者に対し、訴状等の書類を特別送達で発送します。ところが、その郵便物が配達されずに裁判所に返還されることがあります。主な返還理由として、①保管期間経過（受取人不在のために郵便局で保管されていた郵便物を保管期間内（配達の翌日より 7 日間）に受取人が受け取らなかった場合）と②あて所に尋ねあたりません（あて先の住所に受取人が居住していない場合）とがあります。返還理由は、スタンプ印や付箋等で郵便物に記載されています。このように送達ができなかったことを、実務では送達の不奏功と呼びます。

第 2　不奏功となった場合の主な処理手順

2 － 1　第一段階

(1)　休日送達

　送達書類の返還理由が保管期間経過であり、受送達者が休日（日曜日・祝日）に在宅している可能性がある場合、休日に配達されるように配達日指定郵便で送達を試みます。この送達を実務では**休日送達**と呼びます。裁判所の職権を促す意味で、「休日送達の上申書」を裁判所に提出します。

(2)　就業場所への送達

　受送達者の就業場所がわかっている場合、就業場所への送達を試みます。裁判所の職権を促す意味で、「就業場所送達の上申書」を裁判所に提出します。

2 － 2　第二段階

(1)　書留郵便に付する送達（付郵便送達）

　受送達者の住所はわかっているが、その住所で交付送達ができず、その他の送達場所がわからない場合、裁判所書記官がその住所を宛先として書留郵便による方法で送達を行います（民訴107条 1 項）。この送達を書留郵便に付する送達といいます（実務では**付郵便送達**（ふゆうびんそうたつ）と呼びます）。裁判所の職権を促す意味で、

「書留郵便に付する送達の上申書」を裁判所に提出します。

　書留郵便に付する送達は、発送の時に送達があったものとみなされ（発信主義・民訴107条3項）、現実に受送達者に到達したかどうかは問われません。なお、書留郵便に付する送達がされると、その旨（発送したこと及び送達があったものとみなされること）を受送達者に普通郵便で通知し（民訴規44条）、受領を促すようになっています。

(2)　公示送達

　受送達者の所在が不明である場合、裁判所書記官が送達すべき書類を保管し、送達を受けるべき者に対して、いつでも交付する旨を裁判所の掲示場に掲示するという方法により送達を行います（民訴111条）《資料11》。この送達を公示送達といいます。原則として公示送達の申立てが必要となります（民訴110条）。

　公示送達は、掲示した日から2週間を経過することにより送達の効力が生じます（2回目以降は掲示日の翌日に効力が生じます）（民訴112条）。公示送達は、交付を受ける機会を与えるだけで送達を完了させる方法であり、他の送達方法によることのできない場合の最後の手段です。

【公示送達の掲示（京都簡裁・京都地裁）】

【つぶやき⑰】　現地調査

　訴状の送達が不奏功となった場合、裁判所の係属部から原告訴訟代理人弁護士に電話がかかってきます。「訴状が送達できませんでした。返還理由は○○です。調査してください。」といった感じです。第二段階の手続（付郵便送達・公示送達）を行うためには、原則として、原告が被告の住所等（送達場所）の調査を行う必要があります。被告の住所に赴き、被告がその場所に住んでいるかいないかを調査します。実務では、この調査を「現地調査」と呼んでいます。付郵便送達の上申書や公示送達申立書には、現地調査の報告書を添付します。報告書は、送達の権限を有する裁判所書記官が付郵便送達又は公示送達の判断ができるような内容にする必要があります。具体的には、①いつ、誰が、どの場所を調査したのか、②表札、郵便受の状況、③電気メーターの状況、④近隣者からの聞き取りなどを記載し、結論として、被告がその場所に「居住している」、「居住していない」を明らかにします。

　私も現地調査に行ったことが何度もあります。直近では、被告に対する訴状の送達が「保管期間経過」の理由で不奏功となり、2022年秋、東京都23区内へ現地調査に行きました。私が勤務する法律事務所（京都市内）から現地まで、新幹線を利用して片道約3時間半、往復の交通費は約3万円かかりました（この費用は訴訟費用とはなりません）。被告の住居はオートロック式の5階建てマンションで、マンション入口にあるインターフォンを何度も鳴らしましたが応答はありませんでした。マンションの外壁に備え付けられた郵便受には被告の苗字が表示されており、マンションの外側から居室の窓を確認すると、カーテンの隙間から洗濯物が干してあるのがわかりました（当日は雨でした）。マンションに帰ってきた住人に話を聞くことができましたが、被告の居住の有無については、知らないと言う人と、個人情報に関することなので答えたくないと言う人にしか出会えませんでした。マンションは賃貸物件でしたので、住人から管理会社を教えてもらい、管理会社に電話をかけましたが、入居情報については教えてもらえませんでした。そこで、法律事務所に戻ってから、裁判所に対し、管理会社に対する調査嘱託の申立て（民訴151条1項6号・186条）をしました。管理会社の回答と現地の状況とを照らし合わせた結果、被告がその場所に居住していることが明らかになりましたので、付郵便送達の上申をしました。

　最近は個人情報に対する意識の高まりから、調査しづらくなっています。弁護士には警察のような調査権限はなく、調査に限界があります。一方で、執行官は郵便業務従事者と並ぶ送達実施機関です（民訴99条1項）。現在の実務では、執行官送達はほとんど利用されていません。仮に、執行官送達を利用したとしても、執行官が裁判所に提出する送達不能報告書が必ずしも付郵便送達や公示送達のための判断資料となるとは限らないとの指摘もありますが、執行官に対し、判断資料となるような送達不能報告書の提出を求めれば良いだけです。執行官は、競売の現況調査や動産執行等を行っており、高度な調査能力を有しています。現地調査は執行官が適任です。執行官送達に要した費用は訴訟費用となります。原則的な送達は郵便で行うべきですが、原則的な郵便による送達が不奏功となった場合には、執行官送達を活用すべきです。

第7講　期　日

第1　期日の種類

　期日とは、当事者が裁判所に出頭して訴訟行為をする時間のことです。期日には、目的とする事項によって、いくつかの種類があります。一番重要な期日は**口頭弁論期日**です。

1−1　口頭弁論期日

　原告と被告とが公開の法廷で対席し、裁判官の面前において、直接に口頭で主張・立証をする審理方式を口頭弁論といいます。口頭弁論のための期日を口頭弁論期日といいます。

(1)　必要的口頭弁論の原則

　通常訴訟では、必ず口頭弁論をしなければなりません（民訴87条1項）。これを**必要的口頭弁論の原則**といいます。例外として、例えば、訴えが不適法でその不備を補正することができないときは、口頭弁論をしないで、訴えを却下することができます（民訴140条）。また、最高裁が上告を棄却する場合、口頭弁論は不要です（民訴319条）。上告棄却とは、最高裁が控訴審の判決を維持することです（上告人敗訴）。逆に、最高裁が控訴審の判決を変更する場合は、口頭弁論をする必要があると解されています。そのため、最高裁で口頭弁論が開かれると、逆転勝訴になる可能性が高くなり、新聞等で「最高裁で弁論。高裁判決見直しか」などと報道されるのです。

(2)　公開主義

　公開主義とは、審理及び判決を一般人が傍聴できるように公開しなければならないという原則のことです。国民の目にさらすことによって、裁判の公正や司法に対する国民の信頼を確保するための憲法上の要請です（憲82条1項）。

(3)　口頭主義

　口頭主義とは、弁論及び証拠調べを口頭で行わなければならないという原則のことです。口頭で陳述されたものだけが判決の資料となります。もっとも、

口頭陳述にありがちな不完全さ、不正確さを補うため、口頭弁論において主張しようとする事項を書面に記載し、事前に裁判所及び相手方に提出しなければなりません（民訴161条1項、民訴規79条）。その書面のことを**準備書面**といいます。準備書面を提出することによって、無駄な陳述を防ぎ、複雑な事実関係や法律上の主張を明確にして、これに対する相手方の反論を容易にし、その結果、双方の主張をかみ合わせて争点を明確にすることができます。

　法廷では、準備書面に記載した事項を陳述します。もっとも、準備書面に書いてある内容を全て陳述するのではなく、単に「準備書面を陳述します」と言えば、準備書面に書いてあることを口頭で陳述したことになります（実務上の慣行です）。民事訴訟は当事者の紛争を解決するためのものですから、書面を全て読み上げる時間を省略し、迅速に裁判を進行することは当事者のためになると言えるでしょう。しかし、これでは、傍聴人には裁判所や当事者（代理人）が何をしているのかわかりません（民事裁判を傍聴しても面白くないと言われる要因です）。当事者にとっても、口頭で活発な議論をすることによって、準備書面を読むだけではわからなかったことがわかったり、誤解の解消に役立ったりします。弁論を活性化させようとするのが最近の動きです。

⑷　直接主義

　直接主義とは、判決をする裁判官が、自ら当事者の弁論を聴いて、証拠調べをしなければならないという原則のことです（民訴249条）。

【Q】裁判官が転勤で交代したときはどうするのか？
【A】交代後の裁判官の前で、当事者が「弁論の結果を陳述します」と述べます（民訴249条2項）。このように述べると、その裁判官が当事者の従前の弁論を聴いたことになります。これを弁論の更新といいます。

1－2　弁論準備手続期日

　弁論準備手続期日は、通常の法廷以外の場所（小部屋やラウンドテーブル法廷）で、裁判官と当事者が膝を突き合わせて実質的な議論をしながら、争点及び証拠の整理を行うことを目的とする期日です（民訴168条以下）。実務では、「弁準」と略して呼ぶことが多いです。紛争の背景事情まで明らかにし、率直な意見交換と綿密な協議をするため、原則として非公開となっています（裁判

所の許可があれば傍聴できます。民訴169条2項)。

　弁論準備手続期日は、一方当事者が遠隔地に居住する場合には、電話会議システム（音声の送受信）を利用して行うことができます（民訴170条3項）。裁判所に一方当事者（代理人）が出頭し、もう一方当事者（代理人）とは電話で会話するという方法です。また、一方当事者が近くの裁判所に行き、その裁判所と事件を担当している裁判所を専用回線でつなぎ、テレビ画面越しで話をするテレビ会議システム（映像＋音声の送受信）も導入されています（条文の解釈上、音声の送受信が可能であれば、音声に映像が加わることは問題がないと考えられています）。

　なお、現行法では、当事者双方とも電話会議とすることはできませんが、令和4年改正法が施行されれば可能となります（民訴170条3項の改正）。この改正の施行日は、2023年3月1日です。

通常の法廷

ラウンドテーブル法廷

電話会議システム

【ノン・コミットメントルール】

　弁論準備期日等において、裁判官と当事者が膝を突き合わせて実質的な議論をしようとしても、大した議論をしないまま期日が終わってしまい、その結果、審理が長引くという弊害が指摘されていました。なぜ議論が進まないのでしょうか。例えば、期日において、代理人が裁判官から質問を受けたり、見解を問われたりしても、代理人の準備不足等から、確実なことが言えない場合があります。その際、もし間違ったことを言えば、裁判所から心証を取られたり、後日、相手方代理人から、「前回の期日では、このように言ったではないですか！」などと言われ、揚げ足を取られたりするのではないかと不安になり、発言に躊躇し、「その点については次回までに書面を提出します」などと述べ、お茶を濁してしまうからです。

　そこで、議論を始める前に、裁判所主導の下、裁判所は当事者の発言を主張と扱わず、当事者はお互いに相手方の発言をその後の準備書面で引用しないというルールを適用することを宣言することによって、口頭議論を活性化させようという試みが提案されました。このルールを「ノン・コミットメントルール」（無答責原則）といいます。暫定的な発言を許し、裁判所と代理人双方が自由に発言して議論を深め、充実した審理にしようという試みです。2014年頃から徐々に浸透しているルールです。

1－3　書面による準備手続

　書面による準備手続は、当事者双方が裁判所に出頭せず、準備書面の提出と交換をすることによって争点及び証拠の整理を行うことを目的とする手続です（民訴175条以下）。なお、書面による準備手続は、当事者双方が裁判所に出頭することが予定されていないので、「期日」ではありません。

　書面による準備手続は、当事者双方が電話会議システムを利用できることから（民訴176条3項）、地方の支部等において、代理人双方の事務所が裁判所から遠い場合に、裁判所と代理人双方が通話で協議するという方法で利用されることがありますが、それ以外はあまり利用されていません。後述のとおり、現在のウェブ会議は、書面による準備手続を活用する方法で行われています。

1－4　証拠調べ期日

　口頭弁論期日のうち、特に証拠調べを主たる目的とした期日を証拠調べ期日といいます。証拠調べは、当事者双方が欠席の場合でも行うことができます（民訴183条）。

1－5　判決言渡期日

　口頭弁論期日のうち、判決言渡しを目的とする期日を判決言渡期日といいます。判決言渡しも当事者双方が欠席の場合でも行うことができます（民訴251条2項）（つぶやき⑲参照）。

【ウェブ会議（Web 会議）】

　民事裁判のIT化におけるフェーズⅠの②ｅ法廷として、2020年2月から知財高裁と高裁所在地の地裁本庁（東京・大阪・名古屋・広島・福岡・仙台・札幌・高松）において、「Microsoft Teams」というアプリを用いたウェブ会議による争点整理手続が開始されました。順次、他の地裁にも拡大し、2022年11月から高裁でも開始されました。

　弁論準備手続と書面による準備手続は、電話会議システム（音声の送受信）を利用できるので、テレビ会議システム（音声＋映像の送受信）と同様に、ウェブ会議（音声＋映像の送受信）も利用可能であるという解釈です。

　なお、現在の弁論準備手続は当事者のどちらか一方が出頭する必要があるので、当事者双方ともウェブ会議を利用する場合（又は、当事者の片方がウェブ会議、他方は電話会議システムを利用する場合）は書面による準備手続とし、当事者の片方がウェブ会議を利用し、他方当事者が裁判所に出頭する場合は弁論準備手続としています。

　令和4年改正法が施行されると、弁論準備手続も当事者双方ともウェブ会議を利用することが可能となり（民訴170条3項の改正。2023年3月1日施行）、口頭弁論もウェブ会議を利用することが可能となります（民訴87条の2第1項〔新設〕。公布日から2年以内に施行。なお、同項は「映像と音声の送受信」となっているので、口頭弁論は電話会議システムを利用できません）。

第2　期日の指定と呼出し

2－1　期日の指定

　期日は、裁判長が、場所、年月日、開始時間を明示して指定します（民訴93条）。基本的には、当事者の都合を聞いた上、期日を指定します。

2－2　期日の呼出し

　裁判長は、期日を指定すると、当事者等に対し、期日に出頭するよう要求します。その要求を**呼出し**といいます。呼出しの方法は、次頁の表のとおりです（民訴94条）。

	呼出しの方法	具体的な方法
①	呼出状を送達する方法	期日呼出状《資料9》を作成して送達する。
②	出頭した当事者に対して告知する方法	口頭で告知する。
③	呼出しを受ける旨を記載した書面を提出させる方法	呼出しを受けた当事者が裁判所に期日請書《資料8》を提出する。

第3　期日の変更

　期日が開かれる前にその期日の指定を取り消し、別の新期日を指定することを**期日の変更**といいます。期日の変更は、原則として、顕著な事由（例えば、急病、縁者の不幸、示談進行中等）がある場合に限り許されますので（民訴93条3項）、変更を希望する当事者は、その事由を明らかにして、期日変更申請書を裁判所に提出します。ただし、最初の期日は、当事者の合意があれば変更可能です（同項ただし書）。また、裁判所は、いつでも期日を変更することができます（職権による期日変更）。

> **【つぶやき⑱】　裁判の傍聴**
>
> 　原則として、誰でも自由に裁判を傍聴することができます（憲82条）。例外として、一部の手続は非公開となっています。例えば、民事訴訟では、口頭弁論期日は公開されますが、弁論準備手続期日は非公開となっています。また、傍聴希望者が多い裁判では傍聴券交付手続（抽選）が行われます。指定時間に指定場所へ行き、傍聴券を入手する必要があります。裁判所のホームページに「傍聴券交付情報」が掲載されています（後記 URL 参照）。なお、裁判所の庁舎に入る際、所持品検査を実施している裁判所があり、混雑時には時間がかかります。
>
> 　裁判所の玄関ホールには、その日に開廷される裁判の一覧表（開廷表）が置いてあり、誰でも自由に見ることができます。開廷表は、紙媒体でファイルに綴じてある裁判所が多いですが、開廷情報ディスプレイ（タブレット端末）が設置されている裁判所もあります。開廷表には、開始時間、終了予定時刻、審理の内容（「第1回弁論」、「弁論」、「弁論（証人尋問）」、「弁論（判決言渡）」等と記載されています）、事件番号、事件名、当事者名、代理人名、担当裁判官・担当書記官名等が記載されています（下記開廷表参照。ただし、記載項目は裁判体によって異なります）。また、各法廷の入口横には、事件表示板があり、その法廷でその日に開廷する裁判の一覧表（開廷表）が掲示されています。

第 303 号法廷開廷表

令和5年3月9日　木曜日

開始／終了／予定	事件番号／事件名	当事者	代理人	担当
13：10 13：20 第1回弁論	令和5年(ワ)第123号 貸金請求事件	中堂慎司 水島透子	美山彩 北峯直太	第1民事部い係 裁判官　佐藤建 書記官　伊藤愛莉

　是非、第1回口頭弁論、証人尋問、判決等、いろんな手続を傍聴してください。庁舎内に地裁と簡裁があれば、どちらの裁判も傍聴してください（簡裁の民事事件と地裁の民事事件とでは裁判の雰囲気が異なります）。なお、玄関ホールに置いてある開廷表には傍聴可能な裁判のみ記載されていますが、法廷入口横の事件表示板には傍聴できない裁判（弁論準備手続期日等）も掲示されていることがありますので、注意してください。

　法廷には、「傍聴人入口」又は「法廷入口」と書かれたドアがあり、ドアにはのぞき窓があります。のぞき窓のつまみを持ち上げると、法廷内を見ることができます。そのドアから法廷内に入り、傍聴席に座って傍聴してください。開廷中に入廷しても構いませんし、退廷しても構いませんが、静かに入退廷してください。法廷内では静かにしてください。撮影・録音等は禁止されています。入廷前にスマートフォンの電源を切ってください。手書きのメモは自由に取れます（最大判平成元年3月8日民集43巻2号89頁・憲法判例百選Ⅰ〔第7版〕72・レペタ事件参照）。裁判長は、法廷の秩序を保つために必要な事項を命令したり、必要な措置を執ることができます（裁71条2項）。裁判長から指示があった場合には、その指示に従ってください。例えば、「起立」という号令がかかれば、起立してください。

　最高裁の裁判も傍聴することができます。裁判所のホームページに「最高裁判所開廷期日情報」が掲載されており、事案の概要等の説明文が掲載されている事件もあります（後記 URL 参照）。従前の最高裁は、口頭弁論を開いても、「陳述します」だけで終わることが多かったようですが、最近の最高裁は、代理人に補足説明をさせたりするなど、実質的な弁論となるよう運用していると言われています。

　私は、2022年9月某日、初めて最高裁の口頭弁論を傍聴しました。前日に最高裁に電話をかけると、その裁判の傍聴席は44席で先着順とのことでした。

　開廷時刻（午後1時30分）の約40分前に集合場所の南門に着くと、傍聴バッジ（6番）を渡され、その場で待機させられました。午後1時過ぎ、番号順に庁舎

内へ案内されました。庁舎内に入ると、メモと筆記用具以外の手荷物は全てロッカーに預けさせられました。メモとペンを持ち、金属探知機のゲートを通るとアラームが鳴ってしまい、警備員からハンディタイプの金属探知機で検査を受けました。ベルトと腕時計に反応したようです（ちなみに、国内空港の手荷物検査場でベルトと腕時計が反応した経験は一度もありません）。その後、傍聴人待機場所（広いロビー）へ案内され、開廷時刻の約10分前に第一小法廷に案内されました。法廷前の廊下はふかふかの絨毯で、傍聴席はクラシックホールのような椅子でした。

　午後１時30分ちょうどに５人の裁判官が入廷し、口頭弁論が始まりました。まずは、裁判長の「上告人は上告受理申立て理由書を陳述しますか？」で始まり、上告人代理人の「はい陳述します」の一言で終わります。被上告人も同様です。引き続き、裁判長が「補足説明はありますか？」と発言すると、上告代理人が「はい！」と立ち上がり、A4用紙５枚程度の書面を朗読しました。その後、被上告人代理人も、A4用紙３枚程度の書面を朗読しました。傍聴席で両代理人の朗読を聞いていると、当事者の主張がよくわかりました。しかし、私には裁判官が両代理人の朗読に耳を傾けているようには感じませんでした。代理人の朗読が終わると、裁判長は「これ以上の補足説明はないですね！」と有無を言わせない言い方で閉廷してしまいました。腕時計を見ると、午後１時46分でした。代理人の補足説明に対して裁判官から質問があったり、意見を交わすこともなく、両代理人が意見を述べるだけの言いっ放しで終わってしまい、実質的な弁論が行われているとは到底思えませんでした。儀式のように感じました。もちろん、たった１回の傍聴で決めつけることはできませんが、実際に自分の目で見ることの大切さを改めて実感しました。

　なお、令和４年改正法が施行されても、裁判官と書記官は法廷で手続を行うことが予定されていますし、当事者が法廷に出頭することは禁止されていませんが、弁護士が代理人となる裁判は、ウェブ会議が主流になると思います。口頭弁論期日は公開され、ウェブ会議の場合、当事者は法廷内のモニターに映し出される予定です。傍聴人は法廷で傍聴します。令和４年改正法では、インターネット中継等による公開は採用されませんでした。

【裁判所ホームページ（見学・傍聴案内）】

https://www.courts.go.jp/courthouse/kengaku/index.html

第8講　答弁書（準備書面）の作成・提出

第1　答弁書の意義

　民事訴訟は、原告と被告とがそれぞれ自己の主張をし、その立証をして裁判所の判断を求める手続です。当事者は、口頭弁論において主張しようとする事項を書面に記載し、事前に裁判所及び相手方に提出しなければなりません（民訴161条1項）。その書面のことを準備書面といいます。被告が初めて提出する準備書面を**答弁書**《資料12》といい、原告の訴状に対応する書面となります。

第2　答弁書の形式的記載事項

　答弁書の形式的記載事項は、①事件の表示（事件番号、当事者名）、②「答弁書」という書面の表題、③書面作成日、④提出先の裁判所名、⑤被告又は訴訟代理人の表示（住所、〒、電話番号、FAX番号、氏名の記名と押印）、⑥送達場所、⑦付属書類の表示となります。

第3　答弁書の実質的記載事項
3-1　請求の趣旨に対する答弁

　請求の趣旨は原告が求める判決の主文です。この請求の趣旨に対する被告の応答が請求の趣旨に対する答弁です。**被告が求める判決の主文**を記載します。

(1)　原告の請求を認める場合

　「原告の請求を**認諾**する。」と記載します。口頭弁論期日で認諾すると、請求認諾調書が作成され、訴訟は終了します。

(2)　争う場合

　「原告の請求を棄却する。訴訟費用は原告の負担とする。」と記載します。

3-2　請求の原因に対する答弁（認否）
(1)　認否

　請求の原因は、請求を理由づける事実、すなわち、原告の主張する権利が発

生するために必要な事実です。裁判所は、その事実の存否を調べて、権利の存
否を判断します。その事実の存否の調べ方は、当事者間に争いがあるか否かで
異なります。当事者間に争いのない事実は、証明を必要とせず、裁判所を拘束
します。これに対し、当事者間に争いのある事実は、当事者が申し出た証拠に
基づいて判断しなければなりません。したがって、当事者間に争いのある事実
か否かを明らかにする必要があります。そのため、当事者は、相手方の主張す
る事実について、認めるか否かを明らかにする必要があります。これを認否と
いいます。

(2)　認否の態様

態様	内容	効果
認める	相手方の主張する自己に不利益な事実の存在を認めると陳述すること	自白成立・原則撤回不可証明不要・裁判所拘束
否認	相手方の主張する事実の存在を認めないと陳述すること	証明必要
不知	相手方の主張する事実の存在について知らないと陳述すること	否認と推定
沈黙	認否をしない	擬制自白

　認否の態様は、上記の表のとおりであり、基本的に 4 通りです。「**認める**」
と陳述すると、自白が成立します。自白が成立すると、相手方はその事実を証
明する必要がなくなり（民訴179条）、裁判所はその事実に拘束さます。これに
対し、「**否認**」と陳述すると、その事実は争いのある事実となり、相手方はそ
の事実を証明する必要が生じます。また、「**不知**」と陳述すると、否認したも
のとみなされます（民訴159条 2 項）。以上の態様とは異なり、認否をしないこ
とを沈黙といいます。認否をしないと、弁論の全趣旨（口頭弁論に現れた一切
の状況）から争っていると認められるとき以外は、自白が成立します（民訴159
条 1 項）。これを**擬制自白**といいます。認否をしなければ、認めたことになっ
てしまうということです。

(3)　認否の書き方

　請求の原因に書いてある事実について、一つ一つ認否を書いていきます。例
えば、「請求の原因第 1 項は認める。」、「請求の原因第 2 項は否認する。」、「請

求の原因第3項は不知。」など、請求の原因に書いてある項目ごとに認否することが多いです。また、一部を認める場合には、「請求の原因第1項について、『………』の部分は認め、その余は否認する。」などと書きます。

【争う】

　事実の主張ではなく、法律上の主張や意見に対しては認否をする必要はありませんが、実務では、認めないと陳述する際に、「争う」と記載することが多いです。例えば、本事案の被告は、第1準備書面《資料18》において、原告の再抗弁に対する認否として、「催告が被告に到達したとみなすべきであり消滅時効の完成猶予の効力が生じている、との見解は争う」と陳述しています。事実の主張か法律上の主張か判別できないときは、「否認ないし争う」と陳述することがあります。

3−3　被告の反論（抗弁）

　認否によって、請求を理由づける事実を認めると、自白が成立し、原告の主張する権利が発生します。例えば、本事案の場合、請求を理由づける事実を被告が認めると、200万円の貸金返還請求権が発生します。これに対し、例えば、「200万円を借りたけど、全額返済した。」という反論があれば、その反論を書きます。この「返した」という反論を抗弁といいます。抗弁とは、原告の主張する請求原因を認めることを前提として、請求原因によって生じる法律効果の発生を妨げる別の事実を主張することです。例えば、権利を消滅させる事実（弁済、解除等）や権利の発生の障害となる事実（錯誤取消し、虚偽表示による無効等）を主張することです。証明責任（→99頁）は被告が負います。

　本事案では、被告は消滅時効の抗弁を主張しています。なお、本事案は、2017年の民法改正（平成29年法律第44号）の施行日（2020年4月1日）前に債権が発生していますので、改正前の民法が適用され（民法附則10条4項）、時効期間は10年となります（旧民167条1項）。

【本事案の答弁】

第1　請求の趣旨に対する答弁

1　原告の請求を棄却する。

2　訴訟費用は原告の負担とする。

第2　請求の原因に対する答弁

　請求の原因第1項及び第2項は認める。
第3　被告の反論（抗弁）
　本件貸金債権は、履行期である平成24年12月1日から既に10年が経過しているから、令和4年12月1日の経過で時効により消滅している（旧民法167条1項）。被告は、本訴において上記時効を援用する。

第4　答弁書の提出

4－1　必要な書類及び部数

提出書類等	必要部数	本事案の場合
答　弁　書	正本（裁判所用）1通 副本（原告用）　原告の数（※）	正本　1通 副本　1通
書　　証	正本（裁判所用）1通 副本（原告用）　原告の数（※）	なし
証拠説明書	正本（裁判所用）1通 副本（原告用）　原告の数（※）	なし
訴訟要件に関する資料 （訴訟委任状）	裁判所用のみ（原本）	訴訟委任状　1通

※　例えば、原告が3名でも訴訟代理人が同一の場合、その代理人に1通提出すればよい。

4－2　提出方法

　裁判所に答弁書（正本）を提出します。裁判所の係属部に持参又は郵送しても良いですし、FAXで提出することもできます（民訴規3条）。ただし、訴訟委任状はFAXで提出することはできません。

　原告に答弁書（副本）を**直送**します。直送とは、当事者が裁判所を介さずに相手方に対して直接書類を送付することです。裁判所に提出して裁判所から相手方に交付するという手順を省略するということです。訴訟係属後、当事者間の書類の授受は、原則として直送しなければなりません（民訴規83条等）。手渡ししたり、郵送したり、FAXで送信したりすることになります（民訴規47条1項）。直送が困難なときは、裁判所から相手方に交付してもらうことができます（民訴規47条4項）。

　答弁書の直送を受けた原告は、答弁書を受領した旨の書面（**受領書**）を裁判所に提出し、被告に直送しなければなりません（民訴規47条5項）。そのため、

実務では、被告は、答弁書を直送する際、受領書欄をあらかじめ設けた送付書
《資料13》を添付し、直送を受けた原告は、その受領書欄に署名押印し、返送
（提出・直送）する方法をとっています。

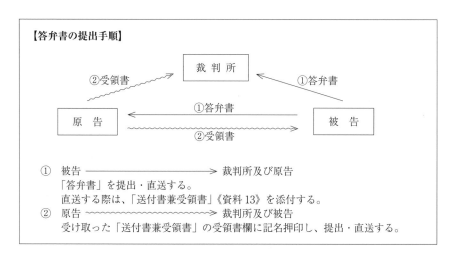

【答弁書の提出手順】

① 被告 ───────────→ 裁判所及び原告
　「答弁書」を提出・直送する。
　直送する際は、「送付書兼受領書」《資料13》を添付する。
② 原告 〜〜〜〜〜〜〜→ 裁判所及び被告
　受け取った「送付書兼受領書」の受領書欄に記名押印し、提出・直送する。

第5　答弁書を提出した場合の効果

　答弁書を提出すると、第1回口頭弁論期日に出頭しなくても、その記載内容
を陳述したものとみなされます（民訴158条）。これを**擬制陳述**といいます。ま
た、答弁書を提出すると、訴えを取り下げるためには被告の同意が必要となり
ます（民訴261条2項）。

【Q】答弁書を提出しなかったらどうなるのか？
【A】被告が答弁書を提出せず、第1回口頭弁論期日に出頭もしなければ、原告
の主張事実を認めたものとみなされ（擬制自白・民訴159条3項・1項）、原告勝
訴の判決が言い渡されることがあります《資料23》。

第6　準備書面の作成・提出

6-1　準備書面の記載事項

　形式的記載事項は、①事件の表示（事件番号、当事者名）、②「準備書面」と
いう書面の表題、③書面作成日、④提出先の裁判所名、⑤当事者又は訴訟代理
人の記名と押印、⑥付属書類の表示となります。実質的記載事項は、相手方の

主張に対する認否及び反論となります。

6－2　準備書面の提出

　必要な書類及び部数、提出方法は、答弁書（原告が最初に提出する準備書面）と同じです。

【本事案の準備書面】

1　原告第1準備書面《資料14》

　被告の消滅時効の抗弁に対し、原告は、認否をする必要があります。消滅時効の要件事実は、以下のとおりです。

① 　権利行使することができる状態になったこと（旧民法166条1項）。

② 　時効期間（10年）が経過したこと（旧民法167条1項）。

③ 　時効援用の意思表示をしたこと（旧民法145条）。

　しかし、いずれも顕著な事実として立証が不要ですから（民訴179条）、立証を要するかどうかを区別するための認否も不要となります。

　原告は、10年が経過する前の令和4年8月16日に貸金債務の履行を求める催告書を被告に送付して翌17日に到達し、その6か月以内に訴えを提起しているので、民法150条1項及び民法147条1項1号に基づき、時効の完成猶予が生じているとの再抗弁を主張しました。再抗弁とは、被告の主張する抗弁を認めることを前提として、抗弁によって生じる法律効果の発生を妨げる別の事実を主張することです。証明責任（→99頁）は原告が負います。原告は、この主張を裏付ける証拠として、書証《資料15》《資料16》及び証拠説明書《資料17》を提出しました。

　なお、時効の完成猶予については、2017年の民法改正（平成29年法律第44号）の施行日（2020年4月1日）後に時効の完成猶予となる事由が生じていますので、改正後の民法が適用されます（民法附則10条2項）。

2　被告第1準備書面《資料18》

　時効の完成猶予の「再抗弁」に対し、被告は、催告書のことは知らないので、催告は被告に到達してないと否認しました。

第9講　証拠調べ

第1　証拠の必要性

　裁判所は、権利の存否を判断しますが、その判断を行うためには、その権利の法律要件に該当する事実の存否を調べる必要があります。この事実の存否を調べる作業を**事実認定**といいます。裁判が適正であるためには、裁判官の恣意的な事実認定ではなく、客観的に公正で合理性のある事実認定でなければなりません。そのため、事実認定の資料として、証拠が必要となります。

　ただし、民事訴訟では、当事者間に争いのない事実と裁判所に顕著な事実（公知の事実及び判決をする裁判所が職務上知り得た事実）は証明する必要がありません（民訴179条）。

　したがって、原則として、裁判所は争いのある事実（争点）について、証拠に基づき事実認定をすることになります。その認定した事実に法令を解釈・適用し、結論を判決という形で言い渡します。

証　拠	→	事　実	法令の解釈・適用	権　利
借用書		要件事実の存在	（民587条）	貸金返還請求権の発生

【公知の事実】

　誰でも知っている事実のことです。例えば、以下の事実です（裁判例）。

◎「金魚には様々な種類があり、種類によって色が異なるものがあるから（公知の事実）」（大阪高判令和3年1月14日裁判所ウェブサイト）

◎「防衛大の学生で自衛官に任官しない者が一定数いることは公知の事実であり」（福岡高判令和2年12月9日裁判所ウェブサイト）

◎「奈良市と大和郡山市は隣接していること（公知の事実）」（東京地判令和2年8月26日 TKC25585977）

【裁判所が職務上知り得た事実】

　裁判官が職務をする過程で知った事実のことです。例えば、以下の事実です（裁判例）。

◎「会社に対しては、平成30年9月3日午前9時45分、東京地方裁判所により破産手続開始決定がされている（当裁判所が職務上知り得た事実）。」（東京地判平成30年12月25日 TKC25558090）

◎「心理的負荷による精神障害の労災請求事案については、本件口頭弁論終結後、厚生労働省労働基準局長通達により新たな認定基準が設けられ、これに伴い、従前の判断指針は廃止されている（当裁判所が職務上知り得た事実）」（東京地判平成24年3月22日 TKC25480766）

◎「当時の特定調停は、引き直し計算の結果、過払いになることが明らかなときは、債務不存在の調停をし、過払金返還請求権については、債務者の意思も聞いて、過払い金が少額のものについては精算条項を付する運用が名古屋簡易裁判所においてはされていた（裁判所が職務上知り得た事実）」（名古屋簡判平成23年3月23日消ニ88号160頁）

第2　証明

2-1　証明

　証明とは、裁判官が、ある事実の存在について、間違いなく存在すると**確信を得た状態**のことをいいます。

　では、確信とはどの程度をいうのでしょうか。一点の疑義も許さない程度（100％間違いない）でしょうか。判例・通説は、通常人なら誰でも疑いを差し挟まない程度で足りるとしています。イメージで言うと、十中八九確からしいという程度です。

　なお、証明は、当事者が証拠を提出する活動のことを意味することもあります。例えば、「お金を貸したことを証明する」という言葉は、お金を貸した事実について、裁判官の確信を得るという意味で用いられる場合と、そのために、借用書等の証拠を提出するという意味で用いられる場合があります。

2-2　証明責任

　証明責任とは、ある事実の存在が証明できなかったために当該事実の存在が認められないという不利益のことをいいます。証拠を提出しなければならない責任があるという意味ではありません。

　例えば、本事例において、200万円を貸した付けたという原告の主張に対し、借りていませんと被告が否認したとします。争点は200万円を貸したか否か（金銭消費貸借契約に基づく200万円の貸金返還請求権が発生したか否か）です。審理の結果、裁判官は、貸した事実が存在すると認定すれば貸金返還請求権が発生したと判断し、貸した事実が存在しないと認定すれば貸金返還請求権は発生していないと判断します。しかし、貸した事実が存在するのか存在しないのか判断できない（どちらかわからない）場合があります。この場合を真偽不明といいます。

　証明責任は、事実の存否が真偽不明の場合でも、裁判官が権利の存否を判断できるようにするためのものです。例えば、貸した事実について原告が証明責任を負うのであれば、真偽不明の場合、貸した事実の存在が認められないという不利益を原告が負います。その結果、200万円の貸金返還請求権は発生していないと判断されます。

2−3　証明責任の分配

　では、どちらの当事者が証明責任を負うのでしょうか。例えば、200万円を貸し付けたという事実について、貸し付けたと主張する中堂慎司（債権者）が証明責任を負うのでしょうか。それとも、その事実を否定する（借りていません）と主張する水島透子（債務者）が証明責任を負うのでしょうか。

　この問題を証明責任の分配といいます。実体法に明記している場合がほとんどなく、実体法の解釈によって決まります。通説・実務は、法律要件分類説という考え方です。同説は、実体法の規定の分類に基づき、原則として、自分に有利な法律効果の発生を定める規定の要件事実について証明責任を負うという考え方です。ただし、形式的に分配すると当事者間の公平を害する場合もあり、立法趣旨や当事者間の公平の観点に基づき実質的に判断して分配する必要があります。

【証明責任の分配（法律要件分類説）】
① 　権利根拠規定（権利の発生の要件を定めた規定）
　　権利の存在を主張する側に証明責任があります。例えば、本事案において、貸金返還請求権の要件事実は、原告が証明責任を負います。
② 　権利障害規定（権利の発生を妨げる要件を定めた規定）

　　権利の発生を争う側に証明責任があります。例えば、本事案において、契約時
に虚偽表示（民94条）があった（契約は無効であり、貸金返還請求権は発生して
いない）と主張する場合、虚偽表示の要件事実は、被告が証明責任を負います。
③　権利消滅規定（発生した権利を消滅させる要件を定めた規定）
　　権利の消滅を主張する側に証明責任があります。例えば、本事案において、お
金は返した（貸金返還請求権はいったん発生したが、弁済により消滅している）
と主張する場合、弁済の要件事実は、被告が証明責任を負います。
④　権利阻止規定（権利の行使を一時的に阻止する要件を定めた規定）
　　権利の行使を妨げようとする側に証明責任があります。例えば、自動車の売買
代金請求事件において、自動車を引き渡すまで売買代金の支払を拒絶する（代金
債権の行使を一時的に阻止する）場合、同時履行の抗弁権（民533条）の要件事
実は、被告が証明責任を負います。

2 - 4　本証と反証

　本証とは、争いのある事実について、証明責任を負う当事者がその事実を証
明するために提出する証拠又はその証拠を提出する活動をいいます。

　反証とは、争いのある事実について、証明責任を負わない当事者がその事実
を否認するために提出する証拠又はその証拠を提出する活動をいいます。

第3　事実と証拠
3 - 1　主要事実・間接事実・補助事実

　事実は、主要事実、間接事実、補助事実の3つに分類されています。

(1)　主要事実

　権利の発生・変更・消滅という法律効果を発生させるために必要な具体的事
実を**主要事実**といいます。例えば、本事案において、「原告は、被告に対し、
平成20年12月1日、返還時期を平成24年12月1日と定めて200万円を貸し付け、
返還時期が到来した」という事実は、200万円の貸金返還請求権を発生させる
ための主要事実となります。

(2)　間接事実

　主要事実の存否を推認するのに役立つ事実を**間接事実**といいます。例えば、
「被告は、平成20年11月下旬頃、お金の工面に困っていたが、同年12月初旬に

は金回りがよくなっていた」という事実です（金銭の交付を推認させうる事実となります）。

(3)　補助事実

証拠の信用性に影響を与える事実を**補助事実**といいます。例えば、前述の間接事実を証言した証人（証拠）には虚言癖があるという事実です（証拠の信用性を下げる事実となります）。

> **【弁論主義の不適用（間接事実・補助事実）】**
>
> 　弁論主義は、主要事実にのみ適用され、間接事実と補助事実には適用されないというのが通説です。すなわち、間接事実と補助事実は、当事者の主張がなくても、裁判所は判決を書くための資料とすることができます。間接事実は主要事実を推認させるという点で証拠と変わりがないからです。証拠は裁判官が自由に評価することができるので、間接事実も裁判官が自由に認定することができるようにするということです（補助事実も同様です）。

3－2　直接証拠・間接証拠

主要事実を証明するための証拠を**直接証拠**といい、間接事実・補助事実を証明するための証拠を**間接証拠**といいます。

第4　証拠方法と証拠資料

証拠調べの対象を証拠方法といいます。証拠方法が人である場合を**人証**（人的証拠）といい、物である場合を**物証**（物的証拠）といいます。人証は証人、当事者本人、鑑定人の3種があり、物証は文書と検証物の2種があります。

裁判所が証拠方法を取り調べることによって獲得した内容を証拠資料といいます。証拠方法と証拠資料等をまとめると、次頁の表のとおりとなります。

ちなみに、証拠方法という用語は、ドイツ語の Beweismittel の直訳です。Beweis〔証拠〕と Mittel〔手段・方法〕が合わさった単語です。証拠の手段と訳した方がわかりやすいかもしれません。

証拠方法	証拠資料	申出の方法	証拠調べ手続
人証 { 証　　　人	証　　　言	証拠申出書の提出	証　人　尋　問
当事者本人	供　　　述	証拠申出書の提出	当　事　者　尋　問
鑑　定　人	鑑　定　意　見	鑑定申出書の提出	鑑　　　定
物証 { 文　　　書	記　載　内　容	文　書　の　提　出	書　　　証
検　証　物	検　証　の　結　果	検証申出書の提出	検　　　証

4－1　人証

　証人は、証人を尋問して、その者の見聞した事実についての記憶を聞き出し、その**証言**を証拠資料とするものです。

　当事者本人は、当事者本人を尋問して、その者の見聞した事実についての記憶を聞き出し、その**供述**を証拠資料とするものです。

　鑑定人は、専門的な学識経験を有する人の意見を証拠資料とするものです。専門的知見に基づいた意見によって裁判官の判断能力を補充することを目的とします。例えば、医療過誤の損害賠償請求訴訟において、医師を鑑定人として、専門的知見を述べてもらう場合です。鑑定人が文書（鑑定書）で意見を述べても、その文書が証拠資料となるわけではありません。鑑定意見が証拠資料となります。他方、当事者が専門家に依頼して鑑定書を作成してもらい、その鑑定書を提出することもありますが、これは裁判上の鑑定ではなく、文書（私的鑑定書）を証拠資料として提出することになります。

4－2　物証

　文書は、裁判官が文書を閲読して、その記載内容を証拠資料とするものです。

　検証物は、裁判官が自己の感覚作用（視覚、聴覚、味覚、嗅覚、触覚）によって、検証物（人や物）の形状、性質等を直接に認識し、その結果を証拠資料とするものです。例えば、欠陥住宅の損害賠償請求訴訟において、裁判官が建物の欠陥を直接見る場合です（視覚による検証）。

第5　証拠調べ

5－1　証拠の申出

　裁判所に対し、証拠方法の取調べを要求する申立てを**証拠の申出**といいます（民訴180条）。証拠調べは、原則として当事者の申出に基づいて開始されます。事実認定のための資料は、原則として当事者が当該訴訟に提出したものに限定されます。

(1)　人証の場合

　当事者本人や証人を証拠方法とする場合は、当事者本人（証人）の表示、立証趣旨、尋問事項等を記載した書面（証拠申出書）《資料19》を裁判所に提出（相手方には直送）します。

　鑑定人を証拠方法とする場合は、証明すべき事実、鑑定事項等を記載した書面（鑑定申出書）を裁判所に提出（相手方には直送）します。

(2)　物証の場合

　文書を証拠方法とする場合は、当事者が文書（甲号証・乙号証）及び証拠説明書を裁判所に提出（相手方には直送）します。

　検証物を証拠方法とする場合は、証明すべき事実、検証の目的物、検証により明らかにしようとする事項等を記載した書面（検証申出書）を裁判所に提出（相手方には直送）します。

【証拠収集の主な手段】

　証拠収集の手段として、以下の手続があります。①、②及び④は、当事者の申立てが必要です。③は、職権発動を促すために当事者から申し出ることが多いです。いずれも、必要であると裁判所が判断（決定）した場合に実施されます。

①　文書送付嘱託（民訴226条）

　裁判所が第三者に対し、その所持している文書の提出を依頼する手続です。例えば、交通事故の損害賠償請求訴訟において、検察庁に対し、実況見分調書や物件事故報告書の提出を依頼する場合です。

② 文書提出命令（民訴223条）

　裁判所が相手方当事者や第三者に対し、その所持している文書の提出を命じる手続です。文書の所持者が文書提出義務を負う場合（民訴220条）に命じることができます。当事者が文書提出命令に従わないときは、裁判所は、当該文書の記載に関する相手方の主張を真実と認めることができます（民訴224条1項）。

③ 調査嘱託（民訴186条）

　裁判所が官公署その他の公私の団体に対し、事実や専門知識等の報告を求める手続です。鑑定に代わる簡易な手続です。

④ 証拠保全（民訴234条）

　本来の証拠調べの手続を待っていたのでは取調べが不可能又は困難になるおそれがある場合に、あらかじめ証拠調べをしてその結果を保全しておく手続です。例えば、医療過誤の損害賠償請求訴訟において、診療録（カルテ）を保全する必要がある場合に利用します。保全決定が出ると、実施時刻（証拠調べ期日）の直前（約1時間前）に執行官送達の方法で証拠保全決定等を相手方に送達し、実施することが多いです。

5 - 2　証拠決定（証拠の採否）

　証拠調べを行うか否かは、裁判所が決定します（証拠申出の採用・不採用）。原則として、裁判所は、必要でないと認めるものは証拠調べを行う必要がありません（民訴181条1項）。

　なお、文書については、実際上、証拠の申出（文書の提出）と閲読が同時に行われるので、採用決定を明示しないまま証拠調べが行われるのが通例です。

5 - 3　証拠調べ手続

(1)　文書の証拠調べ手続

　文書の証拠調べは、裁判官が提出文書を閲読することにより行われます。文書の証拠調べを書証といいます。ただし、実務では、文書それ自体を書証と呼ぶことが多いです。

【文書の成立の真正】

　文書の成立の真正とは、当該文書が、文書の作成者の意思に基づいて作成されたことをいいます。文書の成立が真正であることを**形式的証拠力**があるといいます。例えば、本事案の借用証書《資料4》は、本当に水島透子が作成したのかという問題です。水島透子が借用証書の成立の真正について争った場合、中堂慎司

は成立の真正を証明しなければなりませんが（民訴228条1項）、一定の要件のもとに成立の真正が推定されます。

　公文書の場合、その方式及び趣旨により公務員が作成したものと認められるときは、真正に成立した公文書であると推定されます（同条2項）。疑義があれば裁判所は当該官庁に照会することができます（同条3項）。

　私文書の場合、本人又はその代理人の署名又は押印（印鑑を押すこと）があるときは、真正に成立したものと推定されます（同条4項）。

　押印がある場合の推定は、二段の推定（二重の推定ともいいます）が働きます。まず、文書（借用証書）の印影が本人（水島透子）の印鑑の印影と同じであるかが問題となります。同じであれば、その文書（借用証書）の押印は、本人（水島透子）の意思で押されたものだと推定されます（印鑑は大切に保管されており、印鑑を他人に預けることはないとの経験則です）。これが一段目の推定です。次に、本人（水島透子）の意思で押されたものであれば、その文書（借用証書）は、本人（水島透子）の意思に基づき成立したものと推定されます。これが二段目の推定です。この推定が働けば、文書（借用証書）の形式的証拠力はあるということになります。

　そして、文書には、処分証書と報告証書という区分があります。処分証書とは、証明の対象となっている法律行為等が記載されている文書のことです。契約書が典型例です。他方、報告証書とは、作成者の見聞内容や意見・感想などが記載されている文書のことです。手紙が典型例です。処分証書は、法律行為が記載されているので、形式的証拠力があれば、特段の事情がない限り、その人が文書に記載されている法律行為をしたということになります。すなわち、処分証書は、形式的証拠力があれば、その記載内容も信用できるということになります。記載内容も信用できるということを**実質的証拠力**があるといいます。

　本事案の借用証書は、原告が証明しようとしている金銭消費貸借の事実が記載されている文書ですので、処分証書です。したがって、水島透子の意思に基づき成立したものとの推定が働くと、水島透子が金銭を借り入れたという事実を証明できることになります。

(2)　証人尋問

　当事者本人や証人の証拠調べは、当事者本人や証人を尋問することにより行われます。証拠調べを行う期日を**証拠調べ期日**といいます。証拠調べ期日は、口頭弁論期日とは明確に分離されておらず、訴訟手続の進行中、必要に応じて証拠調べをすることができますが、人証の証拠調べは、できる限り、争点及び

証拠の整理が終了した後に集中して行うことになっています（集中証拠調べ・民訴182条）。以下、証人尋問について説明します。

ア　呼出し・人定質問・宣誓

裁判所は、申出を採用するときは、期日に証人を呼び出します（呼出状を送達します）。ただし、申出をした当事者がその証人を裁判所に同行すると申し出た場合は、この呼出しはされません。実務では、呼び出す証人を**呼出証人**と呼び、同行する証人を**同行証人**と呼びます。

出頭した証人は、出頭カード《資料20》を法廷で作成し、裁判長の人定質問（氏名、住所、生年月日等を質問し、人違いでないことを確認します）を受け、宣誓書《資料21》を朗読します。

イ　尋問の順序（民訴202条、民訴規113条）

尋問の順序は、証拠の申出をした当事者が先に尋問します（これを**主尋問**といいます）。その後、相手方当事者が尋問します（これを**反対尋問**といいます）。その後もう一度、証拠の申出をした当事者が尋問します（これを**再主尋問**といいます）。ここまでは、当事者の権利として尋問できます。その後の尋問（再反対尋問、再々主尋問、……）は、裁判長の許可があれば可能です。最後に、裁判長が尋問をすることもあります（これを**補充尋問**といいます）。また、当事者の尋問中に裁判長が尋問をすることもあります（これを**介入尋問**といいます）。

【陳述書】

実務では、当事者本人や証人の証拠調べを行う際、当事者本人の供述内容や証人の証言内容を記載した書面を事前に裁判所に提出することが多いです。この書面を「陳述書」と呼びます。当事者本人や証人の経歴等を詳細に記載したり、尋問において立証すべき事実を具体的に記載したりします。陳述書に記載することによって、争いのない部分の尋問を大幅に省略し、争いのある事実に関する重要な部分の尋問に時間をかけることができます（主尋問の一部代替・補完機能）。また、供述・証言内容を事前に開示することによって、反対尋問を容易にすることになります（反対尋問権の保障機能）。もっとも、陳述書が供述・証言の全てを代替するわけではありません。当事者本人や証人が裁判官の面前で直接語ることが重要です。

京都大学の笠井正俊先生は、「裁判所が的確に心証を採れるのは口頭による当事者本人や証人の尋問によってであり、それは直接主義の原則にも表れています。

争点についての事実認定との関係で重要度の低い事項を陳述書のみで済ませるということはありますが、中心的な争点について口頭での尋問をしないという方法は不適切です。」と述べておられます（「民事訴訟法施行20年を迎えて〜争点整理等における現状と課題、あるべき姿〜」判タ1447号 5 頁−24頁、18頁、19頁）。

第6　裁判官の心証形成

　裁判官は、当事者が提出した証拠から事実の存否を認定します。その事実認定の結論に至る裁判官の内心の判断を心証といいますが、どのような心証を形成するかは裁判官の自由です。証拠をどのように評価するかは裁判官の自由ということです。これを**自由心証主義**といいます（民訴247条）。

　もう少し詳しく説明すると、自由心証主義とは、どのような証拠を採用するか（証拠方法の選択）、その証拠が事実認定にどの程度役立つか（証拠力の評価）、弁論の全趣旨（証拠以外の口頭弁論に現れた一切の状況。例えば、ある事実の主張が何度も訂正されたり、抗弁が弁論終結間近に出てきたりした事情等）からどのような事情をくみ取るかについて、裁判官の自由な判断に委ねるという原則のことです。もっとも、全く自由に心証を形成することができるという意味ではありません。経験則（経験から導き出される知識・法則）に基づく合理的な心証形成でなければならないという内在的制約はあります。

　心証形成の結果、事実の存否について確信を得ることもあれば、確信に至らない場合もあります。裁判官の確信を得たことで、証明が成功します。

【経験則（裁判例）】
◎「人が日常生活を営むにはガスの供給が不可欠であるし、住居として利用される建物にはガスを安全に使用するためのガス配管が不可欠であることは経験則上明らかといえる」（東京地判令和 2 年 8 月31日 TKC25585874）
◎「すぐ近くに歩行者がいるにもかかわらず、突然車両を発進させた場合、歩行者がバランスを崩して転倒する危険があることは、経験則上明らか」（名古屋高判平成31年 4 月11日自保2051号79頁）
◎「過去の一定期間の株価の変動のみから将来の株価の変動を予測することができるものでないことは、経験則上明らか」（東京地判平成31年 3 月27日金判1568号 8 頁）

第10講　判　決

第1　裁判の種類

　裁判所又は裁判官が行う判断行為のことを**裁判**といいます。裁判には、判決、決定、命令の3種類があります。

　判決は、訴え（控訴・上告）によって求められている事項（訴訟物や訴訟要件等）に対して行う裁判所の判断行為です。判決は、原則として口頭弁論を経る必要があり、公開の法廷で、原則として判決書（原本）に基づき言い渡さなければならない（民訴252条〔令4法施行後253条1項〕）など、慎重さが求められます。

　決定と**命令**は、民事訴訟の付随事項や民事執行・民事保全に関する事項に対して行う判断行為です。決定と命令は、口頭弁論を開かなくてもよく（任意的口頭弁論といいます）、決定書・命令書（原本）に基づく言い渡しは必要とされておらず、相当と認める方法で当事者に告知すればよいとされている（民訴119条）など、簡易・迅速に行うことができます。決定と命令の違いは主体です。決定の主体は裁判所です（合議体の場合は評議が必要です）。例えば、文書提出命令の申立てに対する決定です（民訴223条）（命令という名称ですが、裁判の種類は決定です）。命令の主体は裁判官であり、合議体の場合は裁判長が単独で行います。例えば、訴状却下命令です（民訴137条2項）。

第2　判決の種類

2-1 終局判決・中間判決

その審級での訴訟手続が終了するか否かによって、終局判決と中間判決とに分かれます。**終局判決**は訴訟手続が終了する判決です（民訴243条）。**中間判決**は、審理中に問題となった争点をあらかじめ判断する判決です（民訴245条）。中間判決に対する独立の上訴はできず、中間判決を前提として審理が進みます。

【中間判決の裁判例】（東京地判平成28年2月15日判時2491号26頁）

　島野製作所がアップルを被告として、債務不履行又は不法行為に基づく損害賠償請求の訴えを東京地裁に提起したところ、訴訟の前提として、両社間の契約における国際裁判管轄合意（カリフォルニア州の裁判所が管轄するとの合意条項）の有効性が問題となりました（有効であれば、日本の裁判所に管轄がなく、訴え却下となります）。東京地裁は、「本件訴えについて日本国裁判所に管轄がない旨の被告の本案前の主張は、理由がない。」との中間判決を言い渡しました。この中間判決後、損害賠償請求権の存否について審理が行われ、令和元年9月4日、終局判決（請求棄却判決）が言い渡されました。

2-2 本案判決・訴訟判決

終局判決は、請求の当否を判断するか否かによって、本案判決と訴訟判決とに分かれます。

(1) 本案判決

請求の当否を判断する判決です。請求を認める判決を請求認容判決と言い、請求を認めない判決を請求棄却判決といいます。また、請求を全部認める判決を全部認容判決、全部認めない判決を全部棄却判決、一部認めて一部認めない判決を一部認容・一部棄却判決といいます。

(2) 訴訟判決（訴え却下判決）

本案判決をするためには、訴訟要件が必要とされており、訴訟要件を欠く場合、訴えが不適法となります。訴えが不適法である場合、裁判所は、訴え却下の判決を言い渡します。この判決を訴訟判決といいます。原告の請求の当否については判断しません。

【訴訟要件】

　訴訟要件には以下のようなものがあります。

① 日本に国際裁判管轄が存在すること

② 当事者が実在すること

③ 当事者能力があること

④ 当事者適格があること

⑤ 法律上の争訟に該当すること

　司法権の範囲として、裁判所が審判しうる対象は、「法律上の争訟」に限られています（裁 3 条 1 項）。法律上の争訟とは、「法令を適用することによって解決し得べき権利義務に関する当事者間の紛争をいう」と解されています。基本的には憲法上の要請に基づくものです。例えば、有名な判例として、板まんだら事件があります（最三小判昭和56年 4 月 7 日民集35巻 3 号443頁、憲法判例百選 Ⅱ〔第 7 版〕400頁）。

⑥ 訴えの利益があること

　訴えの利益というのは、訴えの必要性と実効性のことです。原告の権利主張（請求）について、民事訴訟の判決を得ることが紛争解決に役立つのかということです。訴えの利益は訴えの類型によって判断基準が異なりますが、特に、確認の訴え（確認の利益）で問題になることが多いです。例えば、家賃滞納を繰り返している賃借人に建物から出て行って欲しいと思っている賃貸人にとって、その建物の所有権確認の訴えは、紛争解決（建物明渡し）に有効ではありません。紛争解決のためには、給付の訴え（建物明渡し）をすべきですので、確認の利益がないという判断になるでしょう。

⑦ 同一事件が他の裁判所に係属していないこと（民訴142条）

⑧ 再訴の禁止に反しないこと

　訴えの取下げは、本案判決後も可能ですが、本案判決後に訴えを取り下げた場合は、同一の訴えを提起することができません（民訴262条 2 項）。これを再訴の禁止といいます。

2 - 3　給付判決・確認判決・形成判決

　請求認容判決は、訴えの類型に対応して、給付判決、確認判決、形成判決の 3 つに分類されます。他方、請求棄却判決は全て確認判決になります。例えば、本事案（給付の訴え）の請求棄却判決は、200万円の貸金返還請求権が存在しないことを確認していることになります。一部認容・一部棄却判決の場合（例えば、90万円を支払え）の場合は、認容している部分は給付判決、棄却している部分は確認判決となります。

	給付の訴え	確認の訴え	形成の訴え
請求認容判決	給付判決	確認判決	形成判決
請求棄却判決	確認判決	確認判決	確認判決

第3　判決の言渡し

　裁判所は、訴訟が裁判をするのに熟したとき（当事者双方に主張・立証の機会が十分に与えられ、判決をするために必要となる資料の収集が終了したとき）、口頭弁論を終結し、終局判決をします（民訴243条1項）。判決は、言渡しによって効力が生じます（民訴250条）。判決の言渡しは、裁判長が口頭弁論期日において、**判決書**の原本に基づき、主文を朗読するのが原則です。

　判決言渡し後、判決書の原本が書記官に交付されます。裁判所書記官は、判決書の正本（実務では**判決正本**と呼びます）《資料22》を作成し、当事者に送達しなければなりません（民訴255条）。第一審の判決正本が送達されると控訴期間が進行します（民訴285条）。

【原本・謄本・正本】

　原本は、作成者の意思によって最初に作成された文書です。謄本は、原本と同一の文字・符号を用いて原本の内容を完全に写しとった書面で、原本の記載内容とその写しの記載内容の同一性について、その写しを作成した者が証明を与えた文書です。正本は、謄本の一種ですが、公証権限のある公務員が作成し、法令に基づき、原本と同一の効力が付与されたものです。

　なお、謄本、正本の作成者は、原本の作成者ではなく、これらを作成した者となります。

　例えば、判決正本は、公証権限のある裁判所書記官が作成するものであり（裁判官には公証権限がありません）、本事案の判決正本《資料22》の作成者は京都地方裁判所裁判所書記官伊藤愛莉となります。

【つぶやき⑲】　判決の言渡し

　民事事件でも、社会的な注目を集めている事件では、弁護士バッジを胸につけた人が報道陣の前に駆け込み、「勝訴判決」や「不当判決」と書かれた紙を掲げる場面をニュース番組等で見ることがあります。ちなみに、あの紙は「判決等即報用手持幡」と呼び、あの紙を掲げることを「ハタ出し」と呼ぶそうです。ハタ

出し役の弁護士が法廷で判決の主文が言い渡された直後、法廷を抜け出し、急いで裁判所敷地外まで駆け込んでくるのです。

　もっとも、多くの民事事件では、代理人弁護士は判決言渡し期日に出頭しません。双方代理人が欠席のまま裁判長が判決の主文を言い渡しています。では、代理人弁護士はどのようにして判決の内容を知るのかというと、係属部への電話です。例えば、判決期日が午後 1 時10分であれば、午後 2 時くらいに法律事務職員が担当書記官に電話をかけ、主文を教えてもらいます（私は、事前に訴状の請求の趣旨を読み、手元に訴状を置いて電話をかけています）。ただし、担当書記官は他の事件で法廷にそのままいることも多く、夕方にならないと確認できないこともあります。そのため、急ぐ場合には、法律事務職員が法廷に足を運び、傍聴席で主文を聞いてメモを取ることもあります。裁判官が小さな声で主文を読み上げると傍聴席では聞き取りにくいので、法律事務職員が判決を聞きに行くことを事前に担当書記官に電話しておきます。そうすると、裁判官は、傍聴席を見ながら、大きな声でゆっくりと主文を読み上げてくれます（私の経験です）。

　電話や法廷傍聴では主文しか確認できないので、判決正本の送達を受け、判決理由を読み、敗訴した場合には控訴を検討することになります。判決正本は、裁判所が近ければ、法律事務職員が係属部に行き、書記官から直接送達を受けます（書記官送達）。書記官送達は補充送達ができないので、法律事務職員は弁護士の使者として送達を受けることになります（弁護士の職印を持参します）。裁判所が遠い場合は特別送達となります。判決正本を受け取って最初に確認すべきことは、当事者の住所、氏名等に誤記がないかです。判決に誤記などの明白な誤りがある場合には、裁判所に申し出て、その誤りを訂正する決定（更正決定）をしてもらう必要があります（民訴257条 1 項）。私は、書記官送達を受けた場合、その場（書記官室）で確認します。誤記に気づき、書記官に申し出て、更正決定を受けることなく、訂正後の判決正本と差し替えてもらった経験が数回あります。

第 4　判決書

　判決書には、①主文、②事実、③理由、④口頭弁論の終結日、⑤当事者及び法定代理人、⑥裁判所を記載しなければなりません（民訴253条 1 項〔令 4 法施行後252条 1 項〕）。

4 - 1　主文

(1)　訴訟物についての裁判

　主文には、まず、訴訟物についての裁判が記載されます。例えば、本事案に

おいて、請求が全部認容された場合の主文は、「被告は、原告に対し、200万円及びこれに対する平成24年12月2日から支払済みまで年5分の割合による金員を支払え。」となります。請求が全部棄却された場合の主文は、「原告の請求を棄却する。」となります。また、例えば、請求の一部（例えば90万円）のみ認容された場合の主文は、「被告は、原告に対し、90万円及びこれに対する平成24年12月2日から支払済みまで年5分の割合による金員を支払え。原告のその余の請求を棄却する。」となります。

⑵ 訴訟費用の負担についての裁判

　主文には、訴訟費用の負担についての裁判も記載されます（民訴67条）。訴訟費用は、**敗訴の当事者の負担**となるのが原則です（民訴61条）。例えば、全部認容判決の場合、「訴訟費用は被告の負担とする。」となります。また、一部敗訴の場合は、裁判所の裁量で定められ（民訴64条）、例えば、「訴訟費用は、これを3分し、その1を原告の負担とし、その余は被告の負担とする。」となります。このように、主文では、訴訟費用の負担割合が定められるだけで、具体的な金額が定められるわけではありません。具体的な金額を定めるためには、裁判所書記官に対して、訴訟費用額確定処分の申立てをする必要があります（民訴71条）。

⑶ 仮執行宣言

　給付判決が確定すると執行力が生じますが、敗訴被告が上訴すると、判決の確定が遮断され、原告は権利の実現が先送りされるという不利益を被ります。そこで、この勝訴原告の不利益を補うものとして、給付判決の場合、裁判所は、必要に応じて仮執行ができる旨の宣言をすることができます（民訴259条）。この宣言を**仮執行宣言**といいます。この仮執行宣言が付された判決は、債務名義となり（民執22条2号）、判決が確定していなくても、強制執行をすることができます。原告が仮執行宣言に基づき強制執行を実施し、上訴審で原告が逆転敗訴すれば、原告は強制執行によって得た給付を被告に返還しなければなりません（民訴260条2項参照）。

4－2　口頭弁論の終結日

　判決をする前に、口頭弁論を終結して、判決をするために必要となる資料の収集が終了したことを明確にします。事実審の口頭弁論の終結日は、**既判力の**

標準時（基準時）となる重要な時点であり（民執35条2項参照）、判決書の記載事項となっています。

【調書判決】

　裁判所は、実質的に争いのない事件（被告が原告の主張事実を争わない事件や被告が口頭弁論期日に出頭しない事件等）において、原告の請求を認容する場合、判決書の原本に基づくことなく判決の言渡しをすることができます（民訴254条1項）。判決言渡しの方式を簡易にし、当事者が迅速に判決の言渡しを受けることができるようにするためです。裁判長が主文及び理由の要旨を告知するという方法で行われ、判決書に代えて、裁判所書記官に判決の内容を記載した口頭弁論調書を作成させます（同条2項）。この口頭弁論調書を「調書判決」と呼びます《資料23》。

第5　判決の確定

　判決の言渡しがあっても、不服のある当事者は、法定の上訴期間内に上訴することができます。判決に対する不服申立てができなくなれば、判決が確定します。

5－1　確定時期

(1)　不服申立てが許されない判決

　判決言渡しと同時に確定します。例えば、上告審の判決は言渡しと同時に確定します。

(2)　不服申立てが許される判決

　不服申立ての利益を有する当事者の不服申立期間が経過した時に確定します（民訴116条1項）。例えば、全部認容判決に対して不服申立ての利益があるのは被告のみです。全部勝訴した原告には不服申立ての利益がありません。この場合、被告の不服申立期間が経過した時に確定します。

(3)　確定時期の具体例

　本事案の判決確定時期を説明します。判決言渡し日は令和5年8月17日です。原告への判決正本送達日は令和5年8月21日（月）、被告への判決送達日は令和5年8月23日（水）とします。控訴期間は、**判決正本の送達を受けた日から2週間**（民訴285条）ですので、原告の控訴期間満了日は令和5年9月4日、被

告の控訴期間満了日は令和5年9月6日となります。このように控訴期間は当事者ごとに異なります。判決確定時期は、判決内容によって、不服申立ての利益を有する当事者が異なりますので、3つの場合に分けられます。

ア　全部認容判決の場合

この場合、不服申立ての利益があるのは被告のみです。したがって、判決確定時期は、被告の控訴期間が経過した令和5年9月7日となります（正確な表現は、「令和5年9月6日の経過により確定した」となります）。

イ　全部棄却判決の場合

この場合、不服申立ての利益があるのは原告のみです。したがって、判決確定時期は、原告の控訴期間が経過した令和5年9月5日となります。

ウ　一部認容・一部棄却判決の場合

この場合、原告及び被告双方に不服申立ての利益があります。したがって、判決確定時期は、控訴期間の満了日が遅い当事者の控訴期間が経過した時となり、被告の控訴期間が経過した令和5年9月7日となります。

令和5年8月						
日	月	火	水	木	金	土
		1	2	3	4	5
6	7	8	9	10	**11**	12
13	14	15	16	17	18	19
20	㉑	22	㉓	24	25	26
27	28	29	30	31		

※8月11日＝祝日

令和5年9月						
日	月	火	水	木	金	土
					1	2
3	④	5	⑥	7	8	9
10	11	12	13	14	15	16
17	**18**	19	20	21	22	**23**
24	25	26	27	28	29	30

※9月18日・23日＝祝日

5－2　確定判決の効力

(1)　既判力

確定判決の判断内容の後訴での通用力（拘束力）を**既判力**といいます。確定判決後、確定した判決と同じ訴訟物について、再度、訴えが提起された場合、その新たな訴訟（後訴といいます。控訴と聞き間違えやすいので、「ごそ」と呼ぶ人も多いです）では、前の訴訟（前訴といいます）で示された判断内容が基準となり、後訴裁判所は、前訴判決と異なる判断をすることができず、当事者も前訴判決に反する主張をすることができなくなるという効力です。同一紛争の蒸

し返しを許さないという趣旨です。既判力は全ての確定判決に認められます。

(2)　執行力

　判決で命じられた給付内容を強制執行手続によって実現できる効力を**執行力**といいます。執行力が認められるのは給付判決のみです。なお、執行力は、確定判決だけでなく、仮執行宣言が付された判決にも認められます。

(3)　形成力

　判決で宣言されたとおりに法律関係を変動させる効力を**形成力**といいます。形成力が認められるのは形成判決のみです。

	給付判決	確認判決	形成判決
既判力	あり	あり	あり
執行力	あり	無	無
形成力	無	無	あり

【Q】請求棄却判決が確定したのに原告が同じ訴訟物について再度訴えを提起した場合、後訴ではどのような判決が言い渡されるか？
【A】前訴で示された判断内容に既判力が生じていますので、請求棄却判決が言い渡されることになります。

【Q】全部認容判決が確定したのに原告が同じ訴訟物について再度訴えを提起した場合、後訴ではどのような判決が言い渡されるか？
【A】前訴判決の消滅時効（10年・民169条1項）の完成時期が迫っているなどの事情がない限り、基本的には訴えの利益がなく、訴えが不適法として、訴え却下の判決が言い渡されることになります。

【つぶやき⑳】　原告はアマミノクロウサギ

　是非一度、読んで欲しい裁判例があります。動物が原告となった行政訴訟です。当事者能力等が問題となった事件ですが、判決まで学んだ後の方が理解しやすいと思いますので、ここで紹介します。これまでに学んだ用語（太字にしました）もたくさん出てきますので、復習にもなります。

　アマミノクロウサギは、奄美大島、徳之島に生息する国の特別天然記念物です。

環境省第４次レッドリストでは、絶滅危惧ⅠB類（近い将来における野生での絶滅の危険性が高いもの）に指定されています。1990年代、奄美大島では、ゴルフ場目的の開発が盛んに進められ、それに伴う森林の減少や動植物の絶滅が危惧される状態にありました。このような中、あるゴルフ場開発業者がアマミノクロウサギたちが多く生息する地域として知られていた森林にゴルフ場の建設を計画し、森林法10条の２に基づき、鹿児島県知事の開発許可を受けました。このまま森林が開発されてしまうと、アマミノクロウサギたちの種の存続に大打撃を与えます。

　開発許可（行政処分）に対して不服のある者は、処分の無効・取消しを求める訴えを提起することができます。行政訴訟です。この開発許可を無効（取消し）にすることができれば、ゴルフ場開発業者は森林開発ができなくなり、アマミノクロウサギたちを守ることができます。ただし、行政訴訟は、誰でも訴えを提起できるわけではありません。訴えを提起する、すなわち、原告となるためには法律上の利益が必要とされています（行訴９条・36条）。原告適格がなければ、訴えが却下されます。森林開発に反対する奄美大島の住民は、その森林から離れた場所に居住している人たちでしたので、森林の開発により発生する災害等によって生命・身体等の被害が生じることがなく、法律上の利益がないと判断される可能性がありました。森林開発に直接利害を有するのはアマミノクロウサギたちです。

　そこで、1995年２月23日、奄美大島の住民や自然保護団体は、アマミノクロウサギたちと一緒に、鹿児島県知事を被告として、開発許可の無効・取消しを求める訴えを鹿児島地裁に提起しました（同裁判所平成７年（行ウ）第１号）。この行政訴訟は、アマミノクロウサギ訴訟と呼ばれ、非常に注目されました。アマミノクロウサギたちも原告となったのです。原告に加わったのは以下の４種です。

① 鹿児島県大島郡住用村大字市字大浜一五一〇番地外
　　原告　アマミノクロウサギ
② 鹿児島県大島郡住用村大字市字大浜一五一〇番地外
　　原告　オオトラツグミ
③ 鹿児島県大島郡龍郷町屋入九一八の一番地外
　　原告　アマミヤマシギ
④ 鹿児島県大島郡龍郷町屋入九一八の一番地外
　　原告　ルリカケス

　鹿児島地裁は、同年３月１日、上記４種に対し、５日以内に住所と氏名を明らかにするようにという内容の**補正命令**を出しました（訴状の必要的記載事項である当事者の表示に不備があるということです）。また、受送達者の所在が不明であるとして、補正命令書を**公示送達**しました。原告団は、原告に加えた動物名を

人間の原告が名乗る「代位」の方法をとり、「アマミノクロウサギは訴状記載の原告○○と同一人物」などと書いた訴状補充書を鹿児島地裁に提出しました。しかし、鹿児島地裁は、同年3月22日、「本件訴状におけるアマミノクロウサギ外三種の動物名による原告らの表示につき、これを文字どおり動物と解するときは、動物が訴え提起等の訴訟行為をすることなどおよそありえない事項である以上、右表示は余事記載ないし無意味な記載であると解するほかない」として、原告動物四種について、**訴状却下命令**を出しました。

　人間と自然保護団体を原告とした訴状は受理され、口頭弁論が開かれることになりました。原告団は、同年4月14日、原告4人の表示を原告名の前に「アマミノクロウサギこと○○」など4種の動物名を付け加える**訴状訂正の申出**をしています。

　アマミノクロウサギ訴訟は、ゴルフ場開発予定地及びその周辺地域において自然保護活動を行う個人や団体に対して、森林開発許可の取消し・無効確認を求める**原告適格**が認められるかどうかが争点となり、鹿児島地裁は、平成13年1月22日、原告適格がない等の理由により、**訴え却下の判決**を言い渡しました。訴え却下となりましたが、判決は最後に、「しかしながら、個別の動産、不動産に対する近代所有権が、それらの総体としての自然そのものまでを支配し得るといえるのかどうか、あるいは、自然が人間のために存在するとの考え方をこのまま押し進めてよいのかどうかについては、深刻な環境破壊が進行している現在において、国民の英知を集めて改めて検討すべき重要な課題というべきである。」と異例ともいえる言及をしています。

　判決の全文は裁判所ホームページの「裁判例情報」に掲載されています。解説は『環境法判例百選〔第3版〕』148頁に掲載されています。

第11講　訴訟上の和解

第1　和解の種類

1−1　訴訟上の和解

　訴訟上の和解とは、訴訟係属中、期日において、当事者双方が権利等についての主張を譲り合い（互譲）、訴訟を終わらせる旨の合意を行うことです。裁判所を介した当事者の自主的な紛争解決方法です。裁判所は、訴訟係属中、いつでも当事者に対して和解を勧めることができます（民訴89条・和解勧告や和解勧試と呼ばれます）。訴訟上の和解は、判決とは異なり、個々の事件の具体的な事情を配慮した多様な解決が可能ですし、判決と比較して、その後の当事者間の関係が円満に進む可能性が高くなる等、様々なメリットがあります。訴訟上の和解で訴訟が終わる割合は多いです（司法統計①〔54頁〕参照）。

1−2　訴え提起前の和解（即決和解）

　訴え提起前の和解とは、当事者同士で話し合いがついた場合に、その合意内容について簡易裁判所に和解の申立てをして、1回目の期日で和解を成立させる手続のことです（民訴275条）。即決和解や起訴前の和解とも呼ばれます。訴訟上の和解と訴え提起前の和解とを合わせて、**裁判上の和解**といいます。

1−3　裁判外の和解

　訴訟が係属していても、期日外で和解契約を締結することもありますが、これは、民法上の和解契約（民695条）であり、訴訟上の効果は生じません。なお、期日外で和解契約を締結する際、訴えの取下げの合意をすることが多いです（つぶやき㉑参照）。

第2　訴訟上の和解の効果

2−1　訴訟終了効

　訴訟上の和解が成立すると訴訟は当然に終了します。

2－2　執行力

　訴訟上の和解が成立すると、裁判所は、当事者の合意した内容を陳述させて確認し、その内容を調書に記載します。この調書を**和解調書**《資料24》といいます。この調書の記載は、**確定判決と同一の効力**が生じます（民訴267条）。当事者双方の意思表示による自主的な紛争解決を尊重し、判決による解決と同様の効力を与えるものです。したがって、和解調書の記載が具体的な給付義務を内容とする場合（例えば、《資料24－2》の和解条項第3項）には、その給付条項に執行力が生じ、債権者は、和解調書正本を債務名義（民執22条7号）として、強制執行を申し立てることができます。

第3　和解調書正本の送達申請

　和解調書正本《資料24》は、判決正本のように、当然には当事者に送達されず、当事者の申請に基づき送達されます。申請方法は、和解成立時に、「当事者双方に和解調書の送達を申請します」と口頭で陳述するのが一般ですが、後日、書面（和解調書送達申請書）を提出する方法もあります。なお、強制執行をする場合、和解調書正本（債務名義）が債務者に送達されている必要があります（民執29条）。

第12講　訴えの取下げ

第1　訴えの取下げ

訴えの取下げとは、訴えを撤回することです。

1－1　方式・要件

訴えの取下げは、書面を提出して行う必要があります（口頭弁論等の期日においては、口頭で取り下げることができます）（民訴261条3項）。原告は、訴えの提起後、終局判決が確定するまで、訴えを取り下げることができます（同条1項）。ただし、被告が本案について応訴（答弁書の提出等）をした後は、**被告の同意**が必要となります（同条2項）。したがって、取下書に、訴えを取り下げることに同意する旨の被告の記名押印がない場合には、取下書を被告に送達する必要があります。被告が取下書の送達を受けてから2週間以内に異議を述べないときは、取下げに同意したものとみなされます（同条5項〔令4法施行後6項〕）。

> 【Q】なぜ被告の同意がいるのか？
> 【A】被告にも請求棄却判決を得る利益（例えば、給付請求権の不存在を既判力をもって確定しておくことによって後日の紛争を予防する利益）が生じているので、原告の一方的意思表示だけで訴訟係属を消滅させるのは相当でないからです。

1－2　効力発生時期

(1)　被告の同意が不要である場合（応訴前）

取下書を提出した時（又は口頭弁論等の期日で陳述した時）に取下げの効力が生じます。

(2)　被告の同意が必要となる場合（応訴後）

被告の同意があった時又は被告の異議申立て期間（取下書送達日から2週間）を経過した時に取下げの効力が生じます。

1 - 3　効果

　訴訟係属の効果が遡及的に消滅し（民訴262条 1 項）、訴訟は終了します。本案判決後に訴えを取り下げた場合には、その後、同一の訴えを提起することができなくなります（民訴262条 2 項）。これを再訴禁止効といいます。

【Q】請求の放棄と訴えの取下げの違いは？
【A】請求の放棄は、「負けを認める」ことです。請求の放棄をすれば、同じ訴えを提起することはできなくなります。訴えの取下げは、「訴えをなかったことにする」ことです。訴えの取下げをしても、同じ訴えを提起することはできます（本案判決後の取下げの場合は不可）。

第 2　取下書の提出方法

　裁判所に取下書《資料25》を提出します。ファクシミリを利用して提出することはできません。

2 - 1　取下書副本の要否

　訴訟係属前（訴状送達前）は、取下書の副本は不要です。なぜなら、被告に訴状が送達されておらず、被告は訴えを提起されたことを知らないため、被告に対して訴えの取下げを知らせる必要がないからです。他方、訴訟係属後は、取下書の副本が必要となります。ただし、訴えの取下げに被告の同意を要する場合において、取下書に、訴えを取り下げることに同意する旨の被告の記名押印を得ているときには《資料25》、取下書の副本は不要です。

　取下書の副本は、相手方に直送するのではなく、裁判所に提出します。

2 - 2　取下書副本の交付方法

　訴えの取下げに同意を要する場合は副本の送達が必要となります。他方、同意を要しない場合（訴訟係属後応訴前）は送付で構いません。

	訴え提起	訴訟係属	応訴
同意の要否	不要	不要	**必要**
副本の要否	不要	**必要（送付）**	**必要（送達）** 不要（正本に同意有）

第3　訴えの取下げの擬制

　当事者が訴訟追行に不熱心な場合、訴えを取下げたものとみなされることがあります。例えば、当事者双方が口頭弁論期日に出頭しなかった場合、1か月以内に期日指定の申立てをしなかったときは、訴えの取下げがあったものとみなされます（民訴263条）。

【つぶやき㉑】　裁判外の和解と訴えの取下げ

　訴えの取下げをする理由として、裁判外で和解が成立した場合があります。例えば、本事案において、被告から原告に対し、150万円を一括して支払うので、訴えを取り下げて欲しいという和解案の提示があったとします。原告が150万円を一括で回収できるのであれば良いと考えるなら、150万円を受け取った後、訴えを取り下げても不都合はありません。しかし、和解内容によっては裁判外の和解では問題が生じる場合があります。例えば、和解内容が分割払いの場合です。被告が途中で支払わなくなれば、裁判外の和解では強制執行ができません。したがって、和解締結後に強制執行が必要となる可能性がある場合には、裁判外の和解ではなく、訴訟上の和解にすべきです。

　被告は、なぜ、訴訟上の和解ではなく、訴えの取下げを求めるのでしょう。いろいろな事情がありますが、訴えが取り下げられると、訴えがなかったことになるということが大きいと思います。訴えられたことが不名誉であるような場合には、訴えの取下げを希望してくることがあります。逆に、裁判所での和解という形にこだわる（お上のお墨付きを重視する）こともあります。これは原告も同じです。裁判所での和解という形にこだわり、訴えの取下げはできないということもあります。いろいろな事情があります。ケースバイケースです。

　裁判外で和解をする場合には、合意書等を作成しますが、その際、取下書に被告の同意印をもらっておきます。そして、和解金150万円の受領後、その取下書を裁判所に提出します。このようにしておくと、取下書の提出時に訴えの取下げの効力が生じますし、取下書の副本も不要となります。もし、被告が和解金を支払わなければ、訴えを取り下げずにそのまま訴訟を続けます。では、逆に、被告が和解金150万円を支払ったのに、原告が訴えを取り下げなかったらどうなるのでしょう。この場合、訴えの取下げに関する合意が成立しているので、原告には権利保護の利益、すなわち、給付の訴えの利益を喪失しているとみることができるとして、訴えを却下すべきとする判例があります（最二小判昭和44年10月17日民集23巻10号1825頁）。

第13講　上　訴

13－1　上　訴

第 1　上訴

　上訴とは、自己に不利益な裁判を受けた当事者が、その裁判の確定前に、上級裁判所に対し、自己の有利にその裁判の取消し・変更を求める不服申立てのことです。不当な裁判から当事者を救済する制度です。

第 2　上訴の種類（ 3 種類)

2 － 1　控訴

　第一審の終局判決に対する上訴を控訴といいます。(→13－ 2)

2 － 2　上告

　控訴審の終局判決に対する上訴を上告といいます。(→13－ 3)

2 － 3　抗告

　判決以外の裁判（決定・命令）に対する上訴を抗告といいます（民訴328条以下)。抗告には、**通常抗告**（抗告期間の定めがない）と**即時抗告**（抗告期間の定めがある）があります。また、抗告審の決定に対する不服申立てである**再抗告**（民訴330条）もあります。ただし、抗告審が高等裁判所である場合、最高裁に対する再抗告はできません（再抗告は「訴訟法において特に定める抗告」ではなく、最高裁判所に裁判権がないからです。裁 7 条 2 号)。

第 3　上訴の要件

　いくつかありますが、重要なのは以下の 3 つです。

3 － 1　**原裁判所に書面で提起すること**

　原裁判所に限定することによって、上訴の有無を原裁判所の裁判所書記官が知ることができ、裁判の確定の有無を迅速に把握できます。

3 － 2　上訴期間を徒過していないこと

　上訴期間は上訴の種類によって異なります。上訴期間を徒過すると上訴権を喪失します。

(1)　控訴期間・上告期間

　判決正本の送達を受けた日から**2週間**です（民訴285条・313条）。

(2)　即時抗告期間

　裁判の告知を受けた日から**1週間**です（民訴332条）。ただし、他の法律（民事保全法や家事事件手続法等）では、2週間のものもあります（民保19条1項、家事86条1項等）。

3 － 3　上訴の利益があること

　控訴の利益（→127頁）参照

第4　上訴の効果

　上訴があると、裁判の確定が遮断されます（民訴116条・122条）。この効力を**確定遮断効**といいます。また、上訴があると、事件は上級裁判所に訴訟係属されます。この効力を**移審効**といいます。

第5　上訴に伴う強制執行停止の裁判

　上訴があると、判決の確定遮断効はありますが、判決に仮執行宣言があれば、強制執行が可能です（民執22条2号）。強制執行を防ぐためには、上訴とともに、強制執行の停止を求める裁判が必要となります（→224頁）。

【その他の不服申立て】

　控訴・上告・抗告以外の不服申立てについて、簡単に触れておきます。

①　異議（民訴378条等）

　　同一審級内での不服申立てです。例えば、少額訴訟の判決に対し、その判決をした裁判所に異議を申し立てることができます。

②　特別上告（民訴327条）

　　上告審が高等裁判所である場合、憲法違反を理由として、最高裁判所にさらに上告をすることができる制度です（上告期間2週間・確定遮断効なし）。

③　特別抗告（民訴336条）

　　　　高等裁判所の決定・命令等に対し、憲法違反を理由として、最高裁判所に特に抗告をすることができる制度です（抗告期間5日間・確定遮断効なし）。

④　許可抗告（民訴337条）

　　　　高等裁判所の決定・命令に対し、法令解釈の統一を理由として、最高裁判所に特に抗告をすることができる制度です（抗告期間5日間・確定遮断効なし）。高等裁判所（原裁判所）が許可した場合に最高裁判所で審理されます。

⑤　再審（民訴338条以下）

　　　　確定した裁判に対する不服申立てです。

13-2　控　訴

第1　控訴

　控訴は、第一審の終局判決に対する上訴です（中間判決に対しては控訴できません）。控訴審は、事実認定に対する不服と法律判断に対する不服について、その当否を審理します（事実審）。

> **【事実審と法律審】**
>
> 　裁判所は、当事者の主張と証拠に基づき、事実を認定し、その事実に法律を適用（法律判断）して権利の存否を判断します。第一審と控訴審は、事実認定と法律判断を行いますが、上告審は、控訴審が認定した事実を前提として、法律判断のみ行います。このことから、第一審と控訴審を事実審と呼び、上告審を法律審と呼びます。

第2　控訴裁判所

　第一審が簡易裁判所の場合は、地方裁判所が控訴裁判所となります。第一審が地方裁判所の場合は、高等裁判所が控訴裁判所となります。

第3　控訴の利益

　訴えを提起するためには訴えの利益が必要でした。それと同様に、控訴を提起するためには控訴を提起する利益が必要です。控訴の利益がないと、不適法なものとして控訴が却下されます（民訴290条）。例えば、第一審で自己に不利益な判決を受けていない者に対して控訴を認める必要はありません。何が不利

益となるかについては争いがありますが、原則として、次のとおりとなります。全部認容判決（原告全部勝訴判決）に対しては、被告のみが控訴の利益を有します。全部棄却判決（被告全部勝訴判決）に対しては、原告のみが控訴の利益を有します。一部認容・一部棄却判決に対しては、原告被告双方がそれぞれ認められなかった部分について、控訴の利益を有します。

第4　控訴の提起

　控訴の提起は、控訴期間（第一審の判決正本の送達を受けた日から2週間）内に、控訴状を第一審裁判所（その判決をした裁判所）に提出する方法で行います（民訴285条・286条1項）。控訴期間を徒過した控訴の提起は、第一審裁判所において決定で控訴が却下されます（民訴287条）。

第5　控訴状の作成《資料26》

5－1　管轄

　「管轄区域」（→72頁）を参照してください。控訴状の宛名は控訴審裁判所です。

5－2　当事者の表示

　控訴を提起する当事者を**控訴人**といい、控訴を提起された当事者を**被控訴人**といいます。

5－3　原判決の表示

　第一審判決の主文をそのまま表示します。

5－4　控訴の趣旨

　次頁の表のとおりとなります。

5－5　控訴理由

　控訴状に控訴理由（控訴を求める事由）の記載がないときは、控訴人は、**控訴提起後50日以内に控訴理由書を控訴裁判所に提出しなければなりません**（民訴規182条）。控訴理由が控訴の勝敗を決すると言っても過言ではありません（つぶやき㉒参照）。控訴期間は2週間しかなく、控訴理由を書く時間がありませんので、控訴状の控訴理由には、「追って理由書を提出する。」などと書いておきます。

第一審判決の主文	控訴人	控訴の趣旨	訴額 手数料の額
1　被告は、原告に対し、200万円及びこれに対する平成24年12月2日から支払済みまで年5分の割合による金員を支払え。 2　訴訟費用は被告の負担とする。 3　この判決は仮に執行することができる。	被告	1　原判決を取り消す。 2　被控訴人の請求を棄却する。 3　訴訟費用は、第1・2審とも被控訴人の負担とする。 との判決を求める。	200万円 2万2500円
1　原告の請求を棄却する。 2　訴訟費用は原告の負担とする。	原告	1　原判決を取り消す。 2　被控訴人は、控訴人に対し、200万円及びこれに対する平成24年12月2日から支払済みまで年5分の割合による金員を支払え。 3　訴訟費用は、第1・2審とも被控訴人の負担とする。 との判決並びに仮執行の宣言を求める。	200万円 2万2500円
1　被告は、原告に対し、90万円及びこれに対する平成24年12月2日から支払済みまで年5分の割合による金員を支払え。 2　原告のその余の請求を棄却する。 3　訴訟費用は被告の負担とする。 4　この判決は、第1項及び第3項に限り、仮に執行することができる。	被告	1　原判決中、控訴人敗訴部分を取り消す。 2　被控訴人の上記取消しに係る部分の請求を棄却する。 3　訴訟費用は、第1・2審とも被控訴人の負担とする。 との判決を求める。	90万円 1万3500円
	原告	1　原判決中、控訴人敗訴部分を取り消す。 2　被控訴人は、控訴人に対し、110万円及びこれに対する平成24年12月2日から支払済みまで年5分の割合による金員を支払え。 3　控訴費用は、被控訴人の負担とする。 との判決並びに仮執行の宣言を求める。 原判決を次のとおり変更する。 1　被控訴人は、控訴人に対し、200万円及びこれに対する平成24年12月2日から支払済みまで年5分の割合による金員を支払え。 2　訴訟費用は、第1・2審とも被控訴人の負担とする。 との判決並びに仮執行の宣言を求める。	110万円 1万6500円

5 - 6　控訴審の訴額と手数料の額

　控訴審の訴額は不服を申し立てる額となります。また、手数料の額は、訴額に応じて、民事訴訟費用等に関する法律の別表第1の1項下欄に定めるところにより算出した金額（第一審の手数料の額）の**1.5倍**となります（同別表1の2項）。実務では、早見表《資料2》に基づいて算出します。本事案の訴額と手数料の額は、前頁の表を参照してください。

第6　控訴状の提出

　控訴の提起に必要な書類は、下記の表のとおりであり、第一審裁判所の民事訟廷事務室（民事受付）に提出します（民訴286条1項）。控訴審裁判所に提出するのではないことに注意してください。

提出書類等	必要部数	本事案の場合 （全部認容判決に対する 被告控訴）
控訴状	正本（裁判所用）　1通 副本（被控訴人用）被控訴人の数	正本　1通 （印紙2万2500円貼付） 副本　1通
訴訟要件に関する資料（※） （訴訟委任状・資格証明書等）	裁判所用のみ（原本）	訴訟委任状　1通
送達費用（郵便費用）	裁判所に確認する	現金6000円

※　第一審の訴訟代理人が控訴状を提出する場合、通常、第一審の訴訟委任状には控訴の提起が委任事項に入っているので、本来であれば、控訴状提出の際、控訴提起の訴訟委任状を提出する必要はありません（民訴55条2項3号参照）。ただし、実務では、代理権を明確にするため、提出を求められています。また、法人の資格証明書も、代表者の交替等があるので、実務では提出を求められています。

第7　控訴審の審理手続

　控訴審では、第一審の資料に控訴審で新たに提出された資料を加えて判断資料とし、第一審判決のうち不服を申し立てられた部分について、正当か否か（理由があるか否か）を審査します（民訴296条2項・298条1項参照）。このような審理方式を**続審制**と呼びます。控訴審にも必要的口頭弁論の原則が適用されます。

> 【審理方式】
> ①　続　審　制：第一審の資料に控訴審の資料を加えて不服の当否を審査する制度
> ②　事後審制：第一審の資料のみで不服の当否を審査する制度
> ③　覆　審　制：控訴審で資料を集め直して請求の当否を審査する制度

第8　控訴審の終局判決

8－1　訴訟判決（控訴却下）

　控訴の要件を欠くときは、控訴が不適法であるとして、控訴を却下します（民訴290条）。

8－2　本案判決

(1)　控訴棄却判決

　不服申立てに理由がないときは、控訴を棄却します（民訴302条）。第一審判決を維持する判決（控訴人の敗訴判決）です。

(2)　控訴認容判決

　不服申立てに理由があるときは、第一審判決を取り消し、自ら判断（自判）します。第一審判決を取り消す場合、事件を第一審裁判所に差し戻すこともあります。例えば、第一審の訴え却下判決を取り消す場合です。この場合、第一審では本案に関する判断がされていないので、審級の利益を保護する必要があるからです。

> 【不利益変更禁止の原則】
> 　控訴審は、控訴人の不服部分の当否を判断します。したがって、控訴審において、第一審判決の変更・取消しができるのは、不服部分についてのみであり、不服のない部分については変更・取消しができません（民訴304条）。すなわち、控訴審は、控訴人にとって第一審判決より不利となる判決を言い渡すことができないということです。これを不利益変更禁止の原則といいます。
> 　例えば、100万円の支払を求める損害賠償請求事件において、第一審では、損害額が70万円と判断され、「70万円を支払え」という判決が言い渡されたとします。この場合、原告のみが控訴すると、控訴審の審判の範囲は控訴人（原告）の不服部分（棄却された30万円の部分）となります。控訴審において、損害額が70万円以上ないと判断されれば、控訴棄却の判決（第一審判決の維持）が言い渡されますが、それ以上に第一審判決より不利となる判決（例えば、第一審判決を変

更し、「50万円を支払え」という判決）を言い渡すことはできません。

【附帯控訴】

　附帯控訴は、被控訴人が、控訴人の控訴手続を利用して、審判の範囲を拡張し、第一審判決を自己に有利な判決に変更するための手続です。

　100万円の支払を求める損害賠償請求事件において、「70万円を支払え」という一部認容判決が言い渡された事例で考えてみます。

　控訴審では、控訴人の不服部分が審判の範囲となります。例えば、原告のみ控訴した場合、控訴人（原告）の不服部分（棄却された30万円の部分）が審判の範囲となります（下記①）。したがって、控訴審判決では、控訴人（原告）にとって第一審判決（70万円を支払え）より不利な判決となることはありません（不利益変更禁止の原則）。すなわち、控訴審で負けたとしても第一審判決の維持（控訴棄却）であり、上手くいけば、第一審判決より有利な判決（70万円を超える金額を支払う内容への変更）となります。他方、被控訴人（被告）にとっては、控訴審でどれだけ頑張ったとしても、第一審判決の維持（控訴棄却）に過ぎず、被控訴人に有利な判決（請求棄却判決や70万円未満を支払う内容への変更）となることはありません。そこで、審判の範囲を拡張し、被控訴人も第一審判決より有利な判決を得ることができる制度を設けました。この制度が附帯控訴です。

　被控訴人（被告）が自己に有利となる判決を得たいのであれば、被控訴人（被告）も控訴すればよかったのではないかと思うかもしれません。被控訴人（被告）も控訴すると、双方控訴となり、双方の不服部分（100万円全額）が審判の範囲となります（下記②）。しかし、例えば、被告の方が原告より控訴期間満了日が早く（判決正本の送達を受けた日が被告の方が早かった場合です）、被告の控訴期間満了日において、原告が控訴していなかったとします。この場合に、被告は、第一審判決に不服はあるものの、原告が控訴しないのであれば、第一審で

① **原告のみ控訴した場合**　　　　　　**被告が附帯控訴した場合**

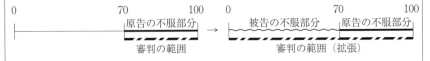

② **双方控訴した場合**

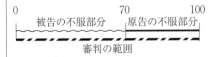

終えようと考えて控訴しなかったところ、その後、原告が控訴したという場合、控訴しなかった被告を責めることはできません。もし、附帯控訴という制度がなければ、相手方の控訴に備えて、とりあえず控訴するといった無駄な控訴を誘発しかねません。そこで、控訴審に巻き込まれることになった被控訴人にも有利な判決を得る機会を与え、不必要な控訴を防止しようとしたのです。ただし、附帯控訴は、控訴を前提としますので、その効力も付随的であり、控訴の取下げがあれば、効力を失います（民訴293条２項）。

第9　控訴の取下げ

　控訴人は、控訴審の終局判決があるまで、いつでも控訴を取り下げることができます（民訴292条１項）。被控訴人に不利益はないので、被控訴人の同意は不要です。有効な控訴の取下げがあると、控訴審の手続は遡及的に消滅し、第一審判決が確定します。

　訴えの取下げとは異なることに注意してください。例えば、第一審の一部認容判決に対し、原告のみが控訴した場合、控訴人（原告）が控訴を取り下げると、第一審の一部認容判決が確定します。他方、訴えを取り下げると、訴えが遡及的に消滅します。この場合、第一審の判決後の取下げですので、再訴できません（民訴262条２項）。

【つぶやき㉒】　第一審で敗訴した場合、別の弁護士に依頼すべきか？

　第一審で敗訴し、控訴したとしても、控訴審で逆転勝訴するのは容易ではありません。司法統計②（139頁）によると、判決総数のうち約４分の３が控訴棄却となっています。また、控訴審では、口頭弁論が開かれた事件のうち、約８割が１回で結審しています。第一審で敗訴した当事者にしてみれば、第一審で高いお金（第一審着手金）を払って弁護士に依頼し、さらに高いお金（控訴着手金）を払ったとしても、７割から８割くらいは、たった１回しか審理されず、かつ、負けてしまうということになります。高裁で負けても最高裁があると考えている当事者も少なくないですが、最高裁は法律審であり、憲法違反や法令違反が問題とならない多くの事件では高裁で負ければ終わりです。その高裁において、たった１回で審理が終わるとなると、控訴理由書が非常に重要になります。控訴理由書は控訴提起から50日以内に提出しなければなりません。長いと思うかもしれませんが、多くの事件を抱えている弁護士にとって、50日という期間は決して長くはありません。大阪高裁の調査では、114件中57件（50％）が提出期限を超えてお

り、うち20件（17.5％）は20日以上遅れていたようです（令和２年度司法事務協議会協議結果要旨57頁）。

　では、控訴理由書に何を書けば逆転勝訴できるのか。控訴理由書を書く際のポイントとして、高中正彦ほか『裁判書類作成・尋問技術のチェックポイント』（弘文堂、2022年）100頁以下では、「最終準備書面の焼き直しでは意味がない。」「原判決の批判に終始しても説得力に欠ける。」「原判決とは異なる視点の提示」という点を挙げています。私は、この本を読み、なるほど！と思いました。私も控訴理由書を読むことがありますが、残念ながら、第一審判決の批判に終始しているものが多いと感じます。控訴理由が第一審判決の批判に終始し、第一審判決とは異なる視点が全く提示されていないことが、たった１回で結審し、控訴棄却を生み出す大きな要因となっているのかもしれません。もっとも、第一審で負けた弁護士にしてみれば、自分の考えが認められなかったのですから、第一審判決の批判や自分の考えに固執してしまう心情も理解できます。しかし、それでは逆転勝訴は難しい。

　ではどうすべきか。訴訟代理権は審級代理です。第一審判決とは異なる視点を提示するためには、第一審とは別の弁護士に依頼するというのも一つの方法です。他の弁護士であれば、冷静に判決を分析できますし、控訴審の裁判官を説得できる新たな視点が見つかるかもしれません。ただし、新たに弁護士を探すのは大変ですし、その弁護士に一から事案を理解してもらうのは時間もかかります。弁護士を変更するのはリスクが伴います。私は、弁護士を変更するかどうかを見極める１つの判断材料として、第一審判決に対する弁護士の態度が参考になると思っています。判決内容を批判するのではなく、判決を書いた裁判官を批判するような弁護士であれば、弁護士を変更すべきでしょう。個人攻撃をするような弁護士が、第一審判決を客観的に分析し、控訴審の裁判官を説得できる控訴理由書を書けるとは到底思えないからです。

13－3　上　告

第1　上告

　上告は、控訴審の終局判決に対する上訴です。上告審は、法律判断に対する不服について、その当否を審理します（法律審）。

第 2　上告裁判所

　控訴審が地方裁判所の場合は、高等裁判所が上告裁判所となります。控訴審が高等裁判所の場合は、最高裁判所が上告裁判所となります。

第 3　上告の利益

　上告を提起するためには上告を提起する利益が必要です。上告の利益がないと、不適法なものとして上告が却下されます。例えば、控訴審で全部勝訴した当事者は上告の利益がありません。

第 4　上告理由

　上告理由は、控訴審判決に以下の違反がある場合に限定されています。

4 − 1　最高裁判所への上告理由

①　憲法違反（民訴312条 1 項）

②　重大な手続違反（民訴312条 2 項）

4 − 2　高等裁判所への上告理由

上記①と②に加えて、

③　判決に影響を及ぼすことが明らかな法令違反（民訴312条 3 項）

第 5　上告の提起

　上告の提起は、上告期間（控訴審の判決正本の送達を受けた日から 2 週間）内に、上告状を原裁判所（控訴審裁判所）に提出する方法で行います（民訴313条・285条・314条 1 項）。上告期間を徒過した控訴の提起は、原裁判所において決定で上告が却下されます（民訴316条）。

第 6　上告受理申立て

　現行民事訴訟法は、最高裁判所の負担を軽減するため、最高裁判所に対する上告理由を憲法違反と重大な手続違反に限定しました。しかし、最高裁判所は、法令解釈を統一する役目も負っています。そこで、最高裁判所が、原判決に判例違反や法令解釈に関する重要な事項が含まれると認めたときは、上告事件として事件を受理することができる制度を設けました。この制度が**上告受理申立**

てです（民訴318条1項）。上告受理決定があれば、上告があったものとみなされます。

第7　上告状・上告受理申立書の作成《資料27》

7-1　当事者の表示

　上告を提起する当事者を**上告人**といい、上告を提起された当事者を**被上告人**といいます。また、上告受理を申し立てる当事者を**申立人**といい、上告受理を申し立てられた当事者を**相手方**といいます。

7-2　原判決の表示

　原判決の主文をそのまま表示します。

7-3　上告の趣旨・上告受理申立ての趣旨

⑴　上告の趣旨

　「原判決を破棄し、さらに相当の裁判を求める。」と記載します。

⑵　上告受理申立ての趣旨

　「1　上告を受理する。」「2　原判決を破棄し、さらに相当の裁判を求める。」と記載します。

7-4　上告理由・上告受理申立ての理由

　上告状に上告理由の記載がないときは、上告人は、**上告提起通知書の送達を受けた日から50日以内**に、上告理由書を原裁判所（控訴審裁判所）に提出しなければなりません（民訴315条1項、民訴規194条）。この期間内に上告理由書を提出しないと、原裁判所において、上告却下されます（民訴316条1項2号）。上告理由は、上告の適法要件であるからです。上告受理申立ての理由についても同様です（民訴318条5項）。

7-5　上告審の訴額と手数料の額

　訴額は不服を申し立てる額となります。また、上告審の手数料の額は、訴額に応じて、民事訴訟費用等に関する法律の別表第1の1項下欄に定めるところにより算出した金額（一審の手数料の額）の**2倍**となります（同別表1の3項）。実務では早見表《資料2》に基づいて算出します。上告受理申立ても上告と同様です。なお、上告と上告受理申立てを同時に提起する場合（上告兼上告受理申立て）の手数料の額は、どちらか一方のみを提起する場合と同額です。

第8　上告状・上告受理申立書の提出

　上告の提起、上告受理申立てに必要な書類は、下記の表のとおりであり、控訴審裁判所の民事訟廷事務室（民事受付）に提出します（民訴314条1項）。上告審裁判所に提出するのではないことに注意してください。

提出書類等	必要部数	本事案の場合 （被告控訴棄却に対する 上告受理申立て）
上告状 上告受理申立書	正本（裁判所用）　　1通 副本（被上告人用）　被上告人の数	正本　1通 （印紙3万円貼付） 副本　1通
上告理由書（※） 上告受理申立理由書（※）	正本（裁判所用）　　1通 副本（裁判所用）　　6通（4通） 副本（被上告人用）　被上告人の数	正本　1通 副本　7通
訴訟要件に関する資料 （訴訟委任状・資格証明書等）	裁判所用のみ（原本）	訴訟委任状　1通
送達費用（郵便費用）	裁判所に確認する	郵券6074円分

※　上告理由書（上告受理申立理由書）は、上告提起通知書（上告受理申立て通知書）送達日から50日以内に提出する必要があり、上告状（上告受理申立書）提出時には提出する必要はありません（提出しても構いません）。裁判所用副本は上告審が最高裁判所のときは6通、上告審が高等裁判所のときは4通となります（民訴規195条）。

第9　上告の提起・上告受理申立て後の基本的な流れ

　上告の提起・上告受理申立て後の基本的な流れは次のとおりです。

①　上告の提起・上告受理申立て

　　↓

②　原裁判所は、当事者に対し、上告提起通知書・上告受理申立て通知書《資料28》を送達します。

　　↓

③　上告人（申立人）は、上告提起通知書・上告受理申立て通知書の送達を受けた日から50日以内に原裁判所に上告理由書・上告受理申立て理由書を提出します。提出しない場合は上告却下・上告受理申立却下されます。

　　↓

④　原裁判所は、上告裁判所に訴訟記録を送付します。

　　↓

⑤　上告裁判所は、当事者に対し、訴訟記録が到着したことを通知し《資料29》、審理を開始します。上告受理申立ての場合、上告を受理するかどうかの審理が開始され、上告を受理すると判断されると（上告受理決定）、上告があったものとみなされ、上告審の手続が開始されます。受理しないときは不受理決定となります《資料30》。司法統計③（140頁）によると、約97％が上告不受理決定となっています。

第10　上告審の審理手続及び裁判

　上告審は、法律審であり、基礎となる事実については、原判決において適法に確定した事実に拘束されます（民訴321条1項）。

10－1　上告却下決定

　上告の適法要件を欠く場合、上告を却下します（民訴317条）。

10－2　上告棄却

(1)　上告棄却判決

　上告に理由がないと認めるときは、口頭弁論を経ないで上告を棄却する判決を言い渡します（民訴319条）。

(2)　上告棄却決定

　当事者が上告理由として主張している理由が明らかに上告理由に該当しない場合には、決定で上告を棄却します（民訴317条2項）。司法統計③（140頁）によると、約97％が上告棄却決定となっています。

【上告棄却決定の主文及び理由】

第1　主文

1　本件上告を棄却する。

2　上告費用は上告人の負担とする。

第2　理由

　民事事件について最高裁判所に上告をすることが許されるのは、民訴法312条1項又は2項所定の場合に限られるところ、本件上告理由は、理由の不備をいうが、その実質は事実誤認又は単なる法令違反を主張するものであって、明らかに上記各項に規定する事由に該当しない。

10-3　原判決破棄の判決

　上告に理由があると認めるときは、原判決を破棄し、事件を原審に差し戻します（民訴325条1項・2項）。事件を原審に差し戻さず、自ら判断（自判）することもあります。

【司法統計②】　通常訴訟　控訴審（高等裁判所）　終局区分別既済事件数・口頭弁論の実施回数

| | 総数 | 判　　　　決 | | | | 和解 | 取下げ | 口頭弁論を実施した事件数 | 実施回数1回の事件数 |
		総数	棄却	取消し	却下				
2011年（H23）	19,205	10,875	8,268 76.0%	2,507 23.1%	34 0.3%	5,323	2,139	16,520	11,980 72.5%
2012年（H24）	18,986	11,429	8,839 77.3%	2,493 21.8%	40 0.3%	5,387	1,745	16,982	13,037 76.8%
2013年（H25）	17,072	9,917	7,748 78.1%	2,087 21.0%	28 0.3%	5,219	1,507	15,428	12,015 77.9%
2014年（H26）	15,308	8,824	6,774 76.8%	1,965 22.3%	21 0.2%	5,041	1,076	14,047	10,977 78.1%
2015年（H27）	15,622	8,935	6,748 75.5%	2,107 23.6%	10 0.1%	4,931	1,207	14,163	11,019 77.8%
2016年（H28）	14,415	8,484	6,361 75.0%	2,037 24.0%	15 0.2%	4,604	915	13,264	10,264 77.4%
2017年（H29）	13,744	7,974	5,993 75.2%	1,892 23.7%	14 0.2%	4,365	894	12,538	9,830 78.4%
2018年（H30）	12,922	7,593	5,709 75.2%	1,792 23.6%	22 0.3%	4,151	773	11,821	9,229 78.1%
2019年（H31・R1）	12,228	7,176	5,493 76.5%	1,596 22.2%	27 0.4%	3,978	757	11,375	8,844 77.7%
2020年（R2）	10,398	5,956	4,510 75.7%	1,346 22.6%	33 0.6%	3,273	874	9,309	7,338 78.8%
2021年（R3）	12,109	7,286	5,631 77.3%	1,575 21.6%	30 0.4%	3,556	905	10,899	8,801 80.8%

※　最高裁判所事務総局編『司法統計年報（民事・行政編）』（平成23年〜令和3年・第37表・第41表）に基づく

【司法統計③】　民事訴訟　上告審（最高裁判所）　終局区分別既済事件数

| | 上　　　告 | | | | | | | 上　告　受　理 | | | | | |
| | 総数 | 判決棄却 | 判決破棄 | 判決以外の事由 | | | | 総数 | 判決棄却 | 判決破棄 | 判決以外の事由 | | |
				決定却下	決定棄却	和解	取下げ				決定不受理	和解	取下げ
2011年(H23)	1,862	3	2	46	1,783	1	22	2,101	13	51	1,992	1	35
2012年(H24)	2,272	–	2	56	2,176	2	34	2,825	15	36	2,701	3	53
2013年(H25)	2,281	1	2	59	2,183	–	29	2,815	8	20	2,731	–	41
2014年(H26)	2,075	2	3	30	2,020	1	15	2,709	8	29	2,614	1	37
2015年(H27)	2,033	3	3	22	1,985	1	16	2,620	8	22	2,549	1	19
2016年(H28)	1,970	–	5	29	1,920	–	15	2,506	9	22	2,436	1	21
2017年(H29)	1,788	1	–	26	1,749	1	6	2,244	9	14	2,199	–	12
2018年(H30)	1,711	1	1	29	1,666	–	12	2,063	9	16	2,013	–	15
2019年(H31·R1)	1,679	–	–	15	1,656	–	7	2,079	2	27	2,020	1	18
2020年(R2)	1,535	–	–	20	1,505	–	8	1,910	5	27	1,853	–	12
2021年(R3)	1,570	–	–	22	1,536	1	9	1,916	8	20	1,868	2	9

※　最高裁判所事務総局編『司法統計年報（民事・行政編）』（平成23年〜令和3年・第55表）に基づく

第14講　訴訟記録の閲覧・謄写

第１　訴訟記録

　訴訟記録（事件記録ともいいます）とは、当事者が裁判所に提出した書類や裁判所が作成した書類等を各事件ごとに編綴したものをいいます。訴訟記録は、第１分類（弁論関係書類：訴状、準備書面、口頭弁論調書、判決書等）、第２分類（証拠関係書類：証拠申出書、書証、証拠調べ調書等）、第３分類（その他の書類：訴訟委任状、期日請書等）と大きく３つに分けて編綴されています。

　訴訟記録は裁判所書記官が管理しています（裁60条２項）。訴訟係属中はその担当部が訴訟記録を保管していますが、事件完結後は当該事件の第一審裁判所（記録係）が保管しています（最高裁事件記録等保存規程３条１項）。民事通常訴訟の場合、訴訟記録の保存期間は事件完結後５年、判決書原本は50年となっており（同規程４条１項別表第１第３項）、保存期間が経過すると廃棄されます（同規程８条１項）。なお、判決書原本は、保存期間経過後も移管を考慮し、廃棄を留保する取扱いとなっています。

第２　訴訟記録の閲覧・謄写

２－１　閲覧

　民事事件の訴訟記録は、誰でも閲覧することができます（民訴91条１項）。裁判の公開を徹底させるため、一般人にも事件の内容を知る機会を与える趣旨で認められました。

２－２　謄写

　訴訟記録の謄写（コピー）は、当事者及び利害関係人に限り認められます（民訴91条３項）。なお、利害関係人が請求する場合は、法律上の利害関係を疎明する資料を提出する必要があります。

２－３　手数料

　１件につき150円の手数料（収入印紙）が必要です（民訴費７条別表第２の１

項〔令４法施行後別表３の１項〕）。ただし、事件係属中に当事者が請求する場合は不要です。なお、謄写の場合は、別途、謄写費用（コピー代）が必要です。

2－4　請求方法

　閲覧・謄写申請用紙（民事事件記録等閲覧・謄写票）《資料31》に必要事項を記載して押印し、収入印紙を貼付の上、訴訟記録を保管している裁判所（裁判所書記官）に請求します。

　謄写は、裁判所が指定するコピー機を利用する方法や、裁判所が指定する謄写業者に依頼する方法があります。例えば、京都地裁・京都家裁・京都簡裁の訴訟記録については、京都弁護士協同組合が謄写代行事業をしています（料金は、白黒１枚46円、カラー１枚90円です）。

【つぶやき㉓】　訴訟記録の閲覧

　民事事件の訴訟記録は、原則として誰でも閲覧することができます。私は、判例評釈を書くため、訴訟記録を二度閲覧したことがあります（仕事では証人尋問調書等を謄写申請することはよくあります）。いずれも最高裁判例です。

　二度目のときは、東京地裁に差戻しの事件でした。東京地裁の民事受付に電話すると、大阪地裁に移送されたとのことでした。大阪地裁の民事受付に電話すると、係属中とのことで、担当部に電話を回してもらい、閲覧の予約をしました（係属中の事件は裁判官や書記官が記録を使用していることがあるので、予約は必須です）。当日、午後から休暇を取って大阪地裁へ。係属中の事件なので、記録係ではなく担当部の書記官室での閲覧となりました。身分証明書を提示し、閲覧申請書《資料31》に必要事項（閲覧理由を書く必要はありませんが、「判例研究」と書きました）を記載して押印し、手数料150円分の収入印紙を貼りました（事前に郵便局で購入しました）。訴訟記録を受け取り、書記官室の空いている机と椅子を借りて閲覧しました。写真を撮ることはできないので、ひたすらメモを取りました。

　みなさんも、是非一度、訴訟記録を閲覧してください（通常訴訟の訴訟記録の保存期間は事件完結後５年です）。当事者の生の主張や証拠を見ることができます。訴訟記録がこんなにも分厚くて何冊もあるんだということに驚くかもしれません。令和４年改正法が施行されると、訴訟記録は原則として電子化されます。訴訟記録は裁判所内に設置された端末で閲覧できるようになるようです（当事者は裁判所外の端末でも閲覧でき、印刷もできる予定です）。紙媒体の訴訟記録を閲覧できるのは今のうちですよ。

第3編 民事執行手続

第1講　民事執行の種類

民事執行は、私法上の権利を国家機関により強制的に実現する手続です。

民事執行は、大きく4種類に分類されます。①強制執行、②担保権の実行、③形式的競売、④財産状況の調査です。

```
①強制執行──── 金銭執行 ──── 不動産執行 ──── 強制競売
                                        └── 強制管理
                          ── 動産執行
                          ── 債権その他の財産権に対する執行
                          └─ 準不動産執行
                             （船舶・航空機・自動車・建設機械・小型船舶）
            └─ 非金銭執行 ── 物の引渡請求権の執行
                          ── 作為・不作為請求権の執行
                          ── 子の引渡請求権の執行
                          └─ 意思表示の擬制
②担保権の実行
③形式的競売（換価のための競売）
④財産状況の調査 ──────── 財産開示手続
                       └── 第三者からの情報取得手続
```

第1　強制執行

強制執行は、債務名義（判決・和解調書等）に表示された請求権を強制的に実現する手続です（民執第2章）。

【具体例】　強制執行

中堂慎司は、水島透子に対して200万円を貸し付けましたが、水島透子は返済期日を過ぎても返済しません。そこで、中堂慎司は、水島透子を被告として、200万円の支払を求める訴えを裁判所に提起し、「200万円を支払え」という勝訴判決を得ました。

それでも水島透子が任意に支払わない場合、中堂慎司は、この判決に表示された200万円の金銭債権を実現するため、強制執行を申し立てることができます。

　強制執行は、債権者の申立てに基づき、裁判所が債務者の財産を差し押さえて、その財産を換価し、その換価代金を債権者に支払う（交付又は配当する）という手続です。どの財産を対象とするのかによって、執行方法が異なります。例えば、不動産を対象とする場合は、裁判所がその不動産を差し押さえて売却し、その売却代金を中堂慎司に交付（又は配当）します。銀行の預金債権を対象とする場合は、裁判所がその預金債権を差し押さえ、その差し押さえた預金を中堂慎司が銀行から直接取り立てるのが一般です。

　中堂慎司は、強制執行をすることによって、実際に200万円を回収することができます。もっとも、中堂慎司が200万円全額を回収できるのは、水島透子が200万円以上の価値のある財産を有している場合です。また、その財産の所在を中堂慎司が知っている必要もあります。水島透子が強制執行の対象となる財産を有していない場合、回収は困難です。

第2　担保権の実行

　担保権の実行は、担保権（抵当権、質権、先取特権）に基づき、その目的物（不動産や動産等）を換価して、被担保債権の満足を図る手続です（民執第3章）。

> **【具体例】　抵当権設定契約**
>
> 　前述の強制執行の具体例において、中堂慎司が、金銭を貸し付ける際に、水島透子が所有している不動産を「担保にとる」、例えば、不動産に抵当権（民369条以下）を設定しておけば（抵当権設定契約）、中堂慎司は、水島透子が債務を履行しない場合、訴えを提起することなく、担保権の実行としての不動産競売を申し立てることができます（民執181条1項）。

第3　形式的競売（換価のための競売）

　形式的競売は、債権の満足を目的とするのではなく、目的物を換価することを目的とする手続です。民法、商法その他の法律において、競売手続によって換価を行う旨定められている場合に、担保権の実行としての競売手続を利用することにしたものです（民執195条）。

> **【具体例】　共有物分割**
>
> 　共有物の分割について共有者間に協議が調わないとき、又は協議をすることが

できないときは、その分割を裁判所に請求することができます（民258条1項）。その場合に、現物分割や価格賠償によって分割することができないとき、又は分割によってその価格を著しく減少させるおそれがあるときは、裁判所はその競売を命ずることができます（同条3項）。この命令に基づいて実施する手続が形式的競売です。

第4　財産状況の調査

　強制執行を申し立てるためには、債権者が債務者の財産を特定する必要があります。しかし、債権者は、債務者がどのような財産を有しているか知らないことが多いです。そこで、債務者の財産を調査するための制度として、**①財産開示手続**と**②第三者からの情報取得手続**という2つの制度が設けられています（民執第4章）。

> 【具体例】　財産開示手続
>
> 　中堂慎司は、水島透子を被告として、200万円の支払を求める訴えを裁判所に提起し、「200万円を支払え」という勝訴判決を得ました。しかし、水島透子は任意に支払いません。中堂慎司は、強制執行を申し立てるため、水島透子の財産を調べましたが、水島透子の住所は賃借物件であり、水島透子の勤務先もわからず、どこの銀行に預金口座があるのかもわかりません。
>
> 　そこで、中堂慎司は、財産開示手続を申し立てたところ、水島透子は、財産開示期日に出頭し、預金と給与（勤務先）の財産を陳述しました。中堂慎司は、陳述によって知り得た財産（預金債権・給与債権）について、強制執行（債権執行）を申し立てることによって、200万円を回収することが可能となります。もっとも、預金の差押え前に出金されたり、給与の差押え前に退職されたりすると、回収は困難です。

【司法統計④】　民事執行新受件数（全国）

| | 強制執行 | | | | | | | | | | 担保権の実行 | | | | 財産開示 |
| | 金銭執行 | | | | | 非金銭執行 | | | | | | | | | |
	強制競売 （ヌ）	強制管理 （ス）	動産執行 （執イ）	債権執行 （ル）	少額訴訟債権執行 （少ル）	不動産の引渡し （執口）	動産の引渡し （執口）	代替執行 （ヲ）	間接強制 （ヲ）	子の引渡し （執口）	担保不動産競売 （ケ）	担保不動産収益執行 （ケ）	動産競売 （執イ）	債権担保権実行 （ナ）	財産開示 （財チ）
2011年(H23)	4,673	-	44,470	108,964	1,095	27,140	365	536	62	138	38,922	-	110	2,536	1,124
2012年(H24)	4,329	-	35,202	111,963	1,177	25,354	411	549	62	128	34,633	-	90	2,017	1,086
2013年(H25)	4,200	3	25,301	114,591	1,057	24,554	437	542	80	152	29,519	87	74	1,842	979
2014年(H26)	4,129	6	23,675	118,646	1,007	22,878	390	462	66	97	23,956	72	166	1,523	919
2015年(H27)	4,463	1	25,196	113,247	975	22,020	487	491	89	97	21,007	54	60	1,366	791
2016年(H28)	4,702	2	25,247	113,931	1,000	21,866	402	458	73	116	18,808	43	109	1,234	732
2017年(H29)	4,726	5	24,405	119,288	844	22,749	456	409	93	106	17,243	44	102	1,115	686
2018年(H30)	5,064	1	20,176	119,034	791	22,922	395	416	89	83	16,531	37	161	1,145	578
2019年(H31·R1)	5,524	5	18,384	130,565	726	23,712	459	369	85	123	15,748	47	118	1,152	577
2020年(R2)	4,861	5	13,788	118,528	577	23,344	363	344	80	56	12,844	73	80	1,182	3,930

※1　強制競売、債権執行、少額訴訟債権執行、担保不動産競売、債権担保権実行、財産開示の各件数は、最高裁判所事務総局編『司法統計年報（民事・行政編）』（令和2年・第1-2表）に基づく。不動産の引渡し、子の引渡しの件数は、同年報（H23〜R2・第104表）に基づく。

※2　強制管理、動産執行、動産の引渡し、代替執行、間接強制、子の引渡し、強制競売、担保不動産競売、動産競売の各件数は、最高裁判所の司法行政文書開示及び情報提供（R4.7.11開示通知）に基づく（強制管理及び担保不動産収益執行の平成23年及び平成24年の各件数は、司法行政文書の保存期間満了により廃棄済みとのことである。）。

※3　代替執行は執行裁判所に対する授権決定の申立て（民執171条1項）である（執行官に対する授権決定の執行の申立てではない。）。

※4　間接強制は執行裁判所に対する申立て（民執172条1項）である。

※5　子の引渡しは執行官に対する執行（引渡実施）の申立て（民執195条）の申立てである。

※6　最高裁判所に対し、形式的競売（民執195条）の新受件数の開示を求めたところ、作成又は取得していないとのことであった（R4.7.11不開示通知）。

第2講　強制執行の種類と執行方法

第1　金銭執行と非金銭執行

　強制執行は、請求権が金銭債権（金銭の支払を目的とする債権）か非金銭債権（金銭の支払を目的としない権利）かによって執行方法が大きく異なります。

　金銭債権は、金銭の回収が目的です。したがって、債務者の財産を金銭に換え（換価）、その換価した金銭を受け取ることによって目的を達成することができます。金銭債権を実現するための強制執行を**金銭執行**といいます（民執第2章第2節）。

　非金銭債権は、金銭の回収が目的ではありません。例えば、物の引渡しを求める債権（例：自動車の引渡し）の場合は、その物（自動車）を引き渡してもらうことが目的ですし、作為を求める債権（例：自動車の修理）の場合は、その作為（修理）をしてもらうことが目的です。目的によって実現方法は異なります。非金銭債権を実現するための強制執行を**非金銭執行**といいます（民執第2章第3節）。

第2　金銭執行の種類

　金銭執行は、金銭債権を実現するための強制執行です。金銭債権は、債務者の財産を金銭に換え（換価）、その金銭を受け取ることによって目的を達成することができます。どの財産を対象とするのかによって執行方法が異なります。不動産を対象とする強制執行を**不動産執行**、動産を対象とする強制執行を**動産執行**、債権を対象とする強制執行を**債権執行**といいます。

2－1　不動産執行

(1)　強制競売　〔➡第4講〕

　裁判所が債務者の所有する不動産を差し押さえて売却し、その売却代金を債権者に交付（又は配当）する強制執行です（民執45条以下）。

(2)　強制管理

　不動産を売却するのではなく、裁判所が選任した管理人（弁護士や執行官）に管理収益させ、その収益（賃料等）を債権者に交付（又は配当）する強制執行です（民執93条以下）。

2 - 2　動産執行　〔➡第 5 講〕

　執行官が債務者の所有する動産を差し押さえて売却し、その売却代金を債権者に交付（又は配当）する強制執行です（民執122条以下）。

2 - 3　債権執行　〔➡第 6 講〕

　裁判所が債務者の有する債権を差し押さえ、原則として、その差し押さえた債権を債権者自身が直接取り立てる強制執行です（民執143条以下）。

　また、その他の財産権（特許権、ゴルフ会員権等）を差し押さえて売却又は譲渡する強制執行もあり、原則として債権執行に準じた手続となります（民執167条 1 項）。

2 - 4　準不動産執行

　船舶（民執112条）、航空機（民執規84条）、自動車（民執規86条）、建設機械（民執規98条）、小型船舶（民執規98条の 2 ）は動産ですが、不動産と同様の登録制度があるので、動産執行ではなく、不動産執行に準じた執行となります。なお、軽自動車は動産執行となります。

【差押え】

　差押えとは、債務者の処分を禁止し、執行機関の支配下に置くことです。金銭執行は差押えによって開始します。差押えの方法は、不動産は裁判所の差押決定、動産は執行官による占有、債権は裁判所の債務者に対する処分禁止命令及び第三債務者に対する弁済禁止命令によります。また、取引安全のために公示が必要となり、不動産は登記、動産は執行官による占有、債権は第三債務者に対する弁済禁止命令の送達によります。

第3　非金銭執行の種類

3 - 1　非金銭債権の種類

(1)　物の引渡しを求める請求権（〜を引き渡せ！）

　不動産や動産の引渡しを求める請求権です。

(2)　作為を求める請求権（〜しろ！）

　作為を求める請求権には、代替的作為を求める請求権と不代替的作為を求める請求権があります。

　代替的作為とは、債務者以外の者でも債務の内容を実現することが可能な作為のことです。債権者にとって、債務者本人が履行しても債務者以外の者が履行しても、結果に影響がない作為です。例えば、車の修理、建物収去等です。

　不代替的作為とは、債務の内容を第三者が代わってすることができない性質の作為のことです。債務者本人でないと履行できないものや債務者本人が履行しないと意味がないものです。例えば、子どもを面会させる義務、出演義務などです。

(3)　不作為を求める請求権（〜するな！）

　不作為とは、債務者が一定の行為をしないことです。債務者の積極的な作為を禁止することを求めたり、債権者の行為を妨害しないことを求めるものです。例えば、建築禁止、通行妨害禁止等です。

(4)　意思表示を求める請求権（意思表示をしろ！）

　典型例は、登記申請の意思表示を求める請求権です（不登16条1項）。例えば、不動産売買を原因として、売主から買主に所有権の移転登記をするためには、登記所（登記官）に対し、売主と買主が共同して所有権移転登記申請の意思表示をする必要があり（共同申請の原則）、買主は売主に対し、所有権移転登記申請の意思表示を求める請求権を有しています。

3−2　非金銭債権の執行方法

(1)　直接強制

　執行機関の実力行使で債務を履行する執行方法です。原則的な執行方法であり、物の引渡しを求める請求権の強制執行は、直接強制の方法で行うのが原則となります。不動産と動産とは執行方法が異なります。

　ア　不動産の引渡し・明渡しの強制執行　　〔➡第7講〕

　執行官が債務者の不動産に対する占有を解いて、債権者に占有を取得させる方法で行います（民執168条1項）。

　イ　動産の引渡しの強制執行

　執行官が債務者から目的動産を取り上げて、債権者に引き渡す方法で行いま

す（民執169条 1 項）。

(2)　代替執行

　債務者以外の者に債務の内容を履行させて、その費用を債務者から取り立てるという執行方法です（民執171条 1 項）。

　代替的作為を求める請求権の強制執行は、代替執行の方法で行います。具体的には、第一段階として、裁判所は、作為を実施する権限を債務者以外の者（執行官が指定されることが多いです）に授けます（授権決定）。第二段階として、授権を受けた者が作為を実施します（執行官が授権を受けた場合、債権者は執行官に対して作為の実施を申し立てます）。

　代替執行の費用は、授権決定の申立ての際に、概算額をあらかじめ債権者に支払うことを求めることができます（同条 3 項）。実施後は、執行費用額確定処分の申立て（民執42条 4 項）をします。債務者が実施費用を支払わない場合、債権者は金銭執行によって取り立てることができます。

【授権決定の主文例（建物収去の場合）】

　債権者の申立てを受けた○○地方裁判所の執行官は、別紙目録記載の建物を債務者の費用で収去することができる。

---

(3)　間接強制

　債務者に対し、債務を履行しない場合には一定額の金銭の支払を命じることによって、債務者に心理的な圧力を加え、債務者の意思によって債務を履行させる執行方法です（民執172条）。不代替的作為を求める請求権と不作為を求める請求権の強制執行は、間接強制の方法で行います。ただし、芸術作品を制作する債務のように、債務者に心理的な圧力を加えて強制したのでは債務の本来の目的を達成できないような債務は、間接強制はできないと解されています（履行を強制する方法がないことになります）。

　なお、物の引渡しを求める請求権と代替的作為を求める請求権の強制執行は、間接強制の方法で行うこともできます。

　間接強制で命じられた金員を債務者が支払わない場合、債権者は金銭執行によって取り立てることができます。

【間接強制の主文例（面会交流の場合：不代替的作為）】
1　債務者は、債権者に対し、別紙面会交流要領記載の内容にて面会交流することを許さなければならない。
2　債務者が、本決定の告知を受けた日以降、前項の義務を履行しないときは、債務者は債権者に対し、不履行1回につき5万円の割合による金員を支払え。

【間接強制の主文例（通行妨害の場合：不作為）】
1　債務者は、別紙記載の通路を債権者が通行することを妨害してはならない。
2　債務者が、債権者の通行を妨害したときは、債務者は、債権者に対し、1日につき10万円の割合による金員を支払え。

【Q】通行妨害の間接強制において、債務者が通路に妨害物を設置した場合、債権者はどのようにしてその妨害物を撤去すれば良いか？
【A】間接強制の決定正本を債務名義として、妨害物撤去の代替執行（又は間接強制）を行います。

(4)　意思表示の擬制

　意思表示を求める請求権は、不代替的債務なので間接強制となるはずですが、債権者にとって、意思表示を求める請求権は、債務者が実際に意思表示をすることが必要なのではなく、債務者が意思表示をしたのと同一の法律効果が発生すれば目的を達します。そこで、意思表示を命じる判決が確定すれば、その確定したときに、債務者が意思表示をしたものとみなすこととしました（民執177条1項）。したがって、執行手続は不要です。例えば、不動産の買主は、判決正本と判決確定証明書を添付すれば、単独で所有権移転の登記申請をすることができます。

【所有権移転登記手続請求訴訟の主文例】
　被告は、原告に対し、別紙物件目録記載の不動産につき、令和○年○月○日売買を原因とする所有権移転登記手続をせよ。

(5)　子の引渡しの強制執行　〔➡第8講〕

　子の引渡しの強制執行は、執行裁判所が執行官に子の引渡しを実施させる方法で行います（民執174条以下）。

第3講　強制執行総論

【事案の概要】

なか　どう　しん　じ
中　堂　慎　司　　　　200万円貸付　　　　みず　しま　とう　こ
水　島　透　子

① 中堂慎司（住所：京都市右京区太秦下刑部町10番地吉山パレス101号）は、水島透子（住所：京都市伏見区深草西浦町四丁目53山本ハイツ303号）に対し、2008（平成20）年12月1日、返済期日を2012（平成24）年12月1日と定め、利息・損害金については定めずに、200万円を貸し付けました。
② 水島透子は、返済期日を過ぎても返済しません。
③ 中堂慎司は、弁護士美山彩に依頼し、2023（令和5）年1月23日、水島透子を被告として、京都地方裁判所に訴えを提起しました。
④ この訴訟において、京都地方裁判所は、2023（令和5）年8月17日、以下のとおりの判決を言い渡しました。
　主文
　1　被告は、原告に対し、200万円及びこれに対する平成24年12月2日から支払済みまで年5分の割合による金員を支払え。
　2　訴訟費用は被告の負担とする。
　3　この判決は、仮に執行することができる。

第1　執行機関

　わが国の民事訴訟制度は、執行の迅速と効率を図るため、権利判定手続（判決手続）と執行手続とを異なる機関に担当させることにしました。執行手続を担当する国家機関（司法機関）を**執行機関**と呼びます。執行機関は、執行裁判所及び執行官で構成されています（民執2条）。**執行裁判所**は、原則として、地方裁判所であり（例外：家庭裁判所・簡易裁判所）、単独の裁判官によって構

成されています。**執行官**は、裁判の執行等を行う独立かつ単独制の司法機関であり、各地方裁判所に所属しています（裁62条1項）。

　どちらの機関がどの手続を担当するかは、法律で規定されています。例えば、不動産執行や債権執行は執行裁判所が担当し（民執44条・143条）、動産執行や不動産の明渡執行は執行官が担当します（民執122条・168条）。大雑把に言うと、裁判所の建物内で手続を進めることができる執行（デスクワーク）は執行裁判所が担当し、現場に赴いて実力行使が必要となる執行（体を張る）は執行官が担当します。もっとも、執行裁判所と執行官との間には、監督関係や協力関係もあり、1つの執行が1つの執行機関のみで進められるとは限りません。

【つぶやき㉔】　執行官になるためには

　執行官は、俸給制ではなく、手数料制（債権者からの手数料を収入源とする）の国家公務員です。2004年には全国に650人の執行官がいましたが、取扱事件数の減少に伴い、2022年4月現在、258人に減っています。これまでに女性の執行官はいません（受験者はいます）。

　執行官になるためには、執行官採用選考試験に合格する必要があります。欠員が生じた地方裁判所において募集・採用されます（毎年7月頃、裁判所のホームページに採用試験実施庁が掲示されます）。昔は、裁判所書記官等の公務員しか受験できませんでしたが、1999年に試験制度が見直され、民間人も受験することができるようになりました。現在の受験資格は、「法律に関する実務を経験した年数が通算して10年以上である者」となっており、法律事務職員も受験できます。

　不動産の引渡し（明渡し）の執行の際には、債権者が立ち会う必要があり、私も債権者復代理人として10数回立ち会った経験があります。幸いにも債務者に暴れられた経験はありませんが、動産執行や物の引渡しの執行等では、債務者の抵抗を受ける場合も多いと聞きます。権利を実現するためには、執行官の何事にも動じない精神力、粘り強さ、交渉力が欠かせません。執行官は権利の実現に不可欠の存在です。

　私は、法律事務職員となって丸15年経った時（当時の受験資格は実務経験15年以上でした）、興味本位で執行官採用試験の願書を提出したことがあります。受験資格は認められましたが、願書提出後、執行官（元法律事務職員）から職務内容を詳しく聞かせてもらう機会があり、何事にも動じない精神力がない私には向いていないことがよくわかり、受験しませんでした。

第2　強制執行の管轄

　管轄とは、裁判所間の裁判事務の分担の定めのことです。強制執行は、管轄権を有する執行裁判所又は執行官に申し立てる必要があります。強制執行の管轄は専属管轄です（民執19条）。**専属管轄**とは、管轄に関する一般規定の適用が排除され、法律で定められた裁判所のみが管轄権を有し、その他の裁判所に管轄が生じる余地のないものをいいます。例えば、民事訴訟の事物管轄や土地管轄では、当事者の合意による管轄（合意管轄）が認められましたが、強制執行では認められません。

第3　強制執行の当事者・代理人

3－1　当事者

　強制執行を申し立てた者を**債権者**、申立ての相手方を**債務者**といいます。

3－2　代理人

⑴　執行裁判所が行う手続

　訴訟代理人の資格を有する者（民訴54条1項）のほか、執行裁判所の許可を得て、家族・従業員等が代理人となることができます（民執13条）。

⑵　執行官が行う手続

　誰でも代理人となることができます。

第4　債務名義と執行文

　強制執行をするためには、債務名義の**正本**が必要であり、原則として、その債務名義によって強制執行ができる旨を記載した**執行文**が付与されている必要があります（民執25条）。債務名義の「謄本」では強制執行をすることができないことに注意してください（正本と謄本との違いは112頁参照）。債務名義の「正本」には、「これは正本である。」《資料22－2》という認証文言が記載されています。

4－1　債務名義

⑴　債務名義

　債務名義とは、私法上の給付請求権の存在と範囲を明示し、法律によって強制執行をすることが認められた公的な文書のことです。強制執行は、債務者の

財産権を侵害するものですから、強制執行が是認されるためには、実体法上の権利が存在することについて、高度の蓋然性が必要です。そこで、民事執行法は、強制執行を実施する要件として、権利が存在することを公的に証明する文書の提出を要求しました。この文書が**債務名義**です。

(2)　債務名義の種類

　どのようなものが債務名義となるかは、民事執行法22条に規定されています。債務名義は、国家機関が、原則として、債務者自身に関与する機会を与えて作成した文書であり、債務者の財産権に侵害を加えることの正当性を担保しています。ここでは、債務名義の主なものを説明します。

ア　確定判決（民執22条1号）

　確定判決とは、上訴ができない状態に達した判決のことです。請求認容判決には、給付判決、確認判決、形成判決がありますが、債務名義となるのは、これらの判決のうち、**給付判決のみ**です。

イ　仮執行宣言付判決（民執22条2号）

　仮執行宣言付判決とは、判決の主文に「この判決は、仮に執行することができる」という記載（仮執行宣言）が付された判決のことです《資料22》。

ウ　仮執行宣言付支払督促（民執22条4号）

　支払督促とは、金銭等の給付を目的とする請求について、簡易裁判所の裁判所書記官が発する処分のことです（民訴382条）。債務者が支払督促の送達を受けた日から2週間以内に督促異議を申し立てなければ、債権者は、支払督促に仮執行宣言を付すことを申し立てることができます。この支払督促に仮執行宣言が付されたものが**仮執行宣言付支払督促**です。

エ　執行証書（民執22条5号）

　執行証書とは、公証人がその権限に基づき作成した公正証書のうち、一定の金銭の支払等を目的とする請求が表示され、かつ、債務者が直ちに強制執行に服する旨の陳述（強制執行受諾文言）が記載されているものをいいます。

　公証人は、主に裁判官や検察官からの公募により任命され、法務局に所属し、公証人役場（全国約300箇所）で執務しています。俸給制ではなく、手数料制（当事者からの手数料を収入源とする）の公務員です。公証人は、当事者から委託を受けて、契約書や遺言書を作成したり、定款に認証をしたりしています。

私人間の法的紛争を未然に防ぎ、法律関係の明確化、安定化を図ることを目的としています。公証人が作成した契約書には強い証拠力があります。

オ　確定判決と同一の効力を有するもの（民執22条 7 号）

例えば、和解調書《資料24》、請求認諾調書等です。

4 － 2　執行文

執行文とは、債務名義に執行力が現存すること及び執行力の及ぶ主観的、客観的範囲を公的に証明する文書のことであり、債務名義の正本の末尾に付されるものです。簡単に言うと、執行文は、「この債務名義で強制執行をしても良いですよ」という債務名義作成機関のお墨付きです。このお墨付きがあることによって、執行機関は安心して強制執行をすることができます。

(1)　執行文の種類

ア　単純執行文（民執26条）

債務名義の内容について、条件や期限がなく、当事者の変動もない場合に付与される最も基本的な執行文です。債務名義に**執行力が現存すること**を証明します。ただし、単純執行文を不要とする債務名義もあります。例えば、仮執行宣言付支払督促（民執25条ただし書）、少額訴訟確定判決（民執25条ただし書）、仮執行宣言付少額訴訟判決（民執25条ただし書）、家事審判（家事75条）、家事事件手続法別表第 2 に掲げる事項に関する家事調停（家事268条 1 項）は、単純執行文が不要です。

イ　条件成就（事実到来）執行文（民執27条 1 項）

債務名義に**停止条件**（民127条 1 項参照）や**不確定期限**（民412条 2 項参照）が付されているなど、「請求が債権者の証明すべき事実の到来」にかかる場合に必要となる執行文です。債権者が事実の到来を文書で証明したときに付与されます。

【Q】条件・期限とは何か？

【A】条件は、法律効果の発生又は消滅を将来到来するかどうか不確実な事実にかからせることです。条件が成就すると法律効果が発生するのが**停止条件**、条件が成就すると法律効果が消滅するのが**解除条件**です。他方、期限は、法律効果の発生又は消滅を将来到来することの確実な事実にかからせることです。いつ到来するか確実なのが**確定期限**、いつ到来するか不確実なのが**不確定期限**です。

【停止条件の判決主文例】

「1　原告は被告に対し、本件建物の立退料として100万円を支払え。

　2　被告は前項の立退料の支払を条件として、その支払を受けた時から1か月以内に本件建物を明け渡せ。」

　この判決主文の場合、原告が先に立退料を被告に支払うことが明渡しの条件となっています。したがって、原告は、立退料を支払った証明文書（領収書等）を添付して、条件成就執行文の付与申立てをする必要があります。

【不確定期限の和解条項例】

「被告の父甲が死亡したときは、1年以内に被告は原告に対して本件建物を明け渡す。」

　この和解条項の場合、「父甲が死亡した」という不確定期限が到来し、1年が経過した場合に建物明渡しの強制執行ができます。したがって、原告は、期限が到来した証明文書（除籍謄本）を添付して、条件成就執行文の付与申立てをする必要があります。

【Q】 以下の各条項には条件成就執行文が必要か？

① 被告が第○項の分割金の支払を3回分以上怠ったときは、被告は期限の利益を喪失し、原告に対し残金全額を直ちに支払う。

② 被告は、第○項の立退料の支払と引換えに原告に対し本件建物を明け渡す。

【A】 ①の条項は、過怠約款（債務者が債務の履行を怠ったときの約束事）となっていますが、過怠約款は、債権者が立証すべき事項ではありませんので、条件成就執行文は不要です（単純執行文となります）。

【A】 ②の条項は、引換給付となっていますが、引換給付は条件ではなく同時履行（民533条）ですので、条件成就執行文は不要です（単純執行文となります）。ただし、強制執行を申し立てる際には、立退料を支払った証明文書（領収書等）を添付する必要があります（強制執行の開始要件となります）。

ウ　承継執行文（民執27条2項）

　債務名義成立後（判決の場合は口頭弁論終結後）に当事者の権利・義務が第三者に承継された場合に必要となる執行文です。権利の承継を証する文書を提出したとき付与されます。例えば、相続、法人の合併、債権譲渡等があった場合に必要となります。

⑵　**執行文付与の申立て**

　　ア　**執行文の付与機関**

　債務名義（事件記録）を保管している裁判所の**裁判所書記官**が付与機関となります（民執26条）。なお、執行証書の場合は公証人が付与機関となりますが、以下、付与機関が裁判所書記官となる場合について説明します。

【事件記録の保管先】

　訴訟係属中は当該事件の係属部が事件記録を保管しています。

　事件完結後は、当該事件の第一審裁判所の記録係が保管しています（最高裁事件記録等保存規程3条1項）。

　　イ　**付与の要件**（審査事項）

　単純執行文の付与の要件は、法律の定める文書であること、一定内容の特定された給付が定められていること、給付請求権の実現につき強制執行手続が定められていること、債務名義の効力が失われていないことです。これらの要件は事件記録から判断することになります。条件成就執行文と承継執行文は、単純執行文の付与の要件に加えて、**条件成就執行文**の場合は条件成就（事実到来）が証明されていること、**承継執行文**の場合は承継の事実が証明されていることが要件となり、これらの要件は当事者が提出した資料から判断することになります。

　　ウ　**単純執行文の付与の申立て**

　執行文付与申立書《資料32》及び**債務名義の正本**を付与機関となる裁判所に提出します。執行文を受領する際に受領書（実務では請書と呼ぶことが多いです）が必要となるので、申立書と請書を一体化させておき、請書にもあらかじめ押印しておくと便利です。申立書の余白部分に手数料分の収入印紙を貼ります。手数料は執行文1通につき300円です（民訴費7条別表第2第4項）。

　なお、強制執行を開始するためには、債務名義が債務者に送達されている必要があるので、通常は、執行文付与申立書と併せて債務名義の**送達証明申請書**《資料34》を提出します。

　　エ　**単純執行文の付与**

　裁判所書記官は、審査の結果、付与の要件を満たすと判断すれば、執行力が

現存することを証する文言（「債権者は債務者に対し、この債務名義により強制執行をすることができる。」等）を記載した用紙《資料33》を債務名義の正本の末尾に付して、債権者に交付します。この用紙が**執行文**です。

　他方、審査の結果、要件を満たさないと判断すれば、付与を拒絶します。この場合、申立人（債権者）は、要件が存在していることを主張して、裁判所書記官の所属する裁判所に異議を申し立てることができます（民執32条1項）（→222頁）。

オ　執行文の数通付与（再度付与）

　債権の完全な弁済を得るため、例えば、債権執行と動産執行をするなど、複数の財産に執行をする場合には、執行文を数通付与してもらうことができます（民執28条）。なお、例えば、判決正本に単純執行文3通の付与を求める場合、判決正本が3通必要となりますが、通常、債権者の手元には判決正本が1通しかないので、不足分2通の判決正本を交付してもらう必要があります。したがって、執行文数通付与申立書と併せて判決正本交付申請書も提出します（用紙1枚につき150円の手数料がかかります。例えば、判決正本が10頁の場合、1500円分の収入印紙を申請書の余白に貼ります）。

第5　強制執行の開始要件

5−1　債務名義の送達

　強制執行を開始するためには、債務名義の正本又は謄本が、あらかじめ（又は同時に）債務者に送達されていなければなりません（民執29条前段）。その理由は、強制執行を受ける根拠となる文書を債務者が受け取っていることを保障するためです。したがって、強制執行を申し立てる際には、債務名義が債務者に送達されたことを証明する書面（送達証明書）の提出が必要となりますので、債務名義の保管機関に対し、送達証明書の交付申請《資料34》をします（通常は、執行文の付与申立ての際に併せて申請します）。

5−2　債権者提出にかかる書面の送達等

　条件成就執行文や承継執行文が付与された場合には、当該執行文及びそれらの執行文の付与を求めるために債権者から提出された文書の謄本が、あらかじめ（又は同時に）債務者に送達されていることが必要です（民執29条後段）。し

たがって、通常は、条件成就執行文・承継執行文の付与申立ての際、併せて、条件成就執行文・承継執行文及び証明文書謄本の送達を申請し、その送達証明書の交付申請をします。

5－3　期限の到来・反対給付

不確定期限の到来の事実については、執行文付与の段階で審査されますが、確定期限については到来の事実が明確であるので、強制執行申立段階で審査されます。また、引換給付判決で強制執行を開始するためには、反対給付の証明が必要となります。

【判決正本送達証明書の申請方法】

当事者及び利害関係を疎明した第三者は、裁判所書記官に対し、訴訟に関する事項の証明書の交付を求めることができます（民訴91条3項）。この規定に基づき、原告は「判決正本が被告に送達されたこと」の証明書の交付を申請します。

① 申請書の作成

判決正本送達証明申請書の正本《資料34－1》及び副本《資料34－2》を作成します。送達証明書の請書（受領書）が必要となりますので、正本と請書を一体化させておき、請書にもあらかじめ押印しておくと便利です。

② 手数料分の収入印紙の貼付

手数料は、証明事項1件につき150円です（民訴費7条別表第2第3項）。手数料分の収入印紙を申請書正本の余白に貼付します。

③ 申請書の提出

事件記録を保管している裁判所に申請書正本及び副本を提出します。

④ 証明書の交付

裁判所書記官は、事件記録を確認し、申請書の副本に証明文言（「上記記載のとおり相違ないことを証明する。」等）を記載して、申請者に交付します。

※ 他の証明書（判決確定証明書、訴状受理証明書、供託原因消滅証明書《資料75》等）も、証明する事項（「判決が確定したこと」、「訴状を受理したこと」、「供託原因が消滅したこと」等）が異なるだけであり、申請方法は上記と同じです。

第4講　不動産執行（強制競売）

【事案の概要】

中堂慎司　━━━━━━ 200万円の請求債権 ━━━━▶　水島透子

差押え ━━━━━━▶　土地

　中堂慎司は、水島透子を被告として、京都地方裁判所に訴えを提起し、「被告は、原告に対し、200万円及びこれに対する平成24年12月2日から支払済みまで年5分の割合による金員を支払え。」との判決を得ました。しかし、水島透子は任意に支払いません。中堂慎司の調査により、水島透子が土地《資料36》を所有していることが判明しました。

　そこで、中堂慎司は、その土地の強制競売を申し立てることにしました。

第1　強制競売

　強制競売は、裁判所が債務者の所有する不動産を差し押さえて売却し、その売却代金を債権者に交付（又は配当）する強制執行です。

第2　差押えの効力

　差押えは、債務者に対し、処分行為（所有権の譲渡、担保権・用益権の設定等）を禁止する効力（**処分禁止効**）があります。もっとも、債務者は、通常の用法に従って使用・収益することはできます（民執46条2項）。差押えの効力は、強制競売の開始決定が債務者に送達された時と**差押えの登記がされた時**とのいずれか早い方の時点で生じます（民執46条1項）。ただし、差押え登記前に開始決定が債務者に到達すると、債務者が不動産を処分して、差押え登記ができなくなる可能性があるので、実務では、差押え登記完了後、債務者に開始決定を送達しています。

第 3　強制競売の管轄

　不動産の所在地を管轄する地方裁判所です（民執44条 1 項）。本事案の管轄裁判所は大津地方裁判所となります《資料 1 》。

第 4　強制競売の申立て

4 － 1　申立書《資料35》

　強制競売の申立ては書面でしなければなりません（民執規 1 条）。申立書の部数は 1 通（正本のみ）です。申立書は、裁判所作成の定型書式を利用して作成するのが通例です。東京地裁や大阪地裁等のホームページから誰でも定型書式をダウンロードできるようになっており、記載方法も掲載されています。定型書式は、目録方式（①当事者目録、②請求債権目録、③物件目録）となっています。申立後、裁判所が開始決定等の書面を作成する際、その目録をそのまま利用することができ、執行の迅速化・効率化を図ることができます。各目録について簡単に触れておきます。

⑴　**当事者目録**

　当事者（債権者・債務者・代理人）を記載します。債務名義に記載されているものを記載します。債務名義成立後、氏名や住所に変更がある場合には、債務名義上の記載と現在のものを併記します。また、登記事項証明書に記載されている債務者の氏名や住所が債務名義に記載されているものと異なる場合には、登記記録上のものを併記します。このような場合には、債務名義に記載されている人との同一性を証明する資料（住民票・戸籍謄本・閉鎖事項証明書等）を申立ての際に提出する必要があります。

⑵　**請求債権目録**

　請求の根拠として、債務名義を特定する事項を記載し、債務名義に記載されている金額のうち、債務者に対していくら請求するかなどを記載します。

⑶　**物件目録**

　登記事項証明書の記載と一致させます。土地の場合は、①所在、②地番、③地目、④地積を記載します（不登34条 1 項参照）。建物の場合は、①所在、②家屋番号、③種類、④構造、⑤床面積を記載します（不登44条 1 項参照）。

【不動産登記事項証明書】

　不動産登記制度は、不動産の現況と権利関係を登記簿に記録して公示する制度です。従前、登記所（法務局）は、登記事項を紙（登記用紙）に記載し、その登記用紙を「登記簿」と呼ばれる帳簿（B5のバインダー）に綴じて管理していました。登記官がその登記簿に綴じてある登記用紙をコピーし、原本と同一であることを証明した書面を登記簿謄本といいます。現在は、全ての登記所がコンピュータ化され、登記事項は電磁的記録によって管理されています。登記官が記録された登記事項をプリントアウトして証明した書面を登記事項証明書といいます。

　不動産の登記事項証明書は、1筆の土地又は1個の建物ごとに記録されており、表題部、権利部（甲区）、権利部（乙区）に区分されています。表題部には、不動産の所在や面積等が記録されています。権利部（甲区）には、所有権に関する事項（所有者の氏名や取得原因等）が記録されています。権利部（乙区）には、所有権以外の権利（抵当権等）に関する事項が記録されています。

　登記事項証明書は、誰でも、所定の手数料を納付して、登記所で交付を受けることができます（郵送請求やオンライン請求も可能です）。管轄の登記所でなくても、全国どこの登記所でも交付を受けることができます。

【住居表示】

　明治以降、住所は、不動産登記の土地の所在を表す「地番」で表示されてきました。しかし、同じ地番に何軒も建物が建っていたり、分筆等で地番が不規則に並んでいたりすることから、都市部では、目的の場所を探すのに苦労するなどの支障が生じるようになりました。そこで、昭和37年に「住居表示に関する法律」が施行され、規則的に番号を付けていく住居表示の制度が設けられました。住居表示が実施されると、「滋賀県大津市京町三丁目1番2号」（大津地方裁判所の所在地）のように、町名＋街区符号（番）＋住居番号（号）で表示されます。

　もっとも、住居表示を実施していない地域も数多くあります。例えば、京都市は住居表示を実施しておらず、「京都市右京区太秦蜂岡町29番地」（右京簡易裁判所の所在地）のように、建物の建っている土地の地番で住所を表示しています。

　住居表示を実施しているか否かは、当該市町村役場に電話等で確認すればわかります（住所に「番地」が用いられているか否かで推測できます）。

【地番照会】

　住居表示が実施されている地域の登記事項証明書を取得する場合、住居表示に対応した「地番」を調べる必要があります。不動産の登記は地番（家屋番号）で管理されていますので、住居表示の番号では、土地・建物を特定することができないからです。調べる方法としては、管轄登記所の地番照会（電話可）やインターネットの「登記情報提供サービス」を利用する方法などがあります。

4 - 2　申立手数料

申立権 1 個につき4000円です（民訴費 3 条 1 項別表第 1 の11項イ〔令 4 法施行後 9 項イ〕）。手数料の額に相当する収入印紙を申立書 1 枚目の余白部分に貼付するか、表紙を作成してその裏面に貼付します。

4 - 3　予納郵券

債権者は、開始決定等を送達・通知等するために要する費用を裁判所に予納しなければならず、郵便切手（実務では郵券と呼びます）で納付するのが通例です（民訴費13条）。郵券の金額や組合せは裁判所によって異なります。予納郵券が不要の裁判所もあります（執行予納金から支出します）。

4 - 4　執行予納金

債権者は、現況調査や評価をするために要する執行費用を裁判所に予納しなければなりません（民執14条 1 項）。その金額は裁判所によって異なります。

本事案の管轄裁判所である大津地裁の執行予納金は70万円となっています。事件終了後、残額があれば還付されます。

なお、現況調査手数料や評価料は、**共益費用**（総債権者の共同の利益のためになる費用）として最優先で配当されます。執行費用のうち共益費用となるものを**手続費用**といい（民執63条 1 項 1 号参照）、申立手数料や後述する登録免許税も手続費用となります。

4 - 5　登録免許税

登記をする場合、登記権利者は、登記所（法務局）に**登録免許税**を納めなければなりません（登税 3 条）。強制競売では、不動産に差押えの登記をしますので、登録免許税が必要となります。

登録免許税の額は、原則として、**課税標準×税率**で算出します。登録免許税の課税標準は、①不動産の価額（固定資産税評価額）とする場合、②債権額とする場合、③不動産の個数とする場合とに分かれます。

強制競売の差押記の場合、課税標準は②債権額となり、税率は1000分の 4（0.4％）となります（登税 9 条別表第 1 の 1 項（五））。課税標準となる債権額は、元本・利息・損害金の合計ですが、申立時に損害金が確定していなければ（例：○年○月○日から支払済みまで）、損害金を含めなくても良いとされています。また、計算する際、債権額の1000円未満の端数は切り捨てます（税通118

条1項）。税額は、計算した額に100円未満の端数があれば切り捨て（税通119条1項）、計算した額が1000円未満であるときは、1000円となります（登税19条）。

　納付方法は、登録免許税の金額に相当する収入印紙を裁判所に提出する方法と、現金を国の収納機関（日本銀行本支店・代理店）に納付し、その領収書を裁判所に提出する方法があります（登税23条）。

【登録免許税の計算例】
　　請求債権額が555万5555円の場合
　　　課税標準＝債権額555万5000円（1000円未満切り捨て）
　　　税額＝555万5000円（課税標準）× 4 ÷1000（税率）
　　　　＝ 2万2220円 → 2万2200円（100円未満切り捨て）
【本事案の登録免許税】
　　請求債権額200万円
　　　税額＝200万円（課税標準）× 4 ÷1000＝8000円

4－6　添付書類

　強制競売の申立てに添付すべき書類は以下の表及び次頁の表のとおりです。

(1)　強制執行の申立てに必要となる書類

書　類　名	備　　考
執行文の付与された債務名義の正本 （民執 25 条）	執行文を不要とする債務名義の場合、債務名義の正本となります。
債務名義の送達証明書 （民執 29 条）	
委任状 （民執規 15 条の 2、民訴規 23 条 1 項）	代理人が申し立てる場合に必要となります。
代表者の資格を証明する資料 （民執規 15 条の 2、民訴規 18 条・15 条）	当事者が法人の場合に必要となります。

(2)　強制競売の申立てに必要となる書類（民執規23条・23条の2）

書　類　名	備　　考
不動産登記事項証明書《資料36》	法務局で取得します。 発行日から1か月以内のものが必要となります。
公課証明書《資料37》	市町村役場（都税事務所）等で取得します。公課証明書には、不動産の評価額及び課税標準額が記載されており（税額を記載している市町村もあります）、公課証明書を見ることによって、固定資産税等の税額が判明します。競売物件を落札した場合、税金がいくらかかるのかを明らかにさせるために必要となります。公課証明書は、不動産の所有者本人しか交付を受けることができないのが原則ですが、競売を申し立てようとする者は、交付を受けることができます（民執18条3項・2項）。したがって、債権者代理人は、当該市町村の申請用紙を用いて、債権者からの委任状及び競売申立書（案）等を添付して交付を受けます（固定資産評価証明書と異なり、弁護士用の統一申請用紙はありません）。公課証明書は最新年度のものが必要となります。
住民票	市町村役場（区役所）等で取得します。債務者が個人の場合には、債務者の現住所を確認するため、住民票が必要となります。発行日から1か月〜3か月以内（裁判所によって異なります）のものが必要となります。
現場案内図（住宅地図）	
法務局備付けの各図面（公図《資料38》・地積測量図《資料39》・建物図面・各階平面図・建物所在図）	法務局で取得します。各図面がない場合はその旨の上申書が必要となります。
目録《資料35-2》（当事者目録、請求債権目録、物件目録）	申立書の別紙として作成した当事者目録等を各1部添付するのが通例です。裁判所は、これらの目録を開始決定等の書面を作成する際に利用します（執行事務の迅速化・能率化を図ることができます）。

4-7　申立書の提出

　申立書（手数料分の収入印紙を貼付）、予納郵券、登録免許税分の収入印紙、添付書類一式を管轄裁判所の執行部（競売係）に提出します。執行予納金は、申し立てた際に裁判所から保管金提出書が交付されますので、現金を添えて（振込可）裁判所の出納課（保管金係）に提出します。なお、執行予納金の納付後に開始決定をするという運用をしている裁判所がありますので、早く納付すべきです。

第5　申立て後の流れ

差押え

◆開始決定

　執行裁判所は、書面審理の上、要件が満たされていれば、**開始決定**をします。開始決定では、目的不動産を差し押さえる旨を宣言します（民執45条1項）。開始決定後直ちに、裁判所書記官は、差押えの登記を嘱託し（民執48条1項）、差押えの登記がなされます《資料41》。登記完了後、執行裁判所は、債務者に開始決定正本《資料40》を送達し（民執45条2項）、債権者に開始決定正本を送付します（民執規2条2項）。

換価の準備

◆配当要求終期の公告・債権届出の催告

　一定の債権者は、既に開始されている競売手続に参加することができます（民執51条1項）。その参加の申立てを**配当要求**といいます。配当要求は、執行裁判所が定める配当要求の終期までに書面（配当要求書）で申し立てなければなりません。また、公租公課庁（税務署・市役所等）は、滞納に係る租税公課がある場合には、強制換価手続（競売手続等）に参加しなければなりません（税徴82条1項）。その参加の届出を**交付要求**といいます。

　差押えの登記完了後、裁判所書記官は、配当要求の終期（通常1か月程度ですが、その後延長されることが多いです。民執52条参照）を定めて公告をするとともに、差押えの登記前に登記された仮差押債権者、売却によって消滅する担保権者、公租公課庁（税務署・市役所等）に対し、債権届出等をするように催告します（民執49条2項）。

◆現況調査

　執行裁判所は、執行官に対し、不動産の形状、占有関係等の現況について調査を命じます（民執57条1項）。不動産がどんな状況なのかを調査させ

るということです。執行官は、不動産に立ち入ったり、債務者や占有者と面談したりするなどして、**現況調査報告書**を作成し、執行裁判所に提出します（民執規29条）。

◆評価

執行裁判所は、評価人を選任し（不動産鑑定士が選任されます）、不動産の評価を命じます（民執58条1項）。不動産がどれくらいの値段であるかを調査させるということです。評価人は、不動産を鑑定して**評価書**を作成し、執行裁判所に提出します（民執規30条）。

◆物件明細書の作成

裁判所書記官は、現況調査報告書等を参考にして、物件明細書を作成します。**物件明細書**には、不動産の表示、売却により効力を失わない権利・仮処分、売却により設定されたものとみなされる法定地上権の概要が記載されます（民執62条1項）。

◆売却基準価額の決定

執行裁判所は、現況調査報告書及び評価書に基づき、**売却基準価額**及び**買受可能価額**（売却基準価額の8割以上）を決定します（民執60条1項）。

売却基準価額は、入札の目安となる価格であり、評価書の鑑定額を基準として、占有状況等を加味した上で決められます。買受可能価額は、これ以上の価格でしか入札できない金額です。例えば、売却基準価額が1000万円であれば、買受可能価額は800万円となり、800万円以上でないと入札できません。

【無剰余による競売手続の取消し】

売却基準価額が決定すると、申立債権者が配当を受けることができるかどうかが判明します。例えば、売却基準価額が1000万円の場合、買受可能金額は800万円となりますが、手続費用と申立債権者に優先する債権が800万円以上あれば、申立債権者は全く配当を受けられません。この場合を無剰余といいます。申立債権者が配当を受けられないのに競売手続を続けることは無意味であり、許されません（これを無益執行の禁止といいます）。無剰余の場合、債権者が所要の手続をとらないと競売手続が取り消されます（民執63条2項）。

【超過売却の禁止】

　例えば、土地とその土地上にある建物は、一括して売却した方が利用価値が高くなりますので、一括して売却する方が望ましいです。ただし、土地と建物は別個の不動産なので、どちらか一方の不動産の買受可能価額で申立債権者の債権の全部を弁済することができる見込みがある場合には、原則として、債務者の同意がない限り、すべての不動産を一括して売却することはできません（民執61条ただし書）。

【内覧】

　2003（平成15）年の民事執行法改正によって、不動産の買受希望者が目的不動産（建物）に立ち入って見学する制度（内覧制度）が設けられました（民執64条の２）。もっとも、実務ではほとんど利用されていません。

換　価

◆売却実施処分（売却方法の定め）

　売却方法にはいくつかの種類がありますが、実務では、**期間入札**という売却方法が原則となっています。買受希望者が入札価額を記載した入札書を入札期間内に執行官に提出し、執行官が開札期日に開札して入札価額が一番高い者を買受人と決定する方法です（民執規47条）。

　裁判所書記官は、入札期間、開札期日、開札場所、売却決定期日等を定めて、執行官に売却を実施させます（民執64条）。

◆期間入札の通知・公告

　期間入札を実施することが決まると、裁判所書記官は、債権者・債務者等に対し、入札期間等を通知します（民執規49条・37条）《資料42》。また、裁判所の掲示場、インターネットを利用して、期間入札の公告を行います（民執64条５項）。公告と同時に、現況調査報告書、評価書、物件明細書（実務では、この３つを合わせて**３点セット**と呼びます）が裁判所（物件明細閲覧室）に備え置かれ、誰でも閲覧することができるようになります（セルフコピーもできます）。

【不動産競売物件情報サイト】　http://bit.sikkou.jp/

　インターネット上で競売物件の情報を公開するサイトです。

BIT（Broadcast Information of Tri-set system）と呼ばれています。誰でも利用することができます。全国の競売物件の情報を検索することができ、3点セットを閲覧・ダウンロードすることができます。利用料金はかかりません。

◆入札

　買受申出人は、入札期間内に入札価額等を記載した**入札書**《資料43》を入れた封筒を執行官に差し出すか又は郵送します。入札価額は買受可能価額以上でなければなりません（民執60条3項）。

　入札の際には、**買受申出の保証金**を裁判所に納めなければなりません（民執66条）。保証金の額は、原則として**売却基準価額の2割**です（民執規39条1項）。落札できなかった場合には返還されますが、買受人が代金を納めなかった場合には没収されます（民執80条1項）。

　また、暴力団員等は買受申出人となることができず（民執71条5号）、買受申出人は、自分と資金を出す者が暴力団員等でないことを陳述しなければなりません（民執65条の2。所定の陳述書を提出します）。虚偽の陳述をした者には刑罰が科されます（民執213条1項3号）。

　入札書を入れる封筒には、①入札書、②陳述書、③住民票（法人の場合は資格証明書）を入れないと入札が無効となります。

【Q】債務者は入札をすることができるか？
【A】できません（民執68条）。債務者が買い受けた不動産に対して再度強制競売される可能性がありますし、買い受ける資力があるのなら、債権者に弁済すべきだからです。

◆開札

　執行官は、**開札期日**に裁判所の売却場において、出頭した入札者の立会のもとで開札を行います。執行官は、開札が終わると、最高価買受申出人を定めて、その氏名と入札価額を呼び上げます（民執規41条3項）。

【Q】入札者が誰もいなかったらどうなるのか？

【Ａ】特別売却（買受可能価額以上での先着順による売却）を実施します。特別売却でも入札者がいない場合は、売却基準価額を見直して再度売却します。売却を3回実施しても入札がない場合は、競売手続が停止され、債権者が3か月以内に所要の手続をとらないと競売手続が取り消されます（民執68条の3）。

◆売却許可決定

　執行裁判所は、開札期日から3週間以内に**売却決定期日**を開き、売却不許可事由（民執71条）がないかどうかを審査して、売却の許可又は不許可の決定をします（民執69条）。例えば、執行裁判所は、落札者が暴力団員等に該当するか否かを警察に照会し（民執68条の4）、暴力団員等であることが判明した場合には、売却不許可決定をします（民執71条5号）。

　なお、落札者が宅地建物取引業者の場合、落札時の照会が省略されています（民執68条の4第1項ただし書・2項ただし書、民執規51条の7）。宅地建物取引業者は、暴力団員等に該当することが免許の欠格要件となっており、免許取得（更新）時に調査済みであるからです。

◆代金納付

　売却許可決定が確定すると、買受人は、執行裁判所が定める納付期限までに売却代金（入札価額から買受申出の保証金の額を差し引いた額）を納めなければなりません（民執78条1項）。買受人が売却代金を納めると、不動産の所有権が買受人に移転します（民執79条）。買受人が納付期限内に売却代金を納めないときは、売却許可決定の効力が失われ、買受申出の保証金が没収されます（民執80条1項）。

◆登記嘱託

　代金が納付されると、裁判所書記官は、所有権の移転登記、抵当権等の抹消登記等を嘱託します（民執82条）。

【引渡命令】

　買受人を保護するため、債務者が任意に不動産を引き渡さない場合、簡易な手続で不動産引渡しの債務名義を取得することができる制度が設けら

れています。この制度を引渡命令といいます（民執83条）。申立期間は原則
として代金納付日から6か月以内です。

配当等

◆配当期日の呼出し

代金が納付されると、執行裁判所は、代金を債権者に分配するため、**配当期日**を定めて（民執規59条）、債権者及び債務者を呼び出します（民執85条3項）。併せて、裁判所書記官は、債権者に対し、債権計算書を1週間以内に提出するよう催告します（民執規60条）。

◆債権計算書の提出

債権者は、裁判所に**債権計算書**《資料44》を提出します。

◆配当表の作成

裁判所書記官は、債権者から提出された債権計算書をもとにして、**配当表**《資料45》を作成します。なお、手続費用は最優先で配当されます。

◆配当期日

執行裁判所は、**配当期日**において、債権者から配当異議の申出がなければ、配当を実施します。配当は、原則として、債権者が事前に指定した預金口座に振り込む方法で行われます。

【配当手続と弁済金交付手続】

配当手続は、債権者が複数で、かつ、各債権者の債権と執行費用の全額を弁済することができない場合の手続です（民執84条1項）。どの債権者にいくら支払うのか、配当の順位や額などについて債権者間で争いになる可能性があり、慎重に判断すべきですので、厳格な手続となっています。

他方、債権者が一人の場合又は債権者が複数でも各債権者の債権と執行費用の全額を弁済することができる場合には、債権者間で争いになるおそれがないので、配当手続ではなく、弁済金交付計算書を作成し、債権者に債権額と執行費用を交付するという簡易な手続になります（民執84条2項）。この簡易な手続を**弁済金交付手続**といいます。債権者に交付後、剰余金があれば債務者に交付されます。

【配当異議の申出】

配当表に記載された各債権者の配当金額について不服のある債権者及び

債務者は、配当異議の申出をすることができます（民執89条1項）。なお、通常、配当期日の3日前から、競売係において配当表の原案を閲覧することができ、配当の有無や金額を確認することができます。

　配当異議の申出は、**配当期日に出頭**して行わなければなりません。また、申出後、**配当異議の訴え**を提起しなければならず（民執90条1項）、配当期日から1週間以内に、訴えを提起したことの証明書（訴状受理証明書）を執行裁判所に提出しなければ、配当異議の申出を取り下げたものとみなされます（民執90条6項）。

第6　申立ての取下げ

6－1　取下げのできる時期

　申立ての取下げは、買受人が売却代金を納付するまで可能です。ただし、買受けの申出があった後に取り下げる場合は、買受人等の同意を得る必要があり（民執76条1項）、同意を得るのが難しい場合が多いので、開札期日の前日（1開庁日前）の閉庁時刻（17時）までに取り下げる必要があると説明されています（《資料42-2》参照）。

　買受人が売却代金を納付すると、不動産の所有権が買受人に移転しますので（民執79条）、売却代金納付後に申立てを取り下げることはできません。

6－2　取下書

　取下書は、正本1通と債務者の人数分の副本を提出する必要があります。取下げが真意であることを担保するため、取下書には、申立書に押印した印鑑で押印します。

6－3　登録免許税

　申立てが取り下げられると、裁判所書記官が差押えの登記の抹消を嘱託しますが（民執54条1項）、その際に必要となる登録免許税は債権者が納めなければなりません（同条2項）。登録免許税の課税標準は、不動産の個数となり、税率は、不動産1個につき1000円となります（登税9条別表第1の1項（十五））。登録免許税の金額に相当する収入印紙を裁判所に提出します。

6－4　債務名義等の還付申請

　再度の強制執行が必要となる場合には、債務名義及び送達証明書の還付申請をします。

【本事案の流れ（参考例）】

①　債権者は、2023（令和 5 ）年 8 月28日、大津地方裁判所民事部競売係に強制競売を申し立てた《資料35》。

②　裁判所は、同年 9 月 1 日、強制競売開始決定《資料40》をし、大津地方法務局に差押えの登記を嘱託した。法務局は同年 9 月 4 日、差押登記をした《資料41》。

③　裁判所は、登記完了後、同年 9 月11日、債務者に対し、強制競売開始決定正本を送達した。同日、裁判所は、執行官に対して現況調査命令を、評価人に対して評価命令を発令した。同日、裁判所は、配当要求の終期を定める処分をした。

④　執行官と評価人は、同年10月 3 日、現地に行き、現況調査及び評価を行った。執行官は、同月23日、現況調査報告書を裁判所に提出した。評価人は、同月30日、評価書（評価額1090万円）を裁判所に提出した。

⑤　裁判所は、現況調査報告書及び評価書に基づき、同年11月13日、物件明細書を作成した。同日、裁判所は、売却基準価額等（売却基準価額：1090万円、買受けの申出保証額：218万円、買受可能価額：872万円）を決定した。

⑥　裁判所は、同年11月22日、売却実施処分をした（入札期間：令和 6 年 1 月 9 日から同月16日まで、開札期日：同年 1 月23日、売却決定期日：同年 2 月13日、特別売却期日：同年 1 月26日）。また、当事者に対し、期間入札等の通知書《資料42》を送付し、その後、期間入札の公告をした。

⑦　執行官は、2024（令和 6 ）年 1 月23日、開札を行ったところ、入札（入札者吉川不動産株式会社、入札額1050万円）が 1 件あり《資料43》、その者を最高価買受申出人と定めた。

⑧　裁判所は、同年 2 月13日、売却許可決定を行った。その後、代金納付期限を指定し、買受人に通知した。

⑨　買受人は、同年 3 月13日、代金を納付した。同日、裁判所は、大津地方法務局に所有権移転登記及び担保権や差押登記等の抹消登記を嘱託した。

⑩　裁判所は、同年 3 月22日、配当期日を指定し、債権者等に対し、配当期日呼出状及び計算書提出の催告書を送達した。債権者は、債権計算書《資料44》を裁判所に提出した。

⑪　裁判所は、配当表《資料45》を作成した。

⑫　裁判所は、同年 4 月22日、配当期日を開いた。配当異議の申出がなかったので、裁判所は、配当表に基づき配当した（指定口座に振り込んだ）。

【つぶやき㉕】　執行妨害

　強制競売の流れを説明しましたが、細かい手続でややこしいなあと感じた人も多いと思います。不動産競売（強制競売・担保不動産競売）は、目的不動産に担保権（抵当権等）や用益権（地上権等）が設定されていたり、占有者がいたりするので、権利関係を実体法に照らして適正に処理する必要がありますし、不動産という高価な財産を売却することもあり、重厚な手続となっています。そのため、費用と時間もかかります。

　私は、1997年〜98年頃、担保不動産競売事件を数多く担当していました。当時、申立てから配当を受けるまでの期間は、平均約20か月もかかっていました。私が担当していた競売事件は、債務者（兼所有者）に対する競売開始決定正本の送達が所在不明のために不奏功となることが多く、1日に6件分の現地調査に行ったこともあります。また、当時の競売事件は、占有屋と呼ばれる輩による悪質な執行妨害（短期賃借権を濫用するなどして建物を占有し、誰も入札しないようにしたり、立退料名目で金員を要求したりします）や暴力団が競売手続に関与してくることも多く、申立てをした後も気が休まりませんでした。当時の執行妨害については、宮部みゆきさんの小説『理由』（1998年第120回直木三十五賞受賞作）の中でも描かれています（宮部さんは元法律事務職員です）。

　その後、2003年の民事執行法改正等によって、執行妨害に対する法規制が強化されたこともあり、執行妨害が減っているようです。最近の不動産競売は、スムーズに手続が進行することが増え、申立てから配当金を受けるまでの期間も平均約9か月と短くなっています。不動産競売も随分様変わりしたなあと感じています。

第 5 講　動産執行

【事案の概要】

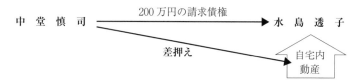

　中堂慎司は、水島透子を被告として、京都地方裁判所に訴えを提起し、「被告は、原告に対し、200万円及びこれに対する平成24年12月2日から支払済みまで年5分の割合による金員を支払え。」との判決を得ました。しかし、水島透子は任意に支払いません。

　そこで、中堂慎司は、水島透子の自宅内に存在する動産に対する動産執行を申し立てることにしました。

第1　動産執行

　動産執行は、執行官が債務者の所有する動産を差し押さえて売却し、その売却代金を債権者に交付（又は配当）する強制執行です。

第2　対象となる動産

　動産執行の対象となる動産は、民法上の動産（民86条2項）及び民事執行法上の動産（民執122条1項）です。ただし、動産であっても、別の執行手続が定められている動産は、動産執行の対象とはなりません。例えば、登録自動車（軽自動車は除く）は、動産執行ではなく、自動車執行となります（民執規86条以下）。

第3　差押えの方法

　動産執行では、**動産の所在場所を特定すればよく**（民執規99条）、どの動産を

差し押さえるかを特定する必要はありません。

　差押えは、執行官が**動産を占有**して行います（民執123条1項）。執行官は、申立書で特定された執行場所に立ち入って、動産を捜索します（執行の着手）。その際、必要があれば、施錠されているドアや金庫を解錠技術者に解錠させることもできます（民執123条2項）。執行官は、債務者が占有している動産を差し押さえます。この占有は、債務者が外観上直接に占有していればよく、所有権の帰属について判断する必要はありません（判断する権限がありません）。どの動産を差し押さえるかは、執行官の裁量に任されており、執行官は、

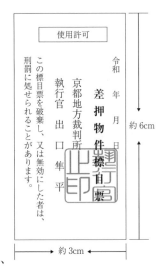

原則として、自らの知識や経験に基づき、差し押さえる動産の評価額を自由に決めることができます。ただし、貴金属や骨董品等の高価な動産を差し押さえる場合には、評価人を選任して評価させなければなりません（民執規111条1項）。

　差し押さえた動産は、執行官が保管するのが原則ですが、差押物件標目票（右上参照・シールになっています）を動産に貼り付けるなどの方法で差押えの表示をして、債務者や債権者に保管させることもでき、保管者に使用を許可することもできます（民執123条3項・4項、民執規104条）。

【差押禁止動産】

　生活するために必要な現金や生活に欠くことができない動産（衣服、家具、電化製品等）などは、差押禁止とされています（民執131条）。差押禁止となる現金の額は、現在、66万円と定められています（民執令1条）。生活に欠くことができない動産かどうかは、一般人の生活水準や債務者の生活状況等を総合勘案して執行官が判断することになりますが、一定の判断基準が定められています。例えば、タンス、食器棚、ベッド等は台数に限らず差押禁止の対象とされています。また、洗濯機、冷蔵庫、電子レンジ、テレビ（29インチ以下）、エアコン、DVDプレーヤー等も、1台までは差押禁止の対象とされています。

第 4　差押えの効力

差押えは、債務者に対し、処分行為を禁止する効力（**処分禁止効**）があります。その効力は、**執行官が動産を占有したとき**に生じます。

第 5　動産執行の管轄

動産の所在地を管轄する地方裁判所に所属する**執行官**です（執行官 4 条）。本事案は京都地方裁判所に所属する執行官が管轄権を有します《資料 1 》。

第 6　動産執行の申立て

6 － 1　申立書《資料46》

動産執行の申立ては書面でしなければなりません（民執規 1 条、執行官規 7 条）。申立書の部数は 1 通（正本）です。ただし、裁判所によっては、副本の提出を求められることがあります（本事案の京都地裁執行官室の場合、副本 2 通の提出を求められます）。

申立書は、裁判所（執行官室）作成の定型書式を利用して作成するのが通例です。申立書には、①当事者、②債務名義及び請求債権、③動産が所在する場所（執行場所）等を記載します。執行場所は、住居表示（→164頁）を実施している地域では、地番ではなく、住居表示で特定します。

6 － 2　申立手数料

手数料及び職務の執行に要する費用の概算額を執行官に予納します（執行官規18条、執行官15条）。その金額は裁判所によって異なります。本事案（京都地裁執行官室）の予納金額は 4 万円です。事件終了後、残額があれば還付されます（不足する場合は追納します）。

6 － 3　添付書類

強制執行の申立てに必要となる書類（→166頁）です。また、執行場所の案内図（地図）を添付するのが通例です。

6 － 4　申立書の提出

申立書及び添付書類一式を管轄裁判所の執行官室に提出します。申し立てた際に、執行官室から保管金提出書が交付されますので、現金を添えて（振込可）裁判所の出納課（保管金係）に提出します。

第7　申立て後の流れ

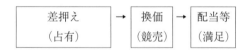

差押え（占有）　→　換価（競売）　→　配当等（満足）

差押え

◆執行日時の決定

　執行官は執行日時を決めます。債権者が執行に立ち会う場合には、申立ての際、執行官に日程調整のお願いをしておきます。ただし、債権者に立会権はなく、債務者の同意がある場合にのみ執行場所内に立ち入ることができます。

◆執行開始

　執行官は、申立書で特定された執行場所に立ち入って、動産を捜索し、債務者が占有している動産を差し押さえます。具体的な差押え方法は、「第3　差押えの方法」で説明したとおりです。なお、執行官は、差押債権者のためにその債権及び執行費用を受領することができます（民執122条2項）。

　執行官は、動産を差し押さえた場合、**差押調書**を作成します。他方、差し押さえる動産がなく、執行が不能となった場合には、**執行不能調書《資料47》**を作成します。

【超過差押えの禁止】

　執行官は、差押債権者の債権及び執行費用の弁済に必要な限度を超えて、動産を差し押さえることができません（民執128条1項）。執行官は、動産を差し押さえる際に、差し押さえる動産の評価をすることによって、超過差押えになるか否かを判断します。

【無剰余による執行不能】

　申立債権者が全く配当を受けられないのであれば、動産執行を続けるのは無意味です（無益執行の禁止）。したがって、差し押さえる動産を売却し

ても、手続費用を超える見込みがない場合（無剰余の場合）には、差押え
をすることができません（民執129条1項）。動産執行の多くは、無剰余を
理由として、執行不能となっているのが実情です（つぶやき㉖参照）。

> 換　価

◆競り売り期日の公告

　売却方法にはいくつかの種類がありますが、実務では、**競^せり売^うり**という
売却方法が原則となっています。執行官が複数の買受希望者に買受申出額
を競争させ、最高額申出人に売却する方法です。

　執行官は、競り売り期日を開く日時及び場所を定めて、裁判所の掲示場
に掲示するなどの方法により公告します。競り売り期日は、原則として、
差押えの日から1週間以上1か月以内の日となります（民執規114条1項）。
競り売り期日の場所は、裁判所内の売却場、動産を保管している倉庫や債
務者の住居等になります。

◆競り売り期日の実施

　執行官は、買受人が集まれば、期日を開き、買受申出額のうち最高のも
のを3回呼び上げ、他にそれ以上の額で申出がないときは、その者の氏名、
買受申出額、その者に買受けを許す旨を告げます（民執規116条1項）。

　買受人は、原則として、直ちに現金で売却代金を支払わなければなりま
せん（民執規118条1項）。買受人が売却代金を支払えば、執行官は、売却
した動産を買受人に引き渡します。

　執行官は、競り売り期日を実施すると、**競り売り調書**を作成します。

> 配当等

◆配当又は弁済金交付手続

　債権者が一人の場合又は債権者が複数でも各債権者の債権と執行費用の
全額を弁済することができる場合には、**弁済金交付手続**となります。債権
者が複数で、かつ、各債権者の債権と執行費用の全額を弁済することがで
きない場合には、配当手続となります。

　執行官は、債権者に対し、配当協議日を定め、配当計算書を添付して、
通知します。債権者がこの計算書に異議等を述べなければ、そのまま配当

が実施されます（民執139条2項）。債権者から異議等が述べられ、債権者間で協議が調わなかった場合には、執行裁判所による配当手続が実施されます（民執142条1項）。

第8　申立ての取下げ

8-1　取下げのできる時期

申立ての取下げは、買受人が売却代金を支払うまで可能です。

買受人が執行官に売却代金を支払うと、執行官は買受人に動産を引き渡しますので（民執規126条）、売却代金支払後に申立てを取り下げることはできません。また、執行官が差押債権者のために弁済を受領すると（民執122条2項）、弁済の効力が生じますので、弁済の受領後に申立てを取り下げることはできません。

8-2　取下書

取下書は、正本1通と債務者の人数分の副本を提出する必要があります。取下げが真意であることを担保するため、取下書には、申立書に押印した印鑑で押印します。

8-3　取下後

差し押さえた動産がある場合、執行官は、差押えを取り消して、その旨を債務者等に通知するとともに、差し押さえた動産の所在場所において、その動産を債務者等に引き渡します（債務者が動産を保管している場合には、通知のみとなります）。

【本事案の流れ（参考例）】

①　債権者は、2023（令和5）年8月28日、京都地方裁判所の執行官に動産執行を申し立てた《資料46》。

②　執行官は、同年9月4日午後1時30分、執行場所である債務者宅に臨場した。債務者宅は不在であった。執行官は、表札及び郵便受け等から債務者が占有する住居であることを確認し、立会人を置き、解錠技術者に解錠させて住居に立ち入った。執行官は、動産を捜索したが、換価価値のある動産はなく、差し押さえる動産の売得金で手続費用を弁済して剰余を生ずる見込みがないと判断し、執行不能とした。

③　執行官は、執行不能調書《資料47》を作成し、債権者に送付した。

【つぶやき㉖】　執行不能調書

　動産執行は執行不能となることが多いです。司法統計はないですが、雑誌「新民事執行実務」第10号（2012年）の巻頭において、三上照彦日本執行官連盟会長（当時）が「動産執行事件は、90％程度が執行不能で終了していて、税務上の損金処理の1つの方法として利用されることが多く、本来の機能を果たしていない」と書いておられます。

　法人が債権を回収できない場合、一定の要件を満たせば、回収できない債権額を「貸倒損失（かしだおれそんしつ）」として損金に算入することができます。損金に算入することができれば、利益から差し引くことができるので、法人税の節税になります。もっとも、税務署は、簡単には貸倒損失として認めてくれません。要件を満たす必要があります。その要件は、「その債務者の資産状況、支払能力等からみてその全額が回収できないことが明らかになった場合」です（法人税基本通達9－6－2）。この要件を満たすために動産執行が利用されていたのです。すなわち、「回収できないことが明らかになった場合」の証拠として、動産執行の執行不能調書《資料47》が利用されていたのです。

　実際、私も、20年くらい前、依頼会社の損金処理のために、動産執行を申し立てたことが数回あります。その数回全てが執行不能となりました。執行不能後、一人の債務者から、月に1万円くらいなら返せるので、返していきたいとの電話を受けました（このように、動産執行をすると、債務者が任意の弁済を申し出てくることがあり、動産執行の間接強制的機能と呼ばれます）。その旨を依頼会社に伝えると、損金処理をするので、そんな少しの金額を返してもらっても困るとのことでした。債権を回収するための手段として動産執行をするのではなく、回収をあきらめて損金処理をするための手段として動産執行をすることに違和感を覚えました。

　詳しい理由はわかりませんが、2011年頃から、執行不能調書がなくても損金処理が認められるようになったようです。それが直接の原因かわかりませんが、動産執行の事件数が大きく減っています（2010年新受件数7万2728件、2011年新受件数4万4470件）。無駄な動産執行が減ったのは良いことだと思います。

第6講　債権執行

【事案の概要】

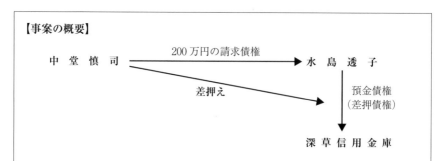

中堂慎司は、水島透子を被告として、京都地方裁判所に訴えを提起し、「被告は、原告に対し、200万円及びこれに対する平成24年12月2日から支払済みまで年5分の割合による金員を支払え。」との判決を得ました。しかし、水島透子は任意に支払いません。中堂慎司の調査により、水島透子が深草信用金庫藤森支店に預金を有していることが判明しました。

そこで、中堂慎司は、その預金債権に対する債権執行を申し立てることにしました。

第1　債権執行

債権執行は、裁判所が債務者の有する債権を差し押さえ、原則として、その差し押さえた債権を債権者自身が直接取り立てる強制執行です。

債権執行では、債務者の有する債権が執行の対象となりますので、債務者の有する債権の債務者である第三者が当事者となるという特徴があります。債権執行では、この第三者のことを**第三債務者**と呼びます。本事案で言うと、深草信用金庫のことです。また、実務では、債権者の債務者に対する債権を**請求債権**と呼び、債務者の第三債務者に対する債権を**差押債権**と呼びます。

第 2　差押債権

　債権執行を申し立てるにあたっては、債権者自身において、相手方の財産を調査し、どのような債権を差し押さえるかを特定する必要があります。もっとも、債権の種類は多種多様であり、債権者が他人である債務者の債権の内容を事前に調査するのは困難なことが多いのが実情です。

　実務では、一般的な債権について、特定の例示集を作成しています（裁判所のホームページに掲載されています）。例えば、銀行預金を差し押さえる場合であれば、原則として、**支店名を特定**すれば足りるようになっています。

【差押債権の主な例】

・預金債権　　・売買代金債権　　・敷金（保証金）返還請求権
・給与債権　　・請負代金債権　　・供託金取戻請求権（供託金還付請求権）
・貸金債権　　・診療報酬債権

【差押禁止債権】

　給料、賞与、退職金等、債務者が生計を維持するために必要な債権は、その 4 分の 3 が差押禁止とされています（民執152条）。ただし、その 4 分の 3 が33万円（月額払の場合の額です。民執令 2 条 1 項 1 号）を超えるときは、33万円までが差押禁止となり、それを超える部分は差し押さえることができます。この場合の基準額は、所得税、住民税、社会保険料等の法定控除額を差し引いた手取額となります。

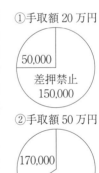

①手取額 20 万円

50,000
差押禁止
150,000

②手取額 50 万円

170,000
差押禁止
330,000

　例えば、月額給料の手取額が20万円であれば、15万円（ 4 分の 3 ）が差押禁止となり、 5 万円（ 4 分の 1 ）のみ差押可能となりますが（円グラフ①）、手取額が50万円であれば、その 4 分の 3 （37万5000円）が33万円を超えるので、33万円が差押禁止となり、17万円が差押可能となります（円グラフ②）。

　上記（ 4 分の 3 ）の例外として、請求債権が扶養義務に係る金銭債権（婚姻費用、養育費等）の場合、債務者の給与等は、債務者だけでなく、債権者（扶養される側）の生計を維持するためにも必要ですので、差押禁止は 2 分の 1 となります（民執152条 3 項）。また、公的年金は全額差押禁止となっています。

【差押禁止債権の範囲の変更】

　差押禁止債権の範囲は、画一的に決められているので、個々の事案の具体的事情により、その範囲を変更（拡張・縮減）することができる制度が設けられています（民執153条）。特に、範囲の拡張は、債権の差押えによって生活に重大な支障が生じることになった債務者にとって救済となります。もっとも、債務者がこの制度を知らず、活用されてこなかったというのが現状でした。そこで、2019（令和元）年の民事執行法改正によって、裁判所は、差押命令正本を債務者に送達する際に、差押禁止債権の範囲の変更制度があることを教示することになりました（民執145条4項）。

　給与は4分の3が差押禁止、年金は全額差押禁止となっていますが、給与や年金は預金口座に振り込まれることが多いです。預金口座に振り込まれると預金債権となり、全額差押可能となってしまいます（判例はこれを認めています）。そこで、債務者としては、給与や年金が振り込まれた預金口座の預金債権を差し押さえられた場合、この制度を利用して、差押えの全部取消しや一部取消しを求めることが有効な方法となります。申立期間に制限はありませんが、債権者に取り立てられるまで（差押命令が債務者に送達された後、1週間経過すると債権者は取り立てることが可能です）に申立てをする必要があります。また、この裁判が効力を生じるまでに取り立てられてしまうと意味がないので、第三債務者に対する支払の一時禁止を命じる決定を得る必要もあります。申立てをする際には、差押えによって生活に著しい支障が生じることを裏付ける資料（給与明細、家計収支表等）が必要となります。

第3　差押えの効力

　差押命令は、債務者に対し債権の取立てその他の処分を禁止し、かつ、第三債務者に対し債務者への弁済を禁止する効力があります（民執145条1項）。差押えの効力は、**差押命令が第三債務者に送達された時**に生じます（同条5項）。

第4　債権執行の管轄

　債務者の普通裁判籍の所在地を管轄する地方裁判所です（民執144条1項）。債務者が個人の場合は住所、法人の場合は主たる事務所により定まります（民執20条、民訴4条）。本事案の管轄裁判所は京都地方裁判所となります《資料1》。

第5　債権執行の申立て

5-1　申立書《資料48》

　債権執行の申立ては書面でしなければなりません（民執規1条）。申立書の部数は1通（正本のみ）です。申立書は、裁判所作成の定型書式を利用して作成するのが通例です。東京地裁や大阪地裁等のホームページから誰でも定型書式がダウンロードできるようになっており、記載方法も掲載されています。定型書式は、目録方式（①当事者目録、②請求債権目録、③差押債権目録）となっています。申立後、裁判所が開始決定等の書面を作成する際、その目録をそのまま利用することができ、執行の迅速化・効率化を図ることができます。各目録について簡単に触れておきます。

(1)　当事者目録

　当事者（債権者・債務者・代理人）及び第三債務者を記載します。当事者の記載方法は、強制競売申立書と同じです。第三債務者の表示は、差押えの効力に関わることですので、的確に記載する必要があります。特に、預金債権の場合は、取扱支店を送達場所として記載する必要があります。

【第三債務者が国の場合】

　民事訴訟の場合、国の代表者は法務大臣となりますが、債権執行の場合、国の代表者は、弁済を担当する官庁の支出担当官となります（明治26年勅令第261号「政府ノ債務ニ対シ差押命令ヲ受クル場合ニ於ケル会計上ノ規程」）。

〔例〕　衆議院議員の歳費　　　　衆議院支出官　衆議院庶務部長○○○○
　　　　最高裁判所職員の俸給　　支出官　最高裁判所経理局長○○○○

---

(2)　請求債権目録

　債務者に対していくら請求するのかを記載します。記載方法は、強制競売申立書と同じです。ただし、損害金については、金額を確定させておかないと、第三債務者が損害金の額を計算しなければ、債権者の取立てに応ずべき金額が分からないという事態が生じます。したがって、第三債務者に対する配慮として、損害金は、債務名義に記載されている起算日から申立日までの確定額とするのが実務の取扱いです（この取扱いについて、最高裁は合理性を有するとしています。最三小判平成21年7月14日民集63巻6号1227頁）。

(3)　差押債権目録

差押債権の種類及びその額、差押債権を特定するに足りる事項を記載します。裁判所のホームページに掲載されている記載例を参考にして作成します。例えば、預金債権の記載例は、《資料48-4》の差押債権目録のとおりです。

5-2　申立手数料

申立権1個につき、4000円です（民訴費3条1項別表第1の11項イ〔令4法施行後9項イ〕）。手数料の額に相当する収入印紙を申立書1枚目の余白部分に貼付するか、表紙を作成してその裏面に貼付します。

5-3　予納郵券

債権者は、差押命令等を送達・通知等するために要する費用を裁判所に予納しなければならず、郵券（郵便切手）で納付するのが通例です（民訴費13条）。郵券の金額や組合せは裁判所によって異なります。

5-4　添付書類

強制執行の申立てに必要となる書類（→166頁）です。また、申立書の別紙として作成した当事者目録等を各1部添付するのが通例です（裁判所によって異なります）。

第三債務者が法人である場合は、代表者の資格を証明する資料（代表者事項証明書等）《資料49》が必要となります。また、預金債権を差し押さえる場合は、支店を特定する必要がありますが、支店名とその所在地が掲載されている資料（金融機関のホームページを印刷したもの等）が必要となります。

5-5　申立書の提出

申立書（手数料分の収入印紙を貼付）、予納郵券、添付書類一式を管轄裁判所の執行部（債権執行係）に提出します。

第6　陳述催告の申立て

差押債権は、債務者と第三債務者との間の債権債務ですので、債権者には、差押債権が存在するのか否か、存在したとしていくらあるのか等、その詳細を知ることは困難です。そこで、債権者は、裁判所に対し、差押債権の有無や額等を第三債務者に照会することを求める申立てができます（民執147条1項）。この申立てを陳述催告の申立てといいます。債権執行の申立てと同時に申し立

てるのが通例です《資料48-1》。陳述催告の申立てをした場合、第三債務者から陳述書《資料51》が執行裁判所及び債権者に送付されます。

第7　申立て後の流れ

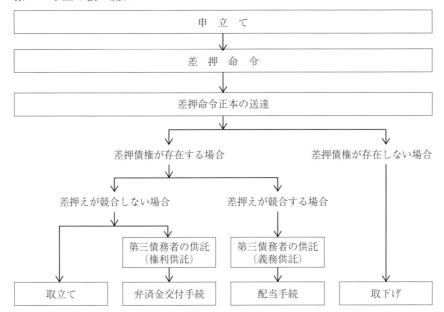

7-1　差押命令

　執行裁判所は、書面審理の上、要件が満たされていれば、**差押命令**を発令し、差押命令正本《資料50》を第三債務者及び債務者に送達します（民執145条3項）。なお、第三債務者より債務者の方に先に到達すると、債務者が預金を引き出すおそれがあるので、実務では、先に第三債務者に送達しています。差押命令が第三債務者及び債務者に送達されると、執行裁判所は、送達された旨と各送達日を債権者に通知します（民執規134条）《資料52》。

7-2　取立て又は配当等

　陳述催告の申立てをした場合、第三債務者から陳述書《資料51》が送付されます。その後の手続は、差押えが競合するか否かで異なります。差押えの競合とは、差押債権者が2人以上いる場合で、かつ、差し押さえた金額で執行費用

と各差押債権者の債権額の全部を弁済することができない場合をいいます。

(1) 差押えが競合しない場合

ア　第三債務者が差押債権を供託しない場合

　債権者は、原則として、差押命令が債務者に送達されて**1週間**を経過すれば、申立書に記載した請求金額を限度として、第三債務者から直接取り立てることができます（民執155条1項）（下図①）。例外として、差押債権が給与等の場合は、1週間ではなく、**4週間**となります（民執155条2項）（下図②）。給与等は、他の債権と比べ、債務者の生活維持のために保護する必要性が高いので、債務者が差押禁止債権の範囲の変更（拡張）制度を利用できるように長めの期間とされました。ただし、請求債権が扶養義務に係る金銭債権（婚姻費用、養育費等）の場合は、原則どおり1週間となります（一般原則に戻る）（下図③）。扶養料は履行期が来たらすぐに履行されないと困るという考え（民執151条の2参照）と扶養料は債務者の給料を引き当てにしているという考えに基づきます。

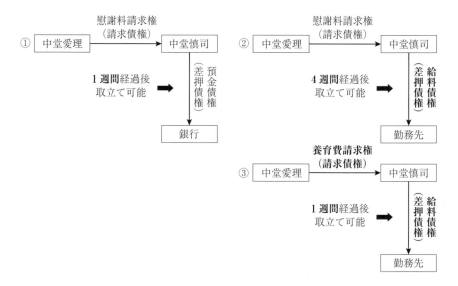

　債権者は、第三債務者から取り立てた場合、**債権取立届《資料53》**を執行裁判所に提出しなければなりません（民執155条4項）。取立時に弁済の効力が生じます（同条3項）。

イ　第三債務者が差押債権を供託した場合

　第三債務者は、差押債権を供託することができます（民執156条１項）。これを**権利供託**といいます。第三債務者は、差押債権を供託した場合、執行裁判所に供託した旨の届出をしなければなりません（民執156条３項〔令４法施行後156条４項（令5.2.20施行）〕）。この届出を**事情届**と言います（通常、第三債務者に差押命令正本が送達される際、事情届の用紙が同封されています）。供託後は、執行裁判所において、供託金を債権者に分配する手続（**弁済金交付手続**）が実施されます（民執166条１項１号・２項・84条２項）。執行裁判所は、弁済金交付計算書を作成し、債権者に対して交付額が記載された証明書を交付するとともに、供託所に対して支払委託をします。債権者は、その証明書に記載された供託所において、払渡しを受けます。

(2)　差押えが競合する場合

　差押えが競合する場合、第三債務者は、差押債権を供託しなければなりません（民執156条２項）。これを**義務供託**といいます。第三債務者は、差押債権を供託した場合、執行裁判所に**事情届**を提出しなければなりません。供託後は、執行裁判所において、供託金を債権者に分配する手続（**配当手続**）が実施されます（民執166条１項１号・２項・84条１項）。執行裁判所は、債権者に債権計算書を提出させて配当表を作成し、配当期日において、債権者から配当異議の申出がなければ、配当を実施します。執行裁判所は、債権者に対して配当額が記載された証明書を交付するとともに、供託所に対して支払委託をします。債権者は、その証明書に記載された供託所において、払渡しを受けます。

【Q】第三債務者が取立てに応じなかったらどうするのか？
【A】債権者は、第三債務者を被告として、取立訴訟（民執157条）を提起する必要があります。

第8　申立ての取下げ

8－1　取下げの必要性

　差押債権が存在しない場合、差押命令は効力を生じません。また、差押債権が存在しても、反対債権によって相殺される場合には、差押命令によって債権

を回収することはできません。この場合、申立てを取下げざるを得ません。その他にも、請求債権の一部しか取り立てすることができなかった場合には、申立ての一部を取り下げることになります《資料54》。

8-2　取下げのできる時期

申立ての取下げは、取立てを完了するまで可能です。

第三債務者から差押債権を取り立てると弁済の効力が生じますので（民執155条3項）、取立て後に申立てを取り下げることはできません。

なお、第三債務者の供託後に申立てを取り下げることはできないと解されますが、実務では、申立ての取下げがあった場合、配当等の受領権を放棄したものと解し、その他の債権者や債務者のために配当等の手続を行う取扱いをしています。

8-3　取下書

取下書は、正本1通と債務者及び第三債務者の人数分の副本を提出する必要があります。取下げが真意であることを担保するため、取下書には、申立書に押印した印鑑で押印します。また、取下書は債務者及び第三債務者に通知されますので、通知用の郵券を提出します。

8-4　債務名義等の還付申請

再度の強制執行が必要となる場合には、債務名義及び送達証明書の還付申請をします。一部取り立てた場合には、裁判所は、取り立てた旨を記載した用紙（実務では、奥書と呼びます）《資料55》を債務名義の末尾に付して還付します。

【本事案の流れ（参考例）】

①　債権者は、2023（令和5）年8月28日、京都地方裁判所に債権執行を申し立て、陳述催告を申し立てた《資料48》。

②　裁判所は、同年8月30日、差押命令を発令し《資料50》、第三債務者に送達後、債務者に送達した。

③　第三債務者は、同年9月4日、裁判所及び債権者に対し、普通預金が25万2500円存在し、弁済の意思がある旨の陳述書を送付した《資料51》。

④　裁判所は、同年9月11日、債権者に対し、差押命令が債務者及び第三債務者に送達された旨の通知書（債務者送達日：令和5年9月6日、第三債務者送達日：令和5年8月31日）を送付した《資料52》。

⑤　債権者は、同年9月19日、第三債務者から25万2500円を取り立てた。

⑥　債権者は、同年9月20日、裁判所に取立届《資料53》を提出するとともに、取り立てた25万2500円を除くその余の申立てを取り下げた《資料54》。
⑦　裁判所は、債務名義（執行文が付された判決正本）の末尾に奥書《資料55》を付して、債務名義と送達証明書を債権者に還付した。

第9　転付命令

　転付命令は、支払に代えて差押債権を差押債権者に移転（転付）する手続です（民執159条）。転付命令は、有効な債権差押えがあることを前提として発令されるものですので、転付命令の申立ては、債権差押命令の申立てと同時か、差押命令発令後に行います。転付命令が発令されても、転付命令が第三債務者に送達される時までに、他の債権者の差押え、仮差押えの執行又は配当要求があったとき（差押えが競合しているとき）は、効力を生じません（同条3項）。また、債務者等は転付命令に対して執行抗告をすることができ（同条4項）、確定するまで効力を生じません（同条5項）。

　転付命令が確定すると、転付命令が第三債務者に送達された時に遡って、差押債権が差押債権者に移転するとともに、その移転した範囲で差押債権者の請求債権が消滅します。

　例えば、本事案で転付命令を申し立て、転付命令が確定した場合、差押債権（預金債権）25万2500円が中堂慎司に移転し、請求債権（貸金返還請求権）のうち25万2500円が消滅します（ここでは、説明を簡略にするため、執行費用・損害金の充当は無視します）。請求債権の残額については、再度、強制執行をすることが可能です（再執行の際、転付命令の確定によって消滅したのが25万2500円であることを証明する必要があります）。

　転付命令は確定すると、債務者に対する債務名義のある債権が第三債務者に対する債務名義のない債権となること、また、第三債務者が無資力である危険を負うことになることに注意が必要です。確定後の取下げはできません。

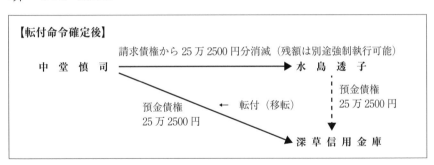

【転付命令確定後】

中　堂　慎　司 　→　請求債権から25万2500円分消滅（残額は別途強制執行可能）　→　水　島　透　子

預金債権
25万2500円　←　転付（移転）

預金債権
25万2500円

深　草　信　用　金　庫

【つぶやき㉗】　債権を回収するのは難しい

　金銭の支払を命じる判決獲得後、被告が任意に履行しない場合、強制執行を検討します。金銭執行の主な手段として、強制競売、動産執行、債権執行があります。まず、強制競売は、債務者が不動産を所有していなければ不可能ですし、不動産を所有していたとしても、担保権が設定されており、オーバーローン（不動産の価値よりローンの借入残高が上回る状態のこと）となっていれば、その不動産に換価価値はありません。また、動産執行は、つぶやき㉖で書いたように、執行不能となることが多いです。

　他方、債権執行は、執行費用が安く（手数料・郵券等合計約7千円程度）、手続にかかる時間も早いので、利用しやすい手段です。債権には様々なものがありますが、預金債権は、誰でも持っているものですし、金融機関が執行手続に慣れており、取立て作業が円滑に進みますので、押さえやすい債権です。しかし、債務者がどこの金融機関に預金債権を持っているのかわからないことが多く、金融機関を特定するのが非常に難しいです。しかも、支店名まで特定するとなると、情報が何もない場合、勘に頼らざるを得ないのが実情です。勘に頼ると言っても、何か手がかりになるものが必要です。私の知人の法律事務職員は、債務者の住所近くのスーパーに行き、そこに設置されているATMがどこの金融機関かを調べていたそうです（支店名もわかります）。古典的な方法は、地図を見て、債務者の住所に近い金融機関の支店を探すという方法です。このように、当たればラッキーの感覚で、複数の金融機関の支店を特定し、その支店ごとに債権額を割り付けて試してみるしかありません。例えば、3つの金融機関の支店を特定し、債権額200万円を、甲銀行A支店100万円、乙銀行B支店50万円、丙信用金庫C支店50万円と割り付けます。そして、陳述回答の結果、丙信用金庫C支店に差押債権額50万円を超える預金があり、残り2行には預金がないことがわかれば、すぐにその2行の差押え（150万円分）を取り下げ、取り下げた債権について、新たに丙信用金庫C支店の預金差押えの申立てをするのです。もちろん、3行とも預金な

し（又は預金があっても数千円程度しかない）ということも多いです。

　私は、複数の金融機関の支店に割り付ける際、ゆうちょ銀行をその１つに加えることが多いです。ゆうちょ銀行は、支店ではなく、全国12箇所に設置されている貯金事務センター（沖縄は貯金事務管理部）が貯金を管理しており、例えば、大阪貯金事務センターは近畿２府４県の郵便局で開設された口座を管理しているので、的中率が比較的高いからです。

　このように、支店を特定するのは非常に大変です。債権者にとって効率が良いのは、支店を特定するのではなく、全ての支店（本店を含みます）を対象とすることです。これは、差押命令を本店に送達し、本店において、預金の探索を求める方法です。預金は各支店ごとに管理されていますが、本店では、預金者がどこの支店にいくら預金しているかを把握しているからです。この方法は、探索の結果、複数の支店に預金があった場合にどうするかという問題があります。複数の支店に順位付けをしなければなりません。その方法としていくつかの方法が考え出されました。例えば、①支店番号の若い順番にする方法、②預金額が多い順番にする方法です。しかし、この全店を対象とする方法は、金融機関に過度の負担がかかります。金融機関は、探索した上で、支店番号の若い順番や預金額が多い順番に、他の差押えの有無や残高を調べ、債権額に達するまで差し押さえていくという作業をしなければなりません。金融機関は、差押えの効力が及んでいる部分は債務者への支払を停止する一方、差押えの効力が及んでいない部分は債務者からの払戻し請求に応じなければなりません。差押えの効力は差押命令が第三債務者に送達された時に生じますので、探索中に払い戻されてしまえば、金融機関の責任となる危険があります。この全店を対象とする方法について、下級審では見解が分かれていましたが、最高裁は認めませんでした（①の方法について、最三小決平成23年９月20日民集65巻６号2710号。②の方法について、最一小決平成25年１月17日判時2176号29頁）。

　私は、平成23（2011）年の判例が出る直前に、①の方法で申し立てたことがあります（もちろん弁護士の決裁を得ています）。その裁判所はこの方法を認めてくれず、「第三債務者の取扱支店名及びその住所を補正せよ」という補正命令がなされました。補正しないと申立てが却下されます。却下後に執行抗告をする予定だったのですが、調査嘱託（民執20条、民訴186条）が使えるのではないかと考え、債権を特定するに足りる事項を明らかにするため、預金口座の存在する支店名等の調査を本店に求める調査嘱託を申し立てました。裁判所に採用され、第三債務者から回答書が提出されたので、その回答書を謄写して取扱支店を特定することができました。しかし、口座残高は０円でした。

　2019（令和元）年の民事執行法改正によって預金等に関する情報取得手続（→

第10講）が新設され、この手続を利用すれば、支店名と残高がわかるようになりました。もっとも、この手続でも金融機関名を特定しなければなりません。債務者の預金先の金融機関名がわかっていれば良いですが、わからない場合には、勘を働かせて複数の金融機関名を特定することになります。私が2022年夏に受けた研修では、講師の裁判官が、7～8行くらいを特定する債権者が多いと言っていました。

　なお、実店舗を持たないインターネット専業銀行（PayPay銀行等）の場合は、支店を特定することなく申し立てることが可能となっています（名古屋高金沢支決平成30年6月20日判時2399号33頁参照）。

　このつぶやきの冒頭に、債務者が不動産を所有していたとしても、担保権が設定されており、オーバーローンとなっていれば、その不動産に換価価値はないと書きましたが、担保権者が金融機関であれば、その金融機関の預金口座を差し押さえるという方法があります。例えば、《資料36》の不動産登記事項証明書を見てください。京滋銀行（深草支店）の抵当権が設定されています。同支店には水島透子の預金口座があることが推測できますので、その預金口座を差し押さえるのです。もちろん、京滋銀行深草支店に水島透子の預金があっても、京滋銀行は水島透子に対して反対債権（貸金）を有していますから回収は困難です（銀行は貸金と預金を対当額で相殺します）。しかし、通常、金融機関からお金を借りるときの契約書には、その金融機関の預金が差し押さえられた場合、借主は期限の利益を喪失する旨の条項が入っています（期限の利益を喪失すると、水島透子は、借入金の残金を一括して京滋銀行に返済しなければならなくなります）。そうすると、水島透子は、差押えを解くために、中堂慎司に対して任意に支払ってくることがあります。

　私は、この方法で、執行費用と損害金を含めた債権全額を回収したことがあります。被告会社の本社ビルの登記事項証明書を取得したところ、被告会社の所有であり、某銀行の根抵当権が設定されていました。そこで、判決言渡し日に執行文の付与を申請し、付与を受けた日にその銀行の預金債権の債権執行を申し立てました。その数日後、被告訴訟代理人からうちの弁護士宛に至急の電話連絡が入りました（差押命令が銀行に送達され、直ちに銀行から被告会社に連絡が入ったとのことでした）。その日のうちに、被告訴訟代理人の事務員さんがうちの事務所に現金を持参しました。うちの弁護士が現金を受け取った後、私とその事務員さんは一緒に裁判所に行き、その事務員さんが訴訟の係属部に控訴権放棄書を提出した後、私は執行部に債権執行の取下書を提出しました。このように回収が上手くいくとすごく気持ちが良いです（依頼者も大喜びです）。

第7講　不動産の引渡し・明渡しの強制執行

【事案の概要】

　中堂優香（中堂慎司の母）は、所有しているアパートの一室を宮瀬龍子に家賃月額5万円で賃貸していましたが、宮瀬龍子は1年分の家賃60万円を滞納しました。中堂優香は、2022（令和4）年4月30日、賃貸借契約を解除しましたが、宮瀬龍子は、その後も占有したまま立ち退きません。

　そこで、中堂優香は、宮瀬龍子を被告として、建物の明渡し及び滞納賃料等の支払を求める訴えを京都簡易裁判所に提起し、以下のとおりの勝訴判決を得ることができました。しかし、宮瀬龍子は、判決後も立ち退きません。

〔判決の主文〕

　1　被告は、原告に対し、別紙物件目録記載の建物を明け渡せ。

　2　被告は、原告に対し、金60万円及びこれに対する令和4年○月○日から
　　支払済みまで年3分の割合による金員を支払え。

　3　被告は、原告に対し、令和4年5月1日から第1項の建物明渡済みまで
　　1か月5万円の割合による金員を支払え。

　4　訴訟費用は被告の負担とする。

　5　この判決は仮に執行することができる。

〔別紙物件目録の表示〕

　所　　在　　京都市伏見区深草塚本町66番地

　家屋番号　　30番

　種　　類　　共同住宅

　床 面 積　　170.50㎡

　上記のうち6号室28.42㎡（別紙図面A・B・C・D・Aの各地点を順次結んだ直線で囲まれた部分）

第1　不動産の引渡し・明渡しの強制執行

　不動産の引渡し・明渡しの強制執行は、執行官が債務者の不動産に対する占有を解いて、債権者に占有を取得させる方法で執行されます（民執168条1項）。

したがって、債権者又は代理人が執行現場に立ち会って、占有を取得する必要があります（民執168条3項）。

【引渡し・明渡し】

　引渡しは、不動産の占有を債権者に移転することです。明渡しは、引渡しの一態様ですが、不動産の中に債務者やその家族が居住し、又は物品を置いて占有しているときに、人を立ち退かせ、物品（動産）を撤去したうえで債権者に引き渡すことです。動産の撤去は不動産の明渡しに含まれています。

第2　管轄

　不動産の所在地を管轄する地方裁判所に所属する執行官です（執行官4条）。本事案は京都地方裁判所に所属する執行官が管轄権を有します《資料1》。

第3　申立て

3-1　申立書《資料56》

　申立ては書面でしなければなりません（民執規1条、執行官規7条）。申立書の部数は1通（正本）です。ただし、裁判所によっては、副本の提出を求められることがあります（本事案の京都地裁執行官室の場合、副本1通の提出を求められます）。申立書は、裁判所（執行官室）作成の定型書式を利用して作成するのが通例です。申立書には、①当事者、②債務名義及び請求債権、③引渡し又は明渡しの対象となる不動産（執行の目的物）、④求める強制執行の方法を記載します。執行の目的物は、新たに記載するのではなく、債務名義の物件目録をコピーして、申立書の別紙として綴じる形にすると、誤記がなくなり便利です。

3-2　申立手数料

　手数料及び職務の執行に要する費用の概算額を執行官に予納します（執行官規18条、執行官15条）。その金額は裁判所によって異なります。本事案（京都地裁執行官室）の予納金額は7万円です。事件終了後、残額があれば還付されます（不足する場合は追納します）。

3-3　添付書類

　強制執行の申立てに必要となる書類（→166頁）です。また、執行場所の案内図（地図）を添付するのが通例です。

3－4　申立書の提出

　申立書及び添付書類一式を管轄裁判所の執行官室に提出します。申し立てた際に、執行官室から保管金提出書が交付されますので、現金を添えて（振込可）裁判所の出納課（保管金係）に提出します。

第4　申立て後の流れ

4－1　明渡しの催告日の決定

　執行官は、原則として、明渡しの催告をする日時を決めます（民執168条の2第1項）。催告日は、やむを得ない事由がない限り、申立日から2週間以内の日としなければなりません（民執規154条の3第1項）。催告日には債権者も立ち会いますので、執行官と債権者とで日程調整をします。催告の際、債務者が不在である場合には、第三者の立ち会いが必要となり、合鍵又は解錠技術者の手配も必要となりますので、執行官と債権者との事前打合せが不可欠です。また、明渡催告後、強制執行を実施する際には、建物内の動産（家財道具等）を搬出しますので、催告日に搬出業者に同行してもらい、搬出費用の見積り《資料59》をしてもらうことが多いです。

4－2　明渡しの催告日

　執行官は、催告日に執行場所に行き、建物を誰が占有しているか確認し、債務者の占有を認定した上で、債務者に対して、強制執行実施日（債務者が任意に明け渡さない場合、実際に強制執行を実施する日時のことです。実務では**断行日**と呼びます）を告げて、直ちに建物を明け渡すよう催告します《資料57》。また、引渡期限や断行日等を記載した公示書《資料58》を建物内に貼り付けます。引渡期限は、原則として、**明渡催告日から1か月を経過する日**です（民執168条の2第2項）。明渡催告によって、引渡期限が経過するまでの間は、**当事者恒定効**が生じ、その間に占有の移転があった場合でも、承継執行文の付与を要することなく、当該占有者に対して強制執行を実施することができます。断行日は、実務上、引渡期限の1週間前の日とされることが多いです。

4 − 3 　断行日

　債務者が任意に明け渡さない場合、執行官は、建物内の動産（家財道具類）を搬出し、空家状態にして、債権者に建物を引き渡します。債務者が不在の場合の対応は、明渡催告日と同じです。建物内の動産の搬出は、搬出業者に依頼することが多いです。

　断行を実施すると、執行官は強制執行調書《資料60》を作成します。

【Q】建物内から搬出した動産はどうするのか？

【A】建物内の動産（実務では「目的外動産」と呼びます）は、債務者や同居の親族に引き渡さなければなりません（民執168条5項）。債務者等に引き渡すことができないときは、一定期間、倉庫等で保管する必要があります（同条6項）。その保管費用は、債務者の負担となりますが（同条7項）、債権者が負担せざるを得ないのが実情です。保管期間内に債務者が引き取らない場合は、執行官が保管物の売却を行います。債務者が目的外動産を引き取りに来ないことが明らかな場合などには、保管せず、断行日に売却されることもあります（民執168条5項、民執規154条の2）。これらの売却は、買受人がおらず、債権者が買い取って処分せざるを得ないのが実情です。

第5　申立ての取下げ

　断行日までに債務者が任意に明け渡す場合もあります。もっとも、動産を残置したままであることも多いです。したがって、債務者と任意に交渉する際には、残置動産類を債権者において処分することができるように、残置動産類の放棄書をもらっておくことが望ましいです。

　債務者が完全に空家にした状態か、残置動産類の放棄書や廃棄依頼書（催告期日に催告書と一緒に債務者に渡されることが多いです。《資料57》の注意書4参照）等がある場合には、申立てを取り下げます。

　取下書は、正本1通と債務者の人数分の副本を提出する必要があります。

第8講　子の引渡しの強制執行

【事案の概要】

　中堂慎司と中堂愛理は婚姻した夫婦です。両者の間には長女（3歳）がいます。

　中堂愛理は、中堂慎司の度重なる浮気や暴力を原因として、長女を連れて実家で暮らし始めました。ある日、中堂慎司は、中堂愛理の承諾を得て長女を連れ出して遊園地へ遊びに行きましたが、長女を中堂愛理の実家に返さず、自らの実家に連れて帰り、そのまま実家で暮らしています。

　中堂愛理は、未成年者（長女）の監護者の指定及び未成年者（長女）の引渡しを求めて京都家庭裁判所に審判を申し立てたところ、下記審判がなされて確定しました。しかし、中堂慎司は、未成年者（長女）を中堂愛理に引き渡しません。

〔審判主文〕

1　未成年者の監護者を申立人と定める。

2　相手方は、申立人に対し、未成年者を引き渡せ。

第1　概説

　民事執行法は財産事件を念頭に設計されています。そのため、子の引渡しの強制執行に関する明文がありませんでした。家事事件手続法（旧家事審判法）では、履行勧告（家事289条）・履行命令（家事290条）という制度がありますが、履行勧告は義務を履行するよう勧告するだけで実効性が低く、履行命令は財産上の給付請求権しか対象となっていません。

　上記事案では、家庭裁判所において、中堂愛理の下で監護されることが子の福祉に適うと判断されています。それにもかかわらず、中堂慎司の下で監護された状態を放置していることは問題があります。子の引渡しを命ずる裁判の実効性を確保する必要があります。

　そこで、実務では、知恵を絞り、動産引渡しの執行の規定（民執169条）を類推適用することによって、子の引渡しの強制執行を行っていました。しかし、

子を物と同視することは不適切ですし、明文規定がなく、誘拐に近いような執行が行われていた（そうでもしないと引渡しを実現できない）など、様々な問題が生じていました。子の引渡しの強制執行は、子の福祉・利益に十分な配慮をする必要があります。

　2013年にハーグ条約を締結したことが契機となり、民事執行法に明文規定を設ける動きが本格化し、2019（令和元）年の民事執行法改正によって、明文化されました（民執174条〜176条）。

【ハーグ条約（国際的な子の奪取の民事上の側面に関する条約）】

　ハーグ条約は、16歳未満の子が、監護権の侵害を伴う形で国境を越えて連れ去られた場合に、原則として、子を元の居住国に戻すための国際協力の仕組みについて定めたものです。今までの生活や人間関係から突然切り離されたり、異なる言語文化環境に適応しなければならなくなることは、子の利益を害するおそれがあるからです。ハーグ条約は、1983年に発効しましたが、長い間、日本は未締結でした。ようやく、2013年 5 月22日に国会で条約の締結が承認されました。2022年11月18日現在、103カ国が締結しています。

　ハーグ条約の実施に必要な国内手続等を定めるため、2013年 6 月12日に「国際的な子の奪取の民事上の側面に関する条約の実施に関する法律」（略称「ハーグ条約実施法」）が成立し、2014年 4 月 1 日から施行されました。間接強制前置主義と同時存在（執行時に子と債務者が一緒にいること）の原則が要件となっていましたが、民事執行法の改正に伴い、撤廃されました。

第 2　執行方法

　子の引渡しの強制執行は、①執行裁判所が執行官に子の引渡しを実施させる方法又は②間接強制による方法（→151頁）により行います（民執174条 1 項）。以下、①の方法について基本的な事項を説明します。

第 3　執行官に子の引渡しを実施させる方法

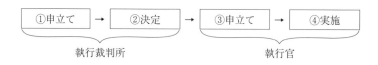

3−1　執行裁判所に対する申立て

(1)　管轄裁判所

原則として、**債務名義を作成した第一審裁判所**が執行裁判所となります（民執174条5項・171条2項・33条2項1号・6号）。本事案の管轄裁判所は京都家庭裁判所となります。

(2)　申立ての要件

以下の①〜③のいずれかに該当するときです（民執174条2項）。

① 間接強制の確定日から2週間を経過したとき

② 間接強制では監護を解く見込みがあるとは認められないとき

③ 子の急迫の危険を防止するために必要があるとき

ハーグ条約実施法で採用されていた間接強制前置主義（間接強制を先に行うことで任意の引渡しを促し、直接強制による子の心身の負担をできるだけ少なくする）を採用しませんでした。その理由は、間接強制の実効性に疑問があるからです。子の引渡しは、債務者の履行拒絶の意思が相当強固であると見込まれますし、感情的な部分で判断することが多く、経済的合理性の判断が働かないからです。民事執行法の改正に伴い、ハーグ条約実施法も間接強制前置主義の要件が撤廃されました。

(3)　申立て

執行裁判所に対し、執行官に子の引渡しを実施させる決定の申立てをします。申立手数料は2000円です（民訴費3条1項別表第1の11の2項イ〔令4法施行後10項イ〕）。手数料の額に相当する収入印紙を申立書1枚目の余白部分に貼付するか、表紙を作成してその裏面に貼付します。申立書の部数は、基本的には正本1通と副本1通です。添付書類は強制執行の申立てに必要となる書類（→166頁）です。予納郵券も必要となります（金額や組合せは裁判所によって異なります）。

(4)　決定

執行裁判所は、原則として債務者を審尋した上で、執行官に対し、子の監護を解くために必要な行為をすべきことを命じる旨の決定をします（民執174条3項・4項）。

3－2　執行官に対する申立て

(1)　申立て

　債権者は、執行裁判所で得た決定正本を添付して、子の引渡しを実施する場所を管轄する地方裁判所に所属する執行官に対し、決定の実施を申し立てます。執行予納金が必要となります（本事案の予納金額は8万円です）。

(2)　子の引渡しの実施

ア　実施場所

　債務者の住居等、債務者が占有する場所が実施場所となります（民執175条1項）。子が債務者の住居等にいない場合（例えば、祖父母宅に預けられている場合）には、子がいる場所が実施場所となりますが、その場合には、その場所の占有者（祖父母宅にいる場合には祖父母）の同意又は同意に代わる執行裁判所の許可が必要となります（同条2項・3項）。

イ　出頭者

　原則として、債権者が実施場所に出頭することが必要です（民執175条5項。例外は同条6項参照）。執行官が債務者の子に対する監護を解いて、債権者に子の監護を取得させる必要があるからです。また、債権者がいない状態で子を連れて行くことは、子の心身に悪いからです。なお、債務者が実施場所にいることは要件となっていません。

ウ　執行官の配慮義務

　執行官は子に対して威力を用いることはできません（民執175条8項）。また、引渡しを実現するにあたっては、子の年齢及び発達の程度その他の事情を踏まえ、できる限り、子の心身に有害な影響を及ぼさないように配慮しなければなりません（民執176条）。

エ　執行不能

　実施場所で子に出会えなかった場合や出会っても債務者の子に対する監護を解くことができなかった場合等には、執行不能となり、事件は終了します（民執規163条）。

【つぶやき㉘】　子の引渡しにおける家庭裁判所の役割

　ようやく、子の引渡しの強制執行の規定が明文化されました。しかし、多くの

課題を残しています。そもそも、子の引渡しを基礎付ける実体法上の明文規定はありません。親権・監護権に基づく妨害排除請求権として子の引渡しを求めることができるというのが判例であり、訴訟事項とし民事訴訟で扱えると解されています（最三小決平成29年12月5日民集71巻10号1803頁）。ただ、民事訴訟は、二当事者対立構造であり、第三者となる子の福祉・利益という観点が考慮されるのか疑問です。他方、子の引渡しは、家事審判事項（子の監護に関する処分・それを前提とする保全処分）として家事事件で扱うこともでき、実際には家事事件で多く扱われています。家事事件では、心理学、社会学、教育学、社会福祉学等の専門家である家庭裁判所調査官（裁61条の2）が関与し、子の福祉・利益が考慮されています。「家庭裁判所は、子の利益のために後見的な役割を果たすことがその職責とされている」のです（上記最決の木内道祥裁判官の補足意見）。このように考えると、引渡しの実現も、民事執行法ではなく、家事事件手続法（履行命令等の改正）で扱うべきではなかったのかという疑問が生じます。

　本来であれば、民事執行法の改正に伴い、実体法上の根拠も含めて改正すべきですが、民事執行法の改正を審議した法制審議会民事執行法部会では、民事執行法の改正について諮問を受け、家事事件手続法や民法等については諮問を受けていないこともあり、他の法律と絡めた審議ができていません（縦割りの弊害でしょうか）。

　また、新設された子の引渡し執行でも、実際に現場で引渡しを行うのは執行官ですが、執行官は子の福祉の専門家ではありません。改正後の実務では、子の福祉の専門家を執行補助者（執行官規12条）として同行させている裁判所もあるようですが（債務者の説得は執行官が、子の説得は執行補助者が行う）、地方では子の福祉の専門家を確保できないという問題があるようです。他方、全国には家庭裁判所調査官がいます。なぜ、家庭裁判所調査官を執行の現場で活用しないのでしょうか。債務名義が家事審判である場合、執行官は家庭裁判所調査官と事前に打合せをしているようですが、執行の現場に家庭裁判所調査官が同行すべきです。家事審判によって紛争が解決するわけではありません。執行官に子の引渡しを実施させる方法は、原則として、債務名義を作成した第一審裁判所が執行裁判所となります。すなわち、受訴裁判所を執行裁判所としているのです。その趣旨は、子の引渡し執行は本案に関する続行的判断の面があり、具体的事情を考慮した裁量的判断が必要なため、債務名義の形成過程を良く知りうる債務名義の記録のある裁判所に担当させることにあります。この趣旨に照らせば、家庭裁判所調査官を執行の現場で活用すべきであることは明らかです。

第9講　担保権の実行

第1　担保権の種類

担保権とは、債務の履行を確保するため、物の交換価値を利用する権利のことです。先取特権、質権、抵当権（根抵当権）等のことです。

1－1　先取特権

法律の定めた特殊の債権を有する者が、債務者の一定の財産から優先弁済を受けることができる法定担保権です（民303条以下）。

1－2　質権

債権者がその債権の担保として債務者又は第三者から受け取った物を、債務が弁済されるまで留置することによって、債務者の弁済を間接的に強制するとともに、債務が弁済されない場合には、その物から優先弁済を受けることができる約定担保権です（民342条以下）。

1－3　抵当権

債権者がその債権の担保として債務者又は第三者から提供された不動産を、債権者に占有を移転することなく、債務者又は第三者に使用収益させておきながら、債務が弁済されない場合には、その不動産から優先弁済を受けることができる約定担保権です（民369条以下）。

第2　担保権の実行

担保権の実行は、担保権の実体法上の**優先弁済力**に基づき、その目的物（不動産、動産、債権等）を換価して、被担保債権の満足を図る手続です。その目的物によって手続が異なります。強制執行と同様に、大きく、①不動産に対する担保権の実行、②動産に対する担保権の実行（動産競売と呼びます）、③債権に対する担保権の実行に分かれます。いずれも、担保権及び被担保債権が存在していること、被担保債権の弁済期が到来していることが実体的要件となります。

　原則として、不動産に対する担保権の実行は不動産執行の規定が、動産競売は動産執行の規定が、債権に対する担保権の実行は債権執行の規定が、それぞれ準用されており、基本的な流れは、強制執行と同じです。強制執行との主な違いは、①手続に必要となるのは、債務名義ではなく、担保権の存在を証明する文書であること、②対象の財産は、債務者の一般財産ではなく、担保権の目的となっている財産であること、③配当は平等ではなく、優先順位による（担保権者は一般債権者に優先し、担保権者同士には優劣がある）ことです。

【留置権競売】

　留置権は、他人の物の占有者が、その物に関して生じた債権の弁済を受けるまでその物を留置することによって、債務者の弁済を**間接的に強制する**法定担保権です（民295条）。留置権には優先弁済力がなく、担保権の実行はできませんが、目的物を長期間留置しなければならない不都合を回避させるため、競売によって留置物を換価することが認められており、担保権の実行と同様の手続となります（民執195条）。原則として換価代金は留置権者に交付され、留置権者は交付金を債務者に返還しなければなりませんが、債権と相殺することができます。したがって、事実上、優先弁済を受けたことになります。

第3　不動産に対する担保権の実行

　不動産に対する担保権の実行は、担保不動産競売と担保不動産収益執行とに分かれます。それぞれ、強制競売と強制管理に相当します。実務上最も多いのは、抵当権（根抵当権）に基づく、担保不動産競売の申立てです。手続の開始には、担保権の存在を証する文書が必要となりますが（民執181条1項）、抵当権（根抵当権）が登記された不動産登記事項証明書が提出されることがほとんどです。

【具体例】

　水島透子は、土地を購入する資金として、京滋銀行から1000万円を借り受けました。京滋銀行は、貸金の担保として、その土地に抵当権の設定を受けました《資料36》。水島透子が債務の支払を怠り、期限の利益（期限が到来するまで債務を履行しなくても良いという債務者の利益）を喪失した場合、京滋銀行は、抵当権に基づき、その土地の担保不動産競売を申し立てることができます。

第4　動産に対する担保権の実行（動産競売）

　動産競売は、①債権者が執行官に当該動産を提出した場合、②当該動産の占有者が差押えを承諾した場合、③執行裁判所が動産競売の開始を許可した場合に開始されます（民執190条）。

> **【具体例】**
>
> 　中堂慎司は、知人の吉田哲郎に対し、オートバイを30万円で売却して引き渡しましたが、吉田哲郎は売買代金を支払ってくれません。この場合、中堂慎司は、執行裁判所に売買契約書等を提出するなどして、動産売買の先取特権（民311条5号・321条）が存在することを証明し、動産競売の開始許可決定を得ることができれば、執行官にその決定謄本を提出して、そのオートバイの動産競売を申し立てることができます。

第5　債権に対する担保権の実行

　実務上多いのは、担保権の物上代位権の行使です。物上代位とは、担保権の目的物が売却、賃貸、滅失するなどして、目的物の所有者が金銭等を受け取ることができるようになった場合には、その請求権にも担保権の効力が及ぶというものです（民304条・350条・372条）。

　例えば、抵当権の目的物である建物が賃貸された場合、抵当権者は、物上代位権を行使して、その賃料債権を差し押えることができます。また、動産売買の先取特権の目的物である動産が売却された場合、先取特権者は、物上代位権を行使して、その売買代金債権を差し押えることができます。

> **【具体例】**
>
> 　中堂慎司は、知人の吉田哲郎に対し、オートバイを30万円で売却して引き渡しましたが、吉田哲郎は売買代金を支払ってくれません。吉田哲郎は、その友人である橋口功三に対し、そのオートバイを30万円で転売していました。この場合、中堂慎司は、動産売買の先取特権の物上代位権を行使して、吉田哲郎の橋口功三に対する転売代金債権を差し押さえることができます。

第10講　財産状況の調査

【事案の概要】

　中堂慎司は、水島透子を被告として、京都地方裁判所に訴えを提起し、「被告は、原告に対し、200万円及びこれに対する平成24年12月2日から支払済みまで年5分の割合による金員を支払え。」との判決を得ました。しかし、水島透子は任意に支払いません。中堂慎司は、強制執行を申し立てることを考えていますが、水島透子がどのような財産を有しているか知りません。

　そこで、中堂慎司は、水島透子の財産を調べる手続をとることにしました。

10－1　財産開示手続

第1　概説

　金銭執行を申し立てるためには、債権者が債務者の財産を特定する必要があります。しかし、債権者は、債務者がどのような財産を有しているか知らないことが多く、財産を調査する手段も少ないので、債務者の財産を特定することができず、権利を実現することが難しいという問題があります。

　そこで、金銭債権の実現を実効的なものにするため、2003（平成15）年の民事執行法改正によって、**財産開示手続**という制度が新設されました。具体的には、債務名義を有する債権者の申立てにより、裁判所が債務者を呼び出し、非公開の期日において、債務者に宣誓の上、自己の財産について陳述させることによって債務者の責任財産を開示させる制度です。しかし、①一部の債務名義に限定されていたこと（例えば、仮執行宣言付判決、支払督促、執行証書等は不可）、②債務者が正当な理由なく出頭しなかったり、宣誓を拒んだり、虚偽の陳述をしたりした場合の制裁が軽いこと（30万円以下の過料）等から、実効性に乏しいという問題がありました。

　そこで、2019（令和元）年に民事執行法が改正され、全ての債務名義が対象

となり（上記①の改正）、制裁が刑事罰（6か月以下の懲役又は50万円以下の罰金）となりました（上記②の改正）。

第2　申立ての要件

2−1　申立権者

　申立権者は、①執行力のある債務名義の正本を有する金銭債権の債権者、②債務者の財産について一般先取特権（民306条）を有することを証する文書を提出した債権者です（民執197条1項・2項）。

2−2　不奏功要件（財産開示の必要性）

　財産開示手続は、債務者のプライバシーや営業秘密等に関する情報を開示させることになるので、申立ての濫用を防ぐ必要があります。財産開示手続は、強制執行等をするための準備手続ですので、強制執行等をする必要がない場合には認めるべきではありません。そこで、下記(1)と(2)のどちらかの要件を満たすことが求められています。この要件を一般に**不奏功要件**と呼び、下記(1)を不奏功の事実、下記(2)を不奏功の見込みと呼びます。

(1)　不奏功の事実

　過去6か月以内の強制執行又は担保権実行における配当手続（弁済金交付手続）で完全な弁済を得られなかったとき（民執197条1項1号・2項1号）です。注意すべき点は、配当手続（弁済金交付手続）となっているので、例えば、債権執行で第三債務者から取り立てた場合や動産執行で不能となった場合には、この要件に該当しないことです（下記(2)の要件の疎明資料とはなります）。

(2)　不奏功の見込み

　知れている財産に対する強制執行（担保権実行）をしても完全な弁済を得られないことを疎明したとき（民執197条1項2号・2項2号）です。なお、「知れている財産」は条文の文言です。債権者が知ることができる財産という意味です。この要件の審査はあまり厳しくないというのが実情です。前述のとおり、2019年に財産開示手続が一部改正されましたが、その際の法制審議会においても、裁判官の幹事が「197条1項2号の要件で却下しているという例はほとんどないというふうに認識しています」と発言しています（2016年12月16日開催の法制審議会民事執行法部会第2回議事録18頁餘多分宏聡幹事発言）。

2－3　再実施の制限

　過去3年以内に財産開示期日において財産を開示した債務者に対しては、原則として財産開示手続を実施することができません（民執197条3項）。財産開示後の短期間で財産状況が大きく変動することは少ないと考えられますし、また、前述のとおり、財産開示手続は、債務者のプライバシーや営業秘密等に関する情報を開示させることになるので、債務者の負担をできる限り少なくすべきだからです。

第3　財産開示手続の管轄

　債務者の普通裁判籍の所在地を管轄する地方裁判所です（民執196条）。債務者が個人の場合は住所、法人の場合は主たる事務所により定まります（民執20条、民訴4条）。本事案の管轄裁判所は京都地方裁判所となります《資料1》。

第4　財産開示手続の申立て

4－1　申立書《資料61》

　申立ては書面でしなければなりません（民執規1条）。申立書の部数は1通（正本のみ）です。申立書には、①当事者、②債務名義及び請求債権、③申立ての理由等を記載します。

4－2　申立手数料・予納郵券

　申立権1個につき、2000円です（民訴費3条1項別表第1の11の2項イ〔令4法施行後10項イ〕）。手数料の額に相当する収入印紙を申立書1枚目の余白部分に貼付するか、表紙を作成してその裏面に貼付します。また、予納郵券も必要となります（金額や組合せは裁判所によって異なります）。

4－3　不奏功要件に関する書類

　不奏功の事実の場合は、配当表謄本（弁済金交付計算書謄本）が必要となります。不奏功の見込みの場合は、債権者として通常行うべき調査を行った結果、知れている財産（不動産・動産・債権）がどれだけ存在し、それらの財産に対して強制執行をしても、請求債権の完全な弁済を得られないことを具体的に主張した報告書《資料62》を提出し、その疎明資料を提出します。

4−4　その他の添付書類

　強制執行の申立てに必要となる書類（→166頁）です。また、申立書の別紙として作成した当事者目録等を各1部添付するのが通例です。

4−5　申立書の提出

　申立書（手数料分の収入印紙を貼付）、予納郵券、添付書類一式を管轄裁判所の執行部に提出します。

第5　申立て後の流れ

| 実施決定 | → | 財産開示期日 |

5−1　財産開示手続実施決定

　執行裁判所は、書面審理の上、要件が満たされていれば、**財産開示手続実施決定**をします（民執197条1項）《資料63》。執行裁判所は、債務者に対し、財産開示実施決定正本を送達します（同条4項）。

5−2　財産開示期日の呼出し

　執行裁判所は、実施決定が確定すると、財産開示期日を指定し、申立人及び債務者を呼び出します（民執198条）。また、同時に、債務者に対し、財産目録を作成して提出するよう通知します（民執規183条1項）。

5−3　財産目録の提出

　債務者は、提出期限までに財産目録を執行裁判所に提出しなければなりません（民執規183条2項・3項）。もっとも、提出しなかった場合の罰則等はありません。申立人は、債務者が提出した財産目録を閲覧・謄写することができます（民執201条・17条）。

5−4　財産開示期日

　債務者は、財産開示期日に出頭し、宣誓の上、債務者の財産について陳述する義務を負っています（民執199条1項・7項、民訴201条1項）。申立人は、執行裁判所の許可を得て、債務者に対して質問をすることができます（民執199条4項）。財産開示期日は**非公開**となっています（民執199条6項）。債務者が正当な理由なく出頭しなかったり、宣誓を拒んだり、虚偽の陳述をしたりした場

合、刑事罰（6か月以下の懲役又は50万円以下の罰金）が科されます（民執213条5項・6項）。財産開示期日において債務者の宣誓・陳述がなされた場合、財産開示期日調書が作成されます（民執規12条）。

第6　申立ての取下げ

　債務者が財産目録を提出した後に申立てを取り下げる場合には、**債務者の同意が必要**であると解されています（民執20条、民訴261条2項）。債権者は、財産目録を閲覧・謄写して債務者の財産を知ることができれば目的を達します。この場合、債権者が申立てを取り下げると、債務者は3年の財産開示実施制限の利益が得られず、不利益を被るおそれがあるからです。

10−2　第三者からの情報取得手続

第1　概説

　金銭債権の実現を実効的なものにするため、財産開示という制度がありますが、十分に機能しておらず、より実効的な制度の創設が望まれていました。そこで、2019年（令和元年）の民事執行法の改正によって、第三者から債務者の財産に関する情報を取得できる制度が新設されました。

　具体的には、①債務者の不動産に係る情報の取得手続（以下、「不動産の情報取得手続」と略します）、②債務者の給与債権に係る情報の取得手続（以下、「給与債権の情報取得手続」と略します）、③債務者の預貯金債権等に係る情報の取得手続（以下、「預貯金等の情報取得手続」と略します）の3つの手続があります。

　①の情報（不動産の所在地等）を取得できれば不動産執行、②の情報（勤務先）を取得できれば給与等の債権執行、③の情報（金融機関の支店名等）を取得できれば預貯金等の債権執行が可能になります。

　①〜③の各手続で申立ての要件や手続の流れが異なります。②及び③は2020年4月1日から、①は2021年5月1日から施行されました。

【各手続の比較】

	不動産の情報取得手続	給与債権の情報取得手続	預貯金等の情報取得手続
管轄裁判所		債務者の普通裁判籍の所在地を管轄する地方裁判所	
申立手数料		1000円	
申立権者　執行力のある債務名義の正本を有する金銭債権の債権者	○	（一部の債権に限定）扶養義務に係る金銭債権　人の生命・身体の侵害による損害賠償請求権	○
申立権者　債務者の財産について一般先取特権を有することを証する文書を提出した債権者	○	×	○
要件　財産開示前置	要	要	不要
要件　不奏功	要	要	要
第三者（情報機関）	東京法務局	①市町村②日本年金機構等	①銀行等②振替機関等
認容決定の債務者に対する送達	あり	あり	なし
認容決定に対する執行抗告	可	可	不可
却下決定に対する執行抗告	可	可	可
提供情報	不動産を特定するに足りる事項（民執規189条）	給与等の支払者名・住所（民執規190条）	店名・種別・口座番号・金額（民執規191条）
第三者の費用・報酬請求権	なし	なし	あり

第2　情報取得手続の基本的な流れ

第3　不動産の情報取得手続（民執205条）

3-1　申立権者

　申立権者は、①執行力のある債務名義の正本を有する金銭債権の債権者、②

債務者の財産について一般先取特権を有することを証する文書を提出した債権
者です。

3 - 2　要件

要件は2つあり、1つは、財産開示を実施し、財産開示期日から3年以内で
あることです。まずは財産開示を申し立てなさいということです。これを**財産
開示前置主義**といいます。もう1つは、不奏功要件です。財産開示の不奏功要
件（→210頁）と同じです。

3 - 3　第三者（情報機関）

東京法務局です。

第4　給与債権の情報取得手続（民執206条）

4 - 1　申立権者

申立権者は、①扶養義務に係る金銭債権（婚姻費用、養育費等）について執
行力のある債務名義の正本を有する債権者、②人の生命・身体の侵害による損
害賠償請求権（民167条参照）について執行力のある債務名義の正本を有する債
権者です。

> 【和解調書等を作成する場合の注意点】
> 「和解金」や「解決金」の記載では、人の生命・身体の侵害による損害賠償請
> 求権であることがわからないので、「本件事故による人身損害に係る請求権」等、
> 上記請求権であることが執行裁判所にわかるように記載すべきです。

4 - 2　要件

要件は2つあり、1つは、財産開示を実施し、財産開示期日から3年以内で
あることです（財産開示前置主義）。もう1つは、不奏功要件です。財産開示の
不奏功要件（→210頁）と同じです。

4 - 3　第三者（情報機関）

市町村と年金機関（日本年金機構等）です。市町村や年金機関は、住民税や
社会保険料を給与の支払者から徴収するので（特別徴収という制度です）、債務
者の勤務先の情報を知っています。

第5　預貯金等の情報取得手続（民執207条）

5 - 1　申立権者

　申立権者は、①執行力のある債務名義の正本を有する金銭債権の債権者、②債務者の財産について一般先取特権を有することを証する文書を提出した債権者です。

5 - 2　要件

　不奏功要件のみです。財産開示の不奏功要件（→210頁）と同じです。

5 - 3　第三者（情報機関）

　銀行等と振替機関等（振替機関及び口座管理機関。社債、株式等の振替に関する法律2条5項）です。振替機関とは株式会社証券保管振替機構のことであり、口座管理機関とは証券会社等のことです。なお、具体的な株式情報は口座管理機関（証券会社等）が保有しており、証券保管振替機構は保有していません。

第6　情報取得手続の管轄

　債務者の普通裁判籍の所在地を管轄する地方裁判所です（民執204条）。債務者が個人の場合は住所、法人の場合は主たる事務所により定まります（民執20条、民訴4条）。本事案の管轄裁判所は京都地方裁判所となります《資料1》。

第7　情報取得手続の申立て

7 - 1　申立書《資料64》

　申立ては書面でしなければなりません（民執規1条）。申立書には、①申立ての理由、②当事者及び第三者（情報機関）、③債務名義及び請求債権、④所在地の範囲（不動産の情報取得手続の場合）等を記載します。

　なお、債務者を特定する事項として、情報機関が検索しやすいように、債務者の氏名・名称の振り仮名、生年月日、性別を記載しなければなりません（民執規187条2項）。会社成立日、旧姓（旧商号）、旧住所等も記載すべきでしょう（住民票や登記事項証明書等の資料を提出します）。特に、預貯金の情報取得手続の場合、金融機関は氏名・商号をカナで登録していますので、カナの記載がないと、照合に時間がかかりますし、該当なしとなる可能性もあります（振り仮名がわからない場合は、考えられる振り仮名を複数記載します）。

7－2　申立手数料

1000円（民訴費3条1項別表第1の16項イ）です。手数料の額に相当する収入印紙を申立書1枚目の余白部分に貼付するか、表紙を作成してその裏面に貼付します。

7－3　執行予納金

預貯金等の情報取得手続では、第三者は裁判所に報酬及び費用を請求することができ（民訴費28条の3）、申立人は裁判所にその金額を納付する義務があります（民訴費11条）。報酬及び費用の額は2000円です（民訴費規8条の3）。郵便料を含めた執行予納金を納めることになっている裁判所が多いです。

7－4　財産開示前置主義に関する書類

不動産の情報取得手続及び給与債権の情報取得手続は、財産開示前置主義となっていますので、財産開示期日が実施されたことの証明書を添付する必要があります（民執規187条3項）。

7－5　不奏功要件に関する書類

財産開示手続の申立てと同じです（→211頁）。

7－6　その他の添付書類

財産開示手続の申立てと同じです（→212頁）。

7－7　申立書の提出

申立書（手数料分の収入印紙を貼付）、添付書類一式を管轄裁判所の執行部に提出します。執行予納金が必要となる場合には裁判所に納めます。

第8　申立て後の流れ

8－1　情報提供命令（認容決定）

執行裁判所は、書面審理の上、要件が満たされていれば、第三者に対し、情報を提供すべき旨を命じます（民執205条1項・206条1項・207条1項）《資料65》。同時に債権者に告知します。

(1)　預貯金等の情報取得手続

執行裁判所は、認容決定と同時に第三者に告知します。

(2)　不動産の情報取得手続及び給与債権の情報取得手続

執行裁判所は、認容決定正本を債務者に送達します（民執205条3項・206

2項)。債務者は執行抗告が可能であり、認容決定は確定しないと効力を生じません（民執205条4項・5項・206条2項)。認容決定確定後、第三者に告知します。

8-2　情報の提供

第三者は、執行裁判所に対し、情報を書面で提供します（民執208条1項)。また、同時にその書面（**情報提供書**)《資料66》の写しを裁判所に提出するか、債権者に直接送付します（民執規192条1項)。執行裁判所は、情報提供書の写しを債権者に送付し（情報機関から債権者に情報提供書の写しを直接送付した場合を除く)、情報が提供された旨を債務者に通知します（民執208条2項)。なお、預貯金等はすぐに出金されてしまうので、預貯金等の情報取得手続では、裁判所に情報提供書が到着してから債務者に通知するまで、約1か月の期間を空ける取扱いをしています。

提供される情報は、①不動産の情報取得手続の場合は、不動産の所在地等です（民執規189条)。②給与債権の情報取得手続の場合は、給与の支払者等です（民執規190条)。③預貯金等の情報取得手続の場合は、預貯金口座の店名、口座番号、金額等又は株式等の銘柄や数等（民執規191条）です。

第9　情報の目的外利用の制限

情報取得手続によって取得した情報は、「当該債務者に対する債権をその本旨に従って行使する目的」以外に利用・提供してはいけません（民執210条)。なお、給与債権の情報取得手続によって取得した情報（勤務先等）を債務名義上に表示されたその他の債権に基づく強制執行の場面で利用したとしても、目的外利用とは言えないと解釈されています（2018年5月25日開催の法制審議会民事執行法部会第19回会議議事録9頁・内野宗揮幹事発言参照)。

第11講　民事執行に関する不服申立て

第1　不当執行と違法執行

1-1　不当執行

　わが国の民事訴訟制度は、執行の迅速と効率を図るため、権利判定手続（判決手続）と執行手続とを異なる機関に担当させています。執行機関は、権利判定機関が作成した公的な文書（債務名義）の存在を確認することによって、執行手続を開始・進行すればよく、その文書に表示された権利の存在については調査する必要がありません（調査する権限がありません）。

　したがって、既に権利が消滅しているのに執行手続を開始・進行したとしても、執行手続は違法とはいえません。しかし、権利が存在するからこそ、執行手続を正当として是認することができるのであって、権利が存在していないのであれば、不当な執行手続（不当執行）となります。不当執行は、権利の存否に関する問題（実体法の問題）ですので、権利判定手続（判決手続）によって解決が図られることになります。その手続として、**請求異議訴訟**や**第三者異議訴訟**等が用意されています。

1-2　違法執行

　他方、執行法の規定を逸脱した手続は違法な執行手続（違法執行）となります。違法執行は、執行手続の問題ですので、執行手続内で解決が図られることになります。その手続として、**執行抗告**と**執行異議**が用意されています。

　なお、担保権実行手続は、実体法の問題（担保権の不存在・消滅）も、執行抗告・執行異議をすることが可能です（民執182条）。担保権の存在は実体要件であると同時に手続要件だからです（不当執行かつ違法執行）。

不当執行（実体法の問題）　→　請求異議訴訟・第三者異議訴訟等

違法執行（執行手続の問題）　→　執行抗告・執行異議

第2　執行抗告と執行異議

2-1　執行抗告（民執10条）

　執行抗告は、執行裁判所の裁判に対し、民事執行法に「執行抗告をすることができる」という**特別の定めがある場合に限って申し立てることができる不服申立て**です。例えば、強制競売の申立てが却下された場合、債権者は、執行抗告をすることができます（民執45条3項）。また、債権差押命令の裁判については、債権者、債務者及び第三債務者が執行抗告をすることができます（民執145条6項）。

　執行抗告は、上訴であり、執行裁判所の上級裁判所が審理します。裁判の告知を受けた日から**1週間以内**に抗告状を原裁判所に提出しなければなりません（民執10条2項）。原裁判所は、執行抗告に理由があると認めるときは、自ら原裁判を更正することができます（民執20条、民訴333条）。これを**再度の考案**といいます。理由がないと認めるときは、事件を抗告裁判所に送ります（民執規15条の2、民訴規206条）。抗告審の審理は任意的口頭弁論です（民執4条）。抗告裁判所は、執行抗告が不適法ならば却下決定、理由がなければ棄却決定、理由があれば原裁判を取り消す（又は変更する）決定をします。抗告審の決定に対し、抗告審が地方裁判所の場合は再抗告できますが（民執20条、民訴330条）、高等裁判所の場合は再抗告できません（裁7条2号）。特別抗告・許可抗告（126頁・127頁）は可能です。

【執行抗告の決定主文例】

　京都地方裁判所令和○年（ル）第○号債権差押命令申立事件について同裁判所が令和○年○月○日に発令した債権差押命令を取り消す。相手方の上記債権差押命令の申立てを却下する。

2-2　執行異議（民執11条）

　執行異議は、執行裁判所の裁判のうち執行抗告ができないもの、執行官の執行処分及びその遅怠（ちたい）に対する不服申立てです。例えば、動産執行で執行官が差押禁止動産（民執131条）を差し押さえた場合、債務者は執行異議を申し立てることができます。

　執行異議は、上訴ではなく、同一審級での審理となり、執行裁判所に申し立

てます。申立期間の制限はありません。執行異議の審理は任意的口頭弁論です（民執4条）。執行裁判所は、申立てが不適法ならば却下決定、理由がなければ棄却決定、理由があれば執行処分を取り消したり、執行処分を命じる決定をします。執行異議の決定に対し、原則として不服申立てをすることはできません（例外：民執12条1項）。

【執行異議の決定主文例】

　京都地方裁判所令和○年（執ロ）第○号不動産引渡強制執行申立事件につき、同裁判所所属の執行官が手数料の額を○万円と定めた処分を取り消す。

第3　請求異議の訴え（民執35条）

　請求異議の訴えは、**債務名義**に記載された請求権の存在や内容に対して異議のある者が、**強制執行の不許を求める訴え**です。例えば、確定判決後、債務者が弁済したにもかかわらず、債権者が強制執行を申し立てた場合、債務者は請求権が消滅しているとして、強制執行の不許を求めることができます。

　なお、担保権実行手続は、債務名義の存在を前提としていないので、請求異議の訴えの対象とはなりません（例えば、被担保債権が消滅しているにもかかわらず、抵当権に基づく不動産競売を申し立てられた場合には、抵当権設定登記の抹消を求める訴えを提起し、抹消登記請求権を被保全債権として競売手続停止の仮処分を申し立てるという手段があります）。

　管轄裁判所は債務名義によって異なります。例えば、確定判決の場合は第一審裁判所となります（民執35条3項・33条2項1号）。

【請求異議訴訟の判決主文例】

　被告から原告に対する、京都地方裁判所令和○年（ワ）第○号損害賠償請求事件の判決に基づく強制執行は、これを許さない。

第4　第三者異議の訴え（民執38条）

　第三者異議の訴えは、債務名義上の債務者ではない**第三者**が、**強制執行の不許を求める訴え**です。例えば、債務者の自宅にあった絵画が差し押さえられた

が、その絵画は第三者が債務者に預けていたものであった場合、その第三者は、その絵画は自分の所有物であるとして、強制執行の不許を求めることができます。管轄裁判所は執行裁判所です（民執38条3項）。

> 【第三者異議訴訟の判決主文例】
> 　被告がA株式会社に対する京都地方法務局○○作成の令和○年第○執行力ある公正証書の正本に基づいて、令和○年○月○日別紙物件目録記載の物件についてした強制執行は、これを許さない。

第5　執行文付与に関する不服申立て

5－1　執行文付与等に関する異議（民執32条）

　執行文は、債務名義（事件記録）を保管している裁判所の裁判所書記官が付与機関（執行証書は公証人が付与機関）となります（民執26条1項）。裁判所書記官（公証人）は、付与の要件を審査し、付与の要件を満たすと判断すれば執行文を付与し、要件を満たさないと判断すれば付与を拒絶します。

　執行文が付与された場合、債務者は「要件が欠けていること」を主張して、異議を申し立てることができます。他方、執行文の付与を拒絶された場合、債権者は「要件が存在していること」を主張して、異議を申し立てることができます。これらの異議申立てを**執行文付与等に関する異議**といいます。

　管轄裁判所は、処分を下した裁判所書記官が所属する裁判所（執行証書の場合は公証人の役場所在地を管轄する地方裁判所）となります。

　執行文付与に対する異議を認容する場合は、執行文付与を取り消すとともに、その執行文が付与された債務名義に基づく強制執行を許さない旨を決定で宣言します。執行文付与拒絶に対する異議を認容する場合は、付与拒絶の処分を取り消すとともに、裁判所書記官に対し執行文を付与すべきことを決定で命じます。決定が出ると裁判所書記官は直ちに執行文を付与します。

　この裁判に対する不服申立てはできません（民執32条4項）。

5－2　執行文付与の訴え（民執33条）

　執行文付与の訴えは、**条件成就執行文**又は**承継執行文**について要求される証明文書を提出することができない場合に、債権者が**執行文の付与を求める訴え**です。実体法の問題ですので、権利判定手続（判決手続）によって解決が図ら

れることになります。

　管轄裁判所は請求異議の訴えと同じです。訴えを認容する場合、裁判所書記官に対し執行文を付与すべきことを判決で命じます。判決確定後、債権者が判決正本等を添付して裁判所書記官に対して執行文の付与を申し立てることによって、執行文が付与されます。

5−3　執行文付与に対する異議の訴え（民執34条）

　執行文付与に対する異議の訴えは、条件成就執行文又は承継執行文が付与された場合に、債務者が**強制執行の不許を求める訴え**です。

　管轄裁判所は請求異議の訴えと同じです。訴えを認容する場合、執行文付与を取り消すとともに、その執行文が付与された債務名義に基づく強制執行を許さない旨を判決で宣言します。

第6　強制執行の停止・執行処分の取消し

　強制執行の停止とは、執行機関が法律上の事由に基づき、**執行手続を開始・進行しないこと**です（民執39条）。**執行停止文書**（民執39条1項1号から8号までの文書）を執行機関に提出すると強制執行が停止します。

　執行処分の取消しとは、執行機関が既にした**執行処分を取り消すこと**です（民執40条）。**執行取消文書**（民執39条1項1号から6号までの文書）を執行機関に提出すると、強制執行を停止し、かつ、既にした執行処分を取り消します。以下、具体的に説明します。

6−1　異議訴訟提起の場合

　異議訴訟（執行文付与に対する異議の訴え、請求異議の訴え、第三者異議の訴え）を提起しても、強制執行は当然には停止されません。強制執行を停止するためには、強制執行停止の裁判を申し立て（民執36条1項・38条4項）、その決定正本（**執行停止文書**・民執39条1項7号）《資料67》を執行機関に提出する必要があります。通常、停止するためには、担保を提供することが必要です。その後、異議訴訟で債務者等が勝訴してその裁判が確定すれば、その判決正本（**執行取消文書**・民執39条1項1号）等を執行機関に提出すると、執行処分が取り消されます。

6 - 2　上訴の場合

　一審判決に仮執行宣言が付された場合、被告は、控訴をしても、原告から仮執行宣言付判決に基づき、強制執行を受けるおそれがあります。強制執行をさせないようにするためには、被告は、控訴を提起した上で、強制執行停止の裁判を申し立てる必要があります（民訴403条1項3号）。通常、停止するためには、担保（認容額の約8割程度）を提供することが必要です。控訴審判決に仮執行宣言が付された場合も同様です（民訴403条1項2号）。ただし、既に二審級の判断を経ていることから、控訴提起の際よりも要件が厳しくなっています。

　強制執行が開始されている場合、強制執行停止の決定正本（**執行停止文書**・民執39条1項7号）を執行機関に提出すると強制執行が停止します。上訴審で被告が逆転勝訴してその判決が確定すれば、その判決正本（**執行取消文書**・民執39条1項1号）等を執行機関に提出すると、執行処分が取り消されます。

6 - 3　執行抗告・執行異議の場合

　執行抗告や執行異議を申し立てても、強制執行は当然には停止されません。例えば、債権差押命令に対して債務者が執行抗告をしても、債権者は債権を取り立てることができます。このような場合には、執行抗告や執行異議の裁判の効力が生じるまで強制執行を停止する必要があります。強制執行の停止は職権で判断されます（民執10条6項・11条2項）。当事者は裁判所に対して職権発動を促すべきでしょう。

　執行抗告と執行異議は、執行手続内の不服申立てですので、基本的に、執行裁判所が執行機関となる場合は、執行抗告や執行異議の裁判の正本を執行機関に提出する必要はありません。例えば、執行抗告において、債権差押命令を取り消して、債権差押命令の申立てを却下する決定がなされた場合、裁判所は第三債務者に対し、差押命令が取り消された旨を通知します（民執規136条3項）。他方、執行官が執行機関となる場合は、執行抗告や執行異議の裁判の文書を執行機関である執行官に提出する必要があります。例えば、執行異議において、執行官に執行処分の取消しを命ずる決定がなされた場合、債務者がその決定正本（**執行取消文書**・民執39条1項6号）を執行官に提出することによって、執行処分が取り消されます。

第4編 民事保全手続

第1講　民事保全の種類と特徴

【事案の概要】

　中堂慎司（京都市右京区太秦下刑部町10番地吉山パレス101号）は、水島透子（京都市伏見区深草西浦町四丁目53山本ハイツ303号）に対して200万円を貸し付けましたが、水島透子は返済期日を過ぎても返済しません。中堂慎司は、水島透子に対し、貸金請求の訴訟を提起すべく準備中ですが、中堂慎司が調査したところ、水島透子の財産は下記不動産《資料36》しか見あたらず、しかも、水島透子は他にも多額の借金があるようで、下記不動産を処分されたら、将来、貸金請求訴訟に勝訴したとしても、強制執行の対象となる財産がなくなり、貸金を回収できなくなる状況にあります。

　〔土地〕滋賀県草津市南笠西町1000番12　宅地　154.80㎡

第1　民事保全の概要

　民事保全は、一言でいうと、裁判所に**仮の措置を求める手続**です。なぜ、仮の措置を求める必要があるのかというと、民事訴訟で争っている間に、債務者の財産状態が悪くなったり、裁判の対象物が第三者に譲渡されたりすると、債権者は、民事訴訟で勝訴判決を得ても、強制執行をすることができなくなってしまうからです。例えば、本事案において、訴えを提起する時点では、水島透子は土地を所有しています。したがって、中堂慎司は、勝訴判決を得れば、その土地に対して強制競売を申し立てることによって、貸金の全額回収は難しいかもしれませんが、一部だけでも回収することができます。しかし、中堂慎司が勝訴判決を得るまでの間に、水島透子がその土地を第三者に譲渡してしまえば、中堂慎司は、勝訴判決を得ても、その土地に対する強制執行ができなくなってしまいます。水島透子がその土地以外にも財産を有していれば良いですが、それ以外に何も財産を有していないような状態であれば、中堂慎司は貸金を全く回収できなくなるおそれがあります。

　このような事態を避けるため、権利を主張する者に一定の権能や地位を仮に認める制度が民事保全です。本事案の場合、中堂慎司は、**民事保全**（不動産の仮差押え）をしておけば、その後、水島透子がその土地を第三者に譲渡したとしても、勝訴判決を得た場合、その譲渡を無視して、その土地に対する強制執行をすることが可能となります。

第2　民事保全の特徴

2 - 1　民事保全の構造

　民事保全は、保全決定を発令するかどうかを審理・判断する「**①保全決定の発令手続**」と、保全決定を具体的に実現する「**②保全決定の執行手続**」との2つの手続に分かれています。例えば、不動産を仮に差し押さえるための民事保全を申し立てると、裁判所は、保全の要件を審理して、要件を満たす場合には保全決定を発令します。この手続が保全決定の発令手続です。そして、この保全決定に基づき、裁判所は、不動産に仮差押えの登記をするための手続を行います。この手続が保全決定の執行手続です。このように、民事保全は、民事訴訟とその判決に基づく強制執行を暫定的に先取りして行うような構造となっています。

　　①保全決定の発令手続　　　　　②保全決定の執行手続

| 申立て | → | 審理 | → | 立担保 | → | 決定 | → | 保全執行 |

　　　　民事訴訟の暫定手続　　　　　　強制執行の暫定手続

2 - 2　密行性と迅速性（緊急性）

　民事保全は、原則として口頭弁論期日を開く必要がなく（民保3条）、債権者の一方的な主張と立証（**疎明**）に基づき、**書面審理**で判断を行うことができるという特徴があります。その理由は、民事保全は債務者に意図的な財産処分をさせないためのものですから、民事保全を申し立てたことを債務者に知られたら意味がないからです（密行性）。また、民事保全は、民事訴訟に時間がかかることにより生じる危険を回避するためのものですので、迅速に手続を進める必要があるからです（迅速性）。

2-3　暫定性と従属性

　民事保全は、権利関係が最終的に確定するまでの暫定的なものであり、原則として債権者に終局的な満足を与えるものではありません（**暫定性**）。終局的な満足を得られるかどうかは、民事訴訟（この民事訴訟を「**本案訴訟**」や「**本案**」と呼びます）の判断に従うことになります（**従属性**）。本事案にあてはめると、保全決定が発令されても、不動産の仮差押えの登記をするのみであり、換価・配当は行われません。配当（満足）を受けるためには、民事訴訟（本案）で権利の存在を確定させて強制執行を申し立てる必要があり、本案で原告が敗訴すれば、当然、満足を受けることはできません。

2-4　民事保全の要件

　民事保全の要件は、①**被保全権利の存在**と②**保全の必要性**です（民保13条1項）。本事案にあてはめると、①200万円の貸金返還請求権（被保全債権）の存在と、②不動産を処分されたら、貸金請求訴訟に勝訴したとしても、強制執行の対象となる財産がなくなり、貸金を回収できなくなる状況にあること（保全の必要性）です。この2つの要件は、債権者が**疎明**しなければなりません（民保13条2項）。すなわち、証明ではなく、疎明で良いとなっているのが民事保全の特徴です。疎明とは、裁判官にその主張が一応確からしいという心証を与えることをいいます。疎明は、即時に取り調べることができる証拠によってしなければなりませんので（民保7条、民訴188条）、書証が中心となります（呼出証人、文書送付嘱託等は認められません）。なぜ、疎明で良いのかというと、証明まで要するとなると審理に時間がかかるからです。

2-5　債務者に対する配慮（担保の必要性）

　民事保全は、簡易な手続で、かつ、債権者の一方的な主張や立証（疎明）によって発令されるものであり、本案の結果、債務者が勝訴する可能性もあります。その場合、債務者は、保全決定がなされたことにより、損害（例えば、保全執行によって債務者の権利行使が妨げられたことによる損害、違法・不当な保全執行がなされたことによって債務者がその信用を毀損されたり、精神的苦痛を受けたりしたことの損害等）を被るかもしれません。損害を被った場合、債務者は債権者に対して不法行為に基づく損害賠償請求をすることになりますが、その権利を実現（実際にお金を回収）できるようにするため、原則として、裁判所

が定める**担保**を債権者に立てさせることになっています（民保14条）。例えば、担保として、現金を供託所（法務局）に供託します。担保を必要とすることにより、濫用的な申立てを抑止する効果があります。

> **【担保額の算定基準】**
> 　保全決定の種類、保全決定の目的物の種類・価額、被保全権利の性質、債務者の財産・信用状況等を検討して裁判官が決定します。例えば、不動産仮差押えでは目的物価額の10～30％くらいが目安とされています。

第3　民事保全の種類

　民事保全には、①仮差押え、②係争物に関する仮処分、③仮の地位を定める仮処分の3種類があります。

	種　類	被保全権利等	目　的	口頭弁論
①	仮差押え	金銭債権	将来の強制執行のため	原則なし
②	係争物に関する仮処分	非金銭債権		
③	仮の地位を定める仮処分	権利関係	現在の損害や危険を避けるため	原則あり

3−1　仮差押え（民保20条1項）

　仮差押えは、金銭債権を保全するための手続です。具体的には、貸金債権や売買代金債権などのような金銭債権を有する者が、債務者の財産状態が変わることにより、将来の強制執行が不可能又は著しく困難になるおそれがある場合に、債務者の財産を仮に差し押さえて、債務者が財産を処分できないようにする手続です。

　強制執行の対象となる財産は、全て仮差押えの対象となります（例：不動産、動産、債権、有価証券、特許権）。仮に差し押さえる財産によって手続が異なります。利用頻度が高いのは、①不動産、②動産、③債権です。

(1)　不動産仮差押え

　将来、不動産執行ができるようにするために、不動産を仮に差し押さえます。仮差押決定が発令されると、その不動産に仮差押えの登記がされます。そうすると、その後、その不動産が譲渡されたとしても、債権者は、勝訴判決を得て、その不動産に対して強制執行をすることが可能となります。

(2)　動産仮差押え

　将来、動産執行ができるようにするために、動産を仮に差し押さえます。仮差押決定が発令されると、執行官が動産を占有して公示します。そうすると、その後、その動産が譲渡されたとしても、債権者は、勝訴判決を得て、その動産に対して強制執行することが可能となります。

(3)　債権仮差押え

　将来、債権執行ができるようにするために、債権を仮に差し押さえます。仮差押決定が発令されると、仮差押決定正本が第三債務者に送達されます。そうすると、第三債務者は債務者に支払うことができなくなり、債権者は、勝訴判決を得て、その債権に対して強制執行をすることが可能となります。

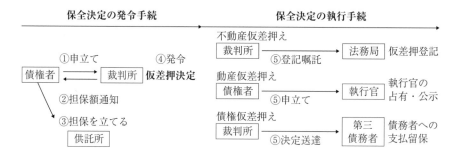

3-2　係争物に関する仮処分（民保23条1項）

　係争物に関する仮処分は、特定物に関する給付請求権を保全するための手続です。具体的には、建物明渡請求権や不動産登記請求権などのような特定物に関する給付請求権を有する者が、その目的物の現在の状況が変わることにより、将来の権利実現が不可能又は著しく困難になるおそれがある場合に、目的物の現状を維持するために必要な暫定措置を行う手続です。いろんな種類の仮処分がありますが、利用頻度が高いのは、処分禁止の仮処分と占有移転禁止の仮処分です。

(1)　処分禁止の仮処分

　例えば、不動産を購入したのに売主が登記をしてくれないとします。この場合、買主は、売主に対して売買契約に基づく所有権移転登記手続請求の訴えを提起し、その訴訟で勝訴判決を得て確定すれば、売主の登記申請の意思表示が

擬制され（民執177条 1 項）、買主単独で所有権移転登記をすることができます。しかし、それまでに、売主が不動産を第三者に処分してしまうと（二重譲渡等）、登記の対抗力によって、原則として自己の所有権をその第三者に対抗することができなくなります。このような事態を防ぐためには、処分禁止の仮処分をしておくことが必要となります。仮処分決定が発令されると、その不動産に処分禁止の仮処分の登記がされ（民保53条 1 項）、登記請求権を保全することができます。そうすると、その後、その不動産が譲渡されたとしても、債権者は、勝訴判決を得て、その不動産の所有権移転登記をすることが可能となります。

(2)　占有移転禁止の仮処分

　例えば、建物の賃貸借契約を解除したのに賃借人が建物から立ち退いてくれないとします。この場合、賃貸人は、賃借人に対して賃貸借契約の解除に基づく建物明渡請求の訴えを提起し、その訴訟で勝訴判決を得れば、建物明渡しの強制執行（→第 3 編第 7 講）をすることによって、賃借人を立ち退かすことができます。しかし、民事訴訟の係属中、賃貸人が知らない間に賃借人がその建物を第三者に転貸し、第三者がその建物を占有していると、原則として、賃貸人は、賃借人に対する判決で、第三者に対して建物明渡しの強制執行をすることができません。このような事態を防ぐためには、占有移転禁止の仮処分をしておくことが必要となります。仮処分決定が発令されると、執行官は、建物に対する債務者の占有を解いて保管し、かつ、債務者がその建物の占有の移転を禁止されていること及びその建物を執行官が保管していることを公示します。そうすると、その建物の占有者が変動しても、債権者は、勝訴判決に承継執行文の付与を得て（民保43条 1 項ただし書）、建物明渡しの強制執行をすることができます。

3 - 3　仮の地位を定める仮処分（民保23条 2 項）

　仮の地位を定める仮処分は、争いのある権利関係について、権利関係が確定するまで待っていると、債権者に著しい損害や急迫の危険を生じる場合、その損害や危険を避けるために、暫定的な状態を形成する手続です。この仮処分は、仮差押え及び係争物に関する仮処分とは異なり、将来の強制執行を保全するためではなく、目前に迫っている損害や危険を防ぐことを目的としてます。争いのある権利関係や債権者の目前に迫っている損害・危険は多種多様ですので、

仮処分も様々な内容のものがあります。一例を挙げると、①従業員の地位保全、②建築禁止、③出版差止め、④新株予約権発行差止め等です。

【具体例】従業員であることの地位保全及び賃金仮払の仮処分

　中堂慎司は、勤めていた会社から理由なく解雇されたので、会社に対して、現在も従業員であることの確認と賃金の支払を求めて訴えを提起しようとしています。この訴訟で勝訴判決を得れば、解雇時に遡って賃金の支払を受けることができます。しかし、それまでの間、賃金をもらえないので、生活が困難となってしまいます。

　上記の具体例のような場合、中堂慎司は、早急に仮の地位を定める仮処分をしておくことが必要となります。この場合の仮の地位を定める仮処分は、「従業員であることの地位保全及び賃金仮払の仮処分」です。賃金を支払えという仮処分決定は、債務名義とみなされますので（民保52条2項）、会社が仮処分決定に従わない場合には、中堂慎司は、会社に対して金銭執行をすることができます。

　このように、暫定的とはいえ、満足を受けるところまでいくこともあるのがこの仮処分の特徴です。このことから、**満足的仮処分**とか**断行仮処分**と呼ばれることがあります。そのため、この仮処分は、債権者だけでなく債務者に与える影響も大きいですし、争いのある権利関係は顕在化していることが多いので、密行性は要求されず、原則として口頭弁論（又は債務者審尋）が開かれます（民保23条4項）。その結果、事実上、本案と変わらないような争いとなることも多いです（本案の前哨戦）。また、事案によっては、仮処分が認容されると、債権者は本案で勝訴判決を得たのと同様の結果を得られるので、債務者が不服を申し立てない場合、そのまま紛争解決となることもあります（**仮処分の本案代替化現象**と呼ばれたりします）。

第 2 講　民事保全の申立て

第 1　民事保全の当事者・代理人

1 - 1　当事者

民事保全を申し立てた者を**債権者**、申立ての相手方を**債務者**といいます。

1 - 2　代理人

代理人は、弁護士でなければなりません。ただし、簡易裁判所では、保全裁判所の許可を得て、家族・従業員等が代理人となることができます。（民保 7 条、民訴54条）。

第 2　民事保全の管轄

2 - 1　専属管轄

民事保全の管轄は、**専属管轄**です（民保 6 条）。専属管轄とは、管轄に関する一般規定の適用が排除され、法律で定められた裁判所のみが管轄権を有し、その他の裁判所に管轄が生じる余地のないものをいいます。例えば、民事訴訟の事物管轄や土地管轄では、当事者の合意による管轄（合意管轄）が認められましたが、民事保全では認められません。

2 - 2　管轄裁判所

①「本案の管轄裁判所」又は②「仮に差し押さえるべき物若しくは係争物の所在地を管轄する地方裁判所」が管轄裁判所となります（民保12条 1 項）。

なお、人事訴訟を本案とする保全命令事件は、「本案の管轄家庭裁判所」又は「仮に差し押さえるべき物、若しくは係争物の所在地を管轄する家庭裁判所」が管轄裁判所となります（人訴30条 1 項）。

(1)　本案の管轄裁判所

第一審裁判所となります（民保12条 3 項）。ただし、本案が控訴審に係属している場合は、控訴裁判所となります（民保12条 3 項ただし書）。なお、高等裁判所に保全命令を申し立てる場合、即時抗告や保全抗告ができないので、注意が

必要です（→246頁・249頁）。

　本案提起前は、将来本案を提起する場合の第一審裁判所となります。したがって、本案で管轄の合意をしている場合には、その裁判所に民事保全を申し立てることができます。本事案は、本案提起前ですので、本案を提起する場合の第一審裁判所である京都地方裁判所が管轄裁判所となります《資料1》。

⑵　仮に差し押さえるべき物若しくは係争物の所在地を管轄する地方裁判所

　対象物が有体物（不動産、動産等）の場合は、その物の所在地を管轄する地方裁判所となります。対象物が債権の場合は、第三債務者の普通裁判籍の所在地を管轄する地方裁判所となります（民保12条4項）。本事案は、不動産の所在地を管轄する大津地方裁判所が管轄裁判所となります《資料1》。

第3　民事保全の申立て

3－1　申立書《資料68》

　申立ては書面でしなければなりません（民保規1条）。申立書の部数は、原則として1通（正本のみ）です（仮の地位を定める仮処分では、副本を作成しますが、口頭弁論又は審尋期日が決まった段階で、債権者から債務者に直送します）。申立書には、①当事者、②申立ての趣旨、③申立ての理由（被保全権利の存在及び保全の必要性）、④疎明方法を記載しなければなりません（民保13条1項、民保規13条）。保全手続の迅速化・効率化のため、目録方式（当事者目録・請求債権目録・物件目録等）とします。

⑴　当事者

　記載方法等は、訴状の当事者の記載方法と同じです。

⑵　申立ての趣旨

　申立ての趣旨は、訴状の請求の趣旨に相当します。どのような内容の仮差押え・仮処分を求めるのかの結論となる部分です。債権者が求める保全決定の主文（→238頁参照）を記載します。

⑶　申立ての理由

　被保全権利の存在及び保全の必要性が申立ての理由となります。被保全権利の存在は、訴状の請求の原因に相当します。被保全権利を特定し、かつ、これを理由づける事実を記載します。

(4)　疎明方法の表示

　民事保全は、被保全権利の存在と保全の必要性を疎明しなければなりません（民保13条 2 項）。例えば、被保全権利の存在を裏付ける資料として、契約書等を提出します。また、保全の必要性の資料として、実務では、**陳述書**（債権者本人が具体的な事情を説明した書面）を作成して提出することが多いです。その疎明資料の内容等を申立書に記載します。

3 - 2　申立手数料

　 1 件につき2000円です（民訴費 3 条 1 項別表第 1 の11の 2 項ロ〔令 4 法施行後10項ロ〕）。手数料の額に相当する収入印紙を申立書 1 枚目の余白部分に貼付するか、表紙を作成してその裏面に貼付します。

3 - 3　予納郵券

　債権者は、決定正本等を送達・通知等するために要する費用を裁判所に予納しなければならず、郵券（郵便切手）で納めるのが通例です（民訴費13条）。郵券の金額や組合せは裁判所によって異なります。

3 - 4　添付書類

(1)　疎明資料（書証）

　被保全権利及び保全の必要性を疎明する資料を書証として提出します。書証は「甲」という符号をつけます。なお、疎明資料の原本確認（照合）を行う裁判所もありますので、その場合には、原本も併せて提出します（裁判官面接の際に提出する場合もあります）。

(2)　その他

　代理人がいる場合には、代理権を証する資料（委任状）が必要となりますし、当事者が法人の場合には、法人の代表権を証する資料（代表者事項証明書等）が必要となります。また、申立書の別紙として作成した当事者目録等を各 1 部提出するのが通例です。

　その他には、申立ての種類に応じて必要となる書類があります。例えば、不動産仮差押え・仮処分の申立てでは、目的不動産の登記事項証明書が必要となりますし、担保額算定や登録免許税算定（仮処分の場合）の資料として固定資産評価証明書も必要となります。

> 【Q】預金債権の仮差押え申立ての場合、債務者の住所地・本店所在地等の不動
> 産登記事項証明書や固定資産評価証明書の提出を求められることがあるが、その
> 理由は何か？
> 【A】保全の必要性（預金債権を仮に差し押さえる必要性）を疎明するためです。
> 例えば、債務者が法人の場合、預金債権の仮差押えは、取引銀行から取引停止を
> 受けたりするなど、不動産の仮差押えと比べてダメージが大きいです。そのため、
> 債務者が不動産を所有していないことや不動産を所有していても価値がないこと
> を疎明する資料として、不動産登記事項証明書や固定資産評価証明書を提出し、
> 債務者には預金以外の財産がなく、預金債権を仮に差し押さえるしか方法がない
> ことを疎明します。

3－5　申立書の提出

　申立書（手数料分の収入印紙を貼付）、予納郵券、添付書類一式を管轄裁判所
の民事訟廷事務室（民事受付）に提出します。

第4　審理

　民事保全事件は、**書面審理**が原則です。なお、東京地裁や大阪地裁では、書
面審理を補うものとして、裁判官と債権者（代理人弁護士）との面接（審尋）
を行っています（**裁判官面接**と呼びます）。その他の裁判所でも、債権者が希望
すれば、裁判官面接が行われるのが通例です。裁判官面接では、事情を説明し
たり、疎明資料の原本を提示したり、担保の額・方法・提供期間などを話し合
います。

第5　担保の提供

　審理後、電話で担保金額及び担保期間（3日～7日程度）が連絡されます。
裁判官面接がある場合には、その際に告知されることもあります。

5－1　供託の場合

　供託で担保提供する場合は、担保を立てることを命じた裁判所又は保全執行
裁判所の所在地を管轄する地方裁判所の管轄区域内の供託所（供1条参照）に
供託します（民保4条1項）。

(1)　供託に必要なもの

　①供託申請用紙《資料69》、②現金、③委任状《資料70》です。なお、供託

者が法人の場合、従前は資格証明書が必要でしたが、現在は不要です（情報通信技術を活用した行政の推進等に関する法律11条）。

(2)　供託の手順

上記書類等を供託所の窓口に提出し、**供託書**《資料71》を受け取ります。

なお、支局（八王子支局・北九州支局を除く）では、現金を取り扱いませんので、窓口で供託書を受け取り、日本銀行本支店・代理店に供託書と現金を提出し、供託書に現金を受け入れた旨を記載してもらいます。

現金の持参ではなく、振込や電子納付も可能です。

【供託金を取り戻すときの準備】

提供した担保は、裁判所の担保取消決定を得れば、取り戻すことができます（→本書第4編第3講）。担保取消決定確定後、供託原因消滅証明書の交付を受け、供託所で供託金の払渡請求（取戻請求）を行います。

払渡請求の際、請求者本人の印鑑証明書を添付する必要があり、代理人が払渡請求をする場合には、委任状とともに、その委任状に押印された本人の印鑑証明書を添付する必要があります（供規26条1項）。ただし、供託時の代理権限確認済みの委任状に押印した印鑑と同一の印鑑で、払渡請求時の委任状に押印すると、印鑑証明書の添付が不要となります（供規26条3項3号）。したがって、実務では、払渡請求に備えて、供託の際、供託官に代理権限の確認を請求し（《資料70》の委任状の左上参照）、委任状に「代理権限証書の確認済」の証明印（《資料70》の委任状の右上参照）をもらっておくことが多いです（供託時の委任状は返してもらえます）。また、その確認済の証明印をもらっていたとしても、払渡請求の際、本人が供託時の委任状に押印した印鑑を紛失していると意味がないので、供託の際に、供託用の委任状だけでなく、払渡用の委任状ももらっておくと便利です。

なお、供託者が個人の場合、供託原因消滅証明書を添付すると、印鑑証明書が不要となりますが（供規26条3項4号）、供託金を代理人名義の預金口座に振り込む場合は、印鑑証明書が必要となりますので（供規26条3項4号の括弧書き）、確認済の証明印をもらっておいた方が良いでしょう。

---

5 - 2　支払保証委託契約締結の担保の場合

支払保証委託契約は、銀行等の金融機関に対し、債務者に損害賠償請求権が発生した場合には、債権者に代わって債務者に担保金を支払うことを委託する

契約です（担保額相当の預金が必要です）。裁判所の許可（支払保証委託契約締結による立担保許可）が必要です（保全命令申立ての際に許可申請するのが通例です）。許可書を銀行等に提出して、銀行等との間で支払保証委託契約を締結します。

第6　保全命令

　担保提供後、供託書（又は支払保証委託契約締結証明書）を裁判所に提出すると、裁判所は、**保全命令（決定）**を発令します《資料72》。なお、保全命令という名称ですが、裁判の種類は決定です。

　供託書については、原本の提出を求める裁判所と、原本を提示して、その写しの提出を求める裁判所があります。

　不動産仮差押え・仮処分では、保全決定後、仮差押・仮処分の登記をしますので、登録免許税が必要となります。不動産仮差押えの場合、課税標準は債権額となり、税率は1000分の4となります。不動産仮処分の場合、目的とする権利によって異なります。例えば、所有権に関する処分禁止の場合、課税標準は不動産の価額となり、税率は1000分の4となります。供託書を裁判所に提出する際、登録免許税相当額の収入印紙も併せて提出するのが通例です。

【決定主文例】
　1　仮差押え
　　①　不動産仮差押え
　債権者の債務者に対する上記債権の執行を保全するため、別紙物件目録記載の債務者所有の不動産は、仮に差し押さえる。
　　②　動産仮差押え
　債権者の債務者に対する上記債権の執行を保全するため、上記請求債権額に満つるまで、債務者所有の動産は、仮に差し押さえる。
　　③　債権仮差押え
　債権者の債務者に対する上記債権の執行を保全するため、債務者の第三債務者に対する別紙仮差押債権目録記載の債権は、仮に差し押さえる。第三債務者は、債務者に対し、仮差押えに係る債務の支払をしてはならない。
　2　係争物に関する仮処分
　　①　不動産処分禁止の仮処分
　債務者は、別紙物件目録記載の不動産について、譲渡並びに質権、抵当権及び

賃借権の設定その他一切の処分をしてはならない。

　②　不動産占有移転禁止の仮処分（債務者に使用を許す場合）

　債務者は、別紙物件目録記載の不動産に対する占有を他人に移転し、又は占有名義を変更してはならない。執行官は、上記不動産を保管しなければならない。執行官は、債務者に上記不動産の使用を許さなければならない。執行官は、債務者が上記不動産の占有の移転又は占有名義の変更を禁止されていること及び執行官が上記物件を保管していることを公示しなければならない。

3　仮の地位を定める仮処分（従業員の地位保全・賃金仮払の仮処分）

　債権者が、債務者に対し、労働契約上の権利を有する地位にあることを仮に定める。債務者は、債権者に対し、令和○年○月○日から本案の第一審判決言渡しに至るまで、毎月○日限り、月額○万円の割合による金員を仮に支払え。

第7　保全執行の手続

7－1　申立て

　保全執行は、申立てにより裁判所又は執行官が行います（民保2条2項）。ただし、保全決定の発令裁判所が執行機関となる場合には、原則として、保全執行の申立てをする必要はなく、保全決定後、裁判所書記官が執行手続（登記嘱託や第三債務者への送達等）を行います。保全執行は保全決定を前提としており、保全命令の申立てには、保全決定の発令を停止条件として、保全執行の申立ても含まれていると解されているからです。これに対して、保全決定の発令裁判所以外の裁判所が執行機関となる場合や執行官が執行機関となる場合には、保全執行の申立てが必要となります。

【保全執行の特徴】

①　保全執行は、債権者に対して保全決定が送達された日から**2週間以内に着手**しなければなりません（民保43条2項）。着手とは、例えば、不動産仮差押え・仮処分の場合は登記嘱託書を発送した時、動産仮差押えの場合は執行官が執行行為に着手した時、債権仮差押えの場合は第三債務者に仮差押決定を発送した時となります。

②　単純執行文が要りません。

③　保全決定が債務者に送達される前でも行えます（民保43条3項）。

7-2　各事件ごとの執行

(1)　不動産仮差押え・不動産処分禁止仮処分

　仮差押決定を発令した裁判所が保全執行裁判所となり（民保47条2項）、保全執行の申立ては不要です（民保規31条ただし書）。裁判所から法務局に登記嘱託がなされ、登記完了後《資料73》、法務局から裁判所に登記完了証等が送付されます。

(2)　動産仮差押え・不動産占有移転禁止の仮処分

　目的物の所在地を管轄する地方裁判所に所属する執行官に対し、保全執行の申立てをします。動産仮差押えの場合は、執行官が現場に行き、動産を仮に差し押さえます。占有移転禁止の仮処分の場合は、執行官が現場に行き、公示等を行います。保全決定から2週間以内に執行官が執行行為に着手する必要がありますので、保全命令を申し立てる前に、執行官室に連絡しておくことが望ましいです。

(3)　債権仮差押え

　仮差押決定を発令した裁判所が保全執行裁判所となり（民保50条2項）、保全執行の申立ては不要です（民保規31条ただし書）。裁判所から第三債務者に仮差押決定が送達されます。

7-3　執行不能

(1)　不動産仮差押え・不動産処分禁止仮処分

　登記嘱託が受け付けられる前に不動産の名義が債務者から第三者に移転している場合は、登記嘱託は却下され、執行不能となります。

(2)　動産仮差押え・不動産占有移転禁止の仮処分

　仮差押えするべき動産がない場合や不動産の占有者が債務者以外の場合は、執行不能となります。

(3)　債権仮差押え

　仮差押債権が存在しない場合は、執行不能となります。

　なお、第三債務者に対する仮差押決定の送達が不奏功となることがあります。不奏功の理由が「不在」である場合は、既に執行の着手があり、その続行と考えることができるので、再送達の発送が2週間以内に間に合わなくても良いと解されています。他方、不奏功の理由が「所在不明」の場合は、送達不能とみ

なされ、送達日から2週間以内に新たな送達場所に発送しないと執行不能となります。

第8　民事保全の取下げ

　債権者は、いつでも、債務者の同意を要することなく、申立てを取り下げることができます（民保18条）。

8-1　不動産仮差押え・不動産仮処分の取下げ

　取下書は、正本1通と債務者の人数分の副本を提出する必要があります。取下げの際、登録免許税を納める必要があり（民保47条5項・52条1項、民執54条2項）、登録免許税の金額に相当する収入印紙を裁判所に提出します。登録免許税の課税標準は不動産の個数となり、税率は不動産1個につき1000円となります。また、取下書の副本を債務者に送付するための郵券及び登記嘱託用の郵券が必要となります。裁判所が法務局に仮差押・仮処分の登記の抹消を嘱託することによって、保全執行が取り消されます。

8-2　執行官により執行が行われている場合の取下げ

　取下書は、正本1通と債務者の人数分の副本を提出する必要があります。動産の仮差押え、不動産の占有移転禁止の仮処分等、執行官により保全執行がなされている場合、民事保全の取下書とは別に、執行官に対し、保全執行事件の取下書を提出します。執行官が解放手続を行うことによって、保全執行が取り消されます。

8-3　債権仮差押えの取下げ

　取下書は、正本1通と債務者及び第三債務者の人数分の副本を提出する必要があります。取下書の副本を債務者及び第三債務者に送付するための郵券が必要となります。裁判所が第三債務者に取下書を送達することによって、保全執行が取り消されます。

第3講　担保取消し

第1　担保取消し

　担保取消しは、民事保全の申立ての際に提供していた担保を取り戻す手続です。債権者は、裁判所の担保取消決定を得れば、担保を取り戻すことができます（民保4条、民訴79条）。実務では、「担取（たんとり）」と略して呼ばれることが多いです。

第2　担保取消しのできる事由

　担保取消しのできる事由は以下の3つです。

2-1　担保の事由が消滅したとき（民保4条、民訴79条1項）

　本案で債権者の全部勝訴判決が確定した場合、債務者から損害賠償請求を受ける可能性がなくなりますので、担保の事由が消滅します。

2-2　債務者の同意があるとき（民保4条、民訴79条2項）

　債務者（担保権利者）が担保取消しに同意した場合です。実務上多いのは、本案で訴訟上の和解をする場合です。通常、和解条項には、債権者が民事保全を取り下げること、債務者が担保取消しに同意すること、債権者債務者双方が担保取消決定に対する即時抗告権（民訴79条4項）を放棄することを盛り込みます。この和解調書を添付して、担保取消しの申立てを行います。

2-3　債務者の同意があったとみなされるとき（民保4条、民訴79条3項）

　本案で債権者の敗訴判決が確定した場合や本案を取り下げた場合、債務者から損害賠償請求を受ける可能性があります。しかし、債務者が損害賠償請求をしない限り、担保はそのままになってしまいます。そこで、訴訟完結後、債務者に対し、一定期間内に権利を行使するか催告し、権利を行使しない場合には担保取消しに同意したものとみなします。なお、訴訟完結に加えて、民事保全の申立てを取り下げることが必要となります。

第3　担保取消しの申立て

3-1　管轄

担保を立てることを命じた裁判所が管轄裁判所となります。

3-2　当事者

担保提供者（保全事件の債権者）及びその承継人が担保取消しの申立てをすることができます。相手方は、担保権利者（保全事件の債務者）及びその承継人です。担保提供者を申立人といい、担保権利者を被申立人といいます。

3-3　手数料

申立手数料は不要です。

3-4　必要書類

担保事由消滅の場合（全部勝訴判決確定）	①	担保取消決定申立書《資料74》
	②	判決正本（※ 正本を提示してその写しを提出）
	③	判決確定証明書
	④	担保取消決定送達用の郵券
	⑤	供託原因消滅証明申請書（支払保証委託契約消滅証明申請書）《資料75》
債務者の同意がある場合	①	担保取消決定申立書
	②	被申立人の同意書
	③	申立人及び被申立人の即時抗告権放棄書
	④	被申立人の印鑑証明書
	⑤	担保取消決定送達用の郵券
	⑥	供託原因消滅証明申請書（支払保証委託契約消滅証明申請書）
みなし同意の場合（権利催告）	①	権利行使催告及び担保取消決定申立書
	②	権利行使催告書及び担保取消決定送達用の郵券
	③	本案が終了していることを示す文書（判決正本及び確定証明書、訴状を添付した訴え取下げ証明書等）。本案を提起していない場合はその旨の上申書
	④	供託原因消滅証明申請書（支払保証委託契約消滅証明申請書）

※ 債務者の同意がある場合の②〜④は「被申立人が担保取消しに同意したこと、申立人及び被申立人が即時抗告権を放棄したことの記載がある和解調書」でも可

第4 　申立て後の流れ

①担保事由消滅の場合

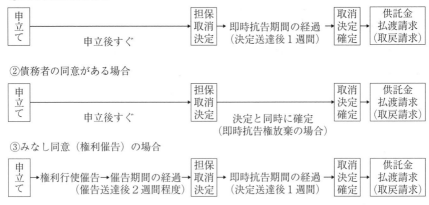

4－1 　供託による担保提供の場合

　担保取消決定確定後、供託原因消滅証明書の交付を受け、供託所で供託金の払渡請求（取戻請求）をします。

(1) 　払渡請求に必要な書類

　①供託金払渡請求書《資料76》、②供託原因消滅証明書、③委任状が必要です。また、請求者が法人の場合は、④印鑑証明書（又は代理権限確認済みの押印のある供託時の委任状）が必要です。なお、資格証明書は不要です（情報通信技術を活用した行政の推進等に関する法律11条）。

(2) 　払渡請求の手順

　上記の書類を供託所の窓口に提出します。供託金を受け取る方法は、小切手（日本銀行宛ての記名式持参人払式の小切手）を受領する方法と預金口座に振り込む方法があります。なお、供託金には利息が付きます（供規33条）。

4－2 　支払保証委託契約による担保提供の場合

　担保取消決定確定後、支払保証委託契約消滅証明書の交付を受け、支払保証委託契約を締結した銀行で手続を行います。

第 4 講　民事保全に関する不服申立て

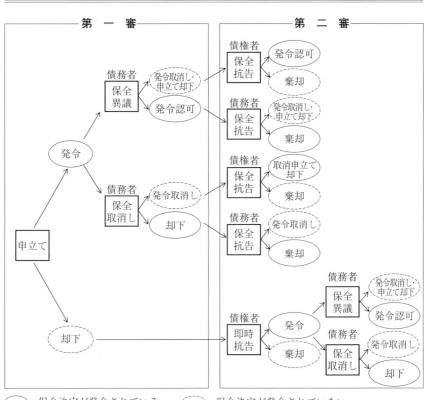

◯＝保全決定が発令されている　　◜◝＝保全決定が発令されていない

第 1　即時抗告（債権者の不服申立て）

　保全命令の申立てが却下された場合、債権者は、裁判の告知を受けた日から**2 週間以内**に即時抗告の申立てをすることができます（民保19条 1 項）。即時抗告は、上訴であり、保全裁判所の上級裁判所（保全裁判所が簡易裁判所であれば地方裁判所、保全裁判所が地方・家庭裁判所であれば高等裁判所）が審理します。抗告状は原裁判所（保全裁判所）に提出します。申立手数料は3000円です（民

訴費3条1項別表第1・18項（1））。

　なお、保全裁判所が高等裁判所の場合、上級裁判所は最高裁判所となりますが、即時抗告は「訴訟法において特に定める抗告」（裁7条2号）ではなく、最高裁判所には裁判権がないので、即時抗告はできません。

　原裁判所は、即時抗告に理由があると認めるときは、自ら原裁判を更正することができます（民保7条、民訴333条・再度の考案）。理由がないと認めるときは、その理由を付して事件を抗告裁判所に送ります（民保規6条、民訴規206条）。

　抗告審の審理は、保全命令の申立ての内容となります。仮差押え・係争物仮処分の場合は任意的口頭弁論となりますが、仮地位仮処分を発令する場合は原則として口頭弁論（又は債務者審尋）が必要となります。抗告裁判所は、抗告が不適法ならば却下決定、理由がなければ棄却決定、理由があれば原決定を取り消した上、原審に差し戻すか、保全決定を発令します。

　却下・棄却決定に対して再抗告をすることはできません（民保19条2項）。特別抗告・許可抗告（→126頁・127頁）は可能です。

第2　保全異議・保全取消し（債務者の不服申立て）

　保全決定が発令された場合、債務者は、不服申立てをすることができます。保全異議の申立てと保全取消しの申立てがあります。

2−1　保全異議の申立て

　保全決定の発令直前の状態に戻って、保全命令の申立てについて、被保全権利及び保全の必要性を再度審理する手続です（民保26条）。例えば、被保全権利の不存在、保全の必要性がない等、保全決定自体が判断を誤っていると主張する場合です。保全異議の申立ては、同級審への不服申立てであり、保全決定を発令した裁判所に申し立てます。申立手数料は500円です（民訴費3条1項別表第1の17項ハ）。申立期間の制限はありません。保全異議の申立てのみで保全執行が停止されるわけではないので、別途、保全執行の停止の申立てが必要となります（民保27条1項）。

　保全異議は、口頭弁論又は当事者双方が立ち会うことができる審尋期日を経ないと決定することができません（民保29条）。裁判所は、保全異議の申立てに理由がないと判断すれば、保全決定を認可します（認可決定）。保全決定を

維持するということです。保全命令の要件（被保全権利及び保全の必要性）を満たさないと判断すれば、保全決定を取り消すとともに、保全命令の申立てを却下します。保全異議の裁判に対しては、保全抗告をすることができます（民保41条）。

【保全異議の認可決定主文例】
　債権者と債務者との間の京都地方裁判所令和○年（ヨ）第○号不動産仮差押命令申立事件について、同裁判所が令和○年○月○日にした仮差押決定を認可する。
【保全異議の取消決定主文例】
　債権者と債務者との間の京都地方裁判所令和○年（ヨ）第○号不動産仮差押命令申立事件について、同裁判所が令和○年○月○日にした仮差押決定を取り消す。債権者の上記仮差押決定に係る申立てを却下する。

2－2　保全取消し

　保全決定の発令の基礎となる被保全権利及び保全の必要性がその発令当時に存在していたことは問題とせず、その後に生じた事情に基づき、保全決定を取り消す手続です。保全取消しの申立ては、同級審への不服申立てであり、保全決定を発令した裁判所に申し立てます。申立手数料は500円です（民訴費3条1項別表第1の17項ハ）。申立期間の制限はありません。

　裁判所は、保全取消しの申立てに理由がないと判断すれば、申立てを却下します。理由があると判断すれば、保全決定を取り消します。保全取消しの裁判に対しては、保全抗告をすることができます（民保41条）。

(1)　本案不提起による保全取消し

　本案訴訟は、保全決定後いつまでに提起しなければならないという制限はありません。保全決定後、債権者がいつまでも本案訴訟を提起しないでいることもあり得ます。そうなると債務者は不安定な地位におかれたままになります。この場合、債務者は、保全決定を発令した裁判所に対し、債権者に対して本案訴訟を提起するように命令することを求めることができます（民保37条1項・2項）。これを**起訴命令の申立て**といいます。債権者が起訴命令で指定された期間内（通常は1か月）に本案訴訟を提起した旨を証する書面を提出しなかった場合、債務者は、保全決定の取消しを求めることができます（同条3項）。

> **【保全取消しの取消決定主文例】**
>
> 　債権者と債務者との間の京都地方裁判所令和○年（ヨ）第○号不動産仮差押命令申立事件について、同裁判所が令和○年○月○日にした仮差押決定を取り消す。

(2)　事情変更による保全取消し

　被保全権利や保全の必要性が保全決定の発令後に変動することがあります。例えば、被保全債権が弁済等で消滅した場合です。このような事情変更があった場合、債務者は、保全決定の取消しを求めることができます（民保38条）。

(3)　特別事情による保全取消し

　仮処分についてだけ認められます。保全の要件は発令時も現在も存在するが、仮処分によって回復しがたい損害が債務者に生じるおそれがある場合（例えば、債務者の事業の継続が不可能又は著しく困難となる場合）、債務者は、仮処分決定の取消しを求めることができます（民保39条）。担保を立てることが条件となります。

> **【解放金】**
>
> 　不服申立てとは性質が異なりますが、解放金という制度があります。債務者は、解放金（金銭）を供託することによって、保全執行の停止又は既になされた保全執行の取消しを求めることができます。
>
> 　仮差押えは、金銭債権の執行を保全するためのものですから、債務者が金銭債権を保全するに足りる金銭を供託すれば、債権者には特段の不利益はありません。そこで、債務者が仮差押決定に定められた解放金の額（通常は請求債権額と同額です）の金銭を供託すれば、仮差押えを受けた財産を解放することを認めました（民保22条）（《資料72》の主文参照）。なお、解放金制度は、保全決定そのものを取り消すものではありません。保全決定の存続を前提として、その保全執行のみを取り消すものです。仮差押えの効力は、目的物から供託金取戻請求権に移行します。
>
> 　仮処分でも、例えば、所有権留保付で自動車を売った売主がその自動車について占有移転禁止の仮処分を行う場合などのように、保全すべき権利が金銭の支払をもって満足できるものであるときに限り、裁判所は、解放金の額を定めることができます（民保25条）。なお、仮差押解放金とは異なり、債権者は、供託金還付請求権を取得し（民保規21条）、本案での勝訴を証明すれば、還付を受けることができます。

第3　保全抗告（保全異議又は保全取消しの裁判に対する不服申立て）

　保全異議又は保全取消しの申立てについての裁判に対して、不服のある当事者は、その送達を受けた日から**2週間以内**に保全抗告をすることができます（民保41条）。保全抗告は、上訴であり、保全裁判所（保全異議又は保全取消しの裁判をした裁判所）の上級裁判所が審理します。抗告状は原裁判所（保全裁判所）に提出する必要があります。申立手数料は3000円です（民訴費3条1項別表第1の18項（3））。

　なお、即時抗告と同様に、保全裁判所が高等裁判所の場合、保全抗告はできません（裁7条2号）。

　原裁判所は、再度の考案をすることができず、事件を抗告裁判所に送ります（民保41条2項）。

　抗告裁判所は、抗告が不適法ならば却下決定、抗告に理由がなければ棄却決定をします。抗告を認容する場合は、以下の表のとおりとなります。

　保全抗告の決定に対して、再抗告をすることはできません（民保41条3項）。特別抗告・許可抗告（→126頁、127頁）は可能です。

保全異議の裁判に対する保全抗告

抗告の内容	抗告を認容する場合
①保全決定を取り消す決定に対する 　債権者からの保全抗告	原決定を取り消し、 保全決定を認可します。
②保全決定を認可する決定に対する 　債務者からの保全抗告	原決定及び保全決定を取り消し、 保全命令の申立てを却下します。

保全取消しの裁判に対する保全抗告

抗告の内容	抗告を認容する場合
①保全決定を取り消す決定に対する 　債権者からの保全抗告	原決定を取り消し、 債務者の保全取消しの申立てを却下します。
②保全取消しの申立てを却下する決定に 　対する債務者からの保全抗告	原決定を取り消し、 保全決定を取り消します。

特別編 民事模擬裁判

第1講　民事模擬裁判の実践例

　筆者は、2011年以降、毎年、龍谷大学法学部の講義科目の１コマ（90分）を利用して、民事模擬裁判を実施しています。具体的には、本書第２編の事案（貸金請求事件）を題材として、元裁判官の訴訟指揮の下、まずは、学生が訴訟代理人役となり、証人尋問を行います。その後、経験豊富な弁護士に訴訟代理人役を依頼し、学生と同じ条件で証人尋問を実演してもらいます。

　模擬裁判というと、刑事模擬裁判を思い浮かべる人が多いと思いますが、民事模擬裁判も面白いです。法学教育の実践として、法学部生は、ゼミなどを利用して、民事模擬裁判に取り組んでみてください。民事模擬裁判を実践することによって、人前で話す度胸、物事を深く理解しようとする力、筋道を立てて物事を考える力、臨機応変な対応力を身につけることができます。また、グループ学習とすることで、他者と協働することの大切さを知り、自分とは異なる考えに対する理解を深めることもできます。民事模擬裁判を通じて、仲間とともに学ぶ喜びや楽しさを実感してください。

　本講では、実践例として、筆者が実践している民事模擬裁判を紹介します。

第1　模擬裁判の題材

　題材は、本書第２編の事案（貸金請求事件）の証人尋問です。

1－1　当事者

<table>
<tr><td>原　告</td><td></td><td>中　堂　慎　司
なか　どう　しん　じ
京都市右京区太秦下刑部町 10 番地
うずまさしもけいぶちょう
吉山パレス 101 号</td></tr>
<tr><td>被　告</td><td></td><td>水　島　透　子
みず　しま　とう　こ
京都市伏見区深草西浦町四丁目 53
山本ハイツ 303 号</td></tr>
</table>

1-2　訴えの提起

　中堂慎司は、水島透子に対し、2008（平成20）年12月１日、返済期日を2012（平成24）年12月１日と定めて、無利息で200万円を貸し付けましたが、水島透子は、返済期日を過ぎても全く返済しません。中堂慎司は、水島透子に対し、2022（令和４）年８月16日、貸金の返済を求める催告書を配達証明付内容証明郵便で発送しましたが、その郵便物は、受取拒絶を理由として差出人中堂慎司に返送されました。そこで、中堂慎司は、2023（令和５）年１月23日、水島透子を被告として、京都地方裁判所に訴えを提起しました（訴状《資料３》参照）。

1-3　当事者の主張

⑴　消滅時効の抗弁

　被告は、履行期である2012（平成24）年12月１日から既に10年が経過しているので、貸金債務は時効消滅しているとの抗弁を主張しました（答弁書《資料12》参照）。

⑵　時効の完成猶予の再抗弁

　原告は、10年が経過する前の2022（令和４）年８月16日に貸金債務の履行を求める催告書を送付して翌17日に到達し、その６か月以内に訴えを提起しているので、時効の完成猶予が生じているとの再抗弁を主張しました（原告第１準備書面《資料14》参照）。

⑶　再抗弁の否認

　被告は、催告書のことは知らないので、催告は被告に到達してないと否認しました（被告第１準備書面《資料18》参照）。

1-4　争点

　争点は、時効の完成猶予が生じているか否かということです。もう少し詳しく言うと、催告が被告に到達したか否かということです。争いになった原因は、原告が被告の住所宛に催告書を送付したところ、被告本人ではなく、西村優希がその郵便物の受け取りを拒絶したからです。原告は、郵便局から返却された郵便物を証拠（書証）として提出しています（甲第２号証の２《資料16》）。

　この受取拒絶について、当事者の主張が食い違います。

被告の同居人である西村優希が催告書の受け取りを拒絶しており、催告が被告に到達したとみなすべきである。

催告書が配達された事実そのものを全く知らなかった。西村優希が催告書の受け取りを勝手に拒絶したことなど、知る由もなかった。したがって、催告が被告に到達したものとみなすべき根拠は何もない。

1 － 5　証拠の申出

　原告が時効の完成猶予（再抗弁）の証明責任を負います。すなわち、催告が被告に到達した（とみなすべき）ことを原告が証明しなければなりません。そこで、原告は、西村優希及び被告本人を尋問しようと考え、証拠の申出をしたところ（証拠申出書《資料19》）、裁判所に採用され、令和5年7月13日午後1時30分、証拠調べ（証人尋問及び被告本人尋問）が行われることになりました。模擬裁判では、この証拠調べのうち証人尋問のみを行っています。

第2　配役

2 － 1　原告・被告

　模擬裁判では特に役割がありませんので、当事者役は割り当てていません。

2 － 2　原告訴訟代理人・被告訴訟代理人

　受講生の中から希望者を募っています。一人で担当するのは負担が大きいので、グループで担当することにして、6名〜10名を募集し、原告代理人チームと被告代理人チームとに分けています。また、経験豊富な弁護士2名に依頼し、学生の模擬裁判が終わった後、学生と同じ条件で実演してもらっています。

2 － 3　裁判官

　裁判官経験者による訴訟指揮と事実認定を学生に体験させたいと考え、元裁判官に依頼しています。

2 － 4　証人

　前年度に代理人役を担当した学生から希望者を募っています。また、証人役の補佐役も数人募っています。証人チームは、後述する当事者の言い分等を考

えています。また、補佐役のうちの一人は、模擬裁判当日、裁判所書記官役となり、出頭カードや宣誓書の交付等をしています。

第3　事前準備

3-1　事案の設定（証人チームの準備）

　事案の概要は、上述したとおりですが、貸付日、返済期日、催告書の発送日等は毎年変更しています（上述の日付は2023年度用です）。実際の裁判では、代理人は事案の内容について当事者から詳しい事情を聞きます。しかし、模擬裁判では当事者役を割り当てないので、その代替として、各当事者の言い分を書いたものと、各当事者が知り得る限りの証人に関する情報を書いたものを用意し、各代理人に交付しています（264頁、266頁の参考例参照）。原告代理人と被告代理人とでは知っている情報が異なり、お互いに相手方の言い分を知ることはありません。これらの情報は、証人チームが準備します。代理人は、この情報と訴訟記録をもとに尋問事項を考え、尋問することになります。また、証人がどのような事情で催告書を受取拒絶したのか（背景事情と呼んでいます）についても、証人チームが準備します。証人は呼出証人という設定にしていますので、原告代理人も被告代理人も背景事情を事前に知ることはできません。模擬裁判当日、代理人の尋問によって証言を引き出す必要があります。

3-2　尋問の準備（代理人チームの準備）

　チームごとに尋問事項を考えて尋問の練習を行います。本番の約2か月前から、授業の次の講時（90分）を利用して、以下の内容で準備を行っています。

(1)　ガイダンス

　代理人役の自己紹介、原告代理人チームと被告代理人チームとのグループ分け、訴訟記録の交付等を行っています。

(2)　事案の概要の講義

　事案の概要について筆者が講義します。

(3)　尋問の目的とルールに関する講義

　弁護士に依頼し、尋問の目的とルールに関する講義をしてもらっています。

(4)　弁護士との学習会

　弁護士2名に依頼し、各代理人チームに一人ずつ入ってもらい、助言を与え

てもらっています。実際の裁判で証人尋問を数多く経験している弁護士からの助言は大変参考になり、様々な視点に気づくことができます。

(5) 尋問の練習

　原告代理人チームと被告代理人チームとに分かれ、筆者を証人（練習台）として尋問をします。ただし、筆者は、証人の背景事情を全く知らず、また、尋問の練習を行う際には、相手方の言い分を漏らさないようにしているため、本番の証言とは異なることを前提として練習を行っています。したがって、代理人役は、いくつものパターンを想定して尋問の練習を行う必要があります。尋問の練習は、代理人役の自由な発想による尋問を試す場です。

第4　模擬裁判当日

　模擬裁判は、大学内にある法廷教室を利用して実施しています。当日の流れは、以下のとおりです。

4−1　学生による証人尋問

　学生の訴訟代理人による証人尋問を実施します。出頭カードの記入から、人定質問、宣誓、尋問まで、証人尋問の全手続を実施します。証人との打ち合わせを一切していない代理人役にとって、証言内容は当日初めて知ることばかりです。与えられた情報のみでいろいろなパターンを想定し、悩み考え抜いて尋問事項を準備することになりますが、証言を聞いて、どんな尋問をするのかを瞬時に判断しなければなりません。チームの結束力が試されます。

4−2　弁護士による証人尋問

　経験豊富な弁護士による証人尋問を実演してもらいます。条件は学生と同じですが、鋭い尋問が飛び交い、模擬とは思えないような迫力に驚きます。実演は、どんな言葉で説明するよりも効果的です。

4−3　心証・講評

　裁判官役から、学生による証人尋問について、どのような心証を形成したかについて語ってもらいます。裁判官経験者から心証を語ってもらえるというのは貴重な体験です。最後に、代理人役の弁護士2名に講評をしてもらいます。実演した弁護士が行う講評には説得力があります。

第5　代理人役以外の学生

　代理人役以外の受講生は傍聴席で傍聴します。単なる見学者で終わらないように、代理人役以外の受講生は、自身が裁判官になったつもりで尋問と証言を聞き、自らの心証を所定の用紙に記載します。自らの心証を形成するためには、どのような状況なら催告が到達したとみなされるのか、裁判例などを調べて模擬裁判に臨む必要があります。しっかりと準備をすれば、代理人役でなくても、模擬裁判の参加者となれます。参加者となれば、代理人役がどれだけ準備に力を入れてきたのかを実感することができ、仲間の奮闘ぶりに素直に賛辞を贈れますし、自分も頑張ろうとの学習意欲が湧くでしょう。

　民事模擬裁判を実践するにあたり、多くの方々に御支援・御協力を賜りました。心より感謝申し上げます。

■ **裁判官役**（いずれも元裁判官）
　　平野哲郎先生（立命館大学法科大学院教授）〔2011年度・2016年度〕
　　森野俊彦先生（弁護士・大阪弁護士会）〔2012年度〜2015年度〕
　　笠井正俊先生（京都大学大学院法学研究科教授）〔2017年度〜2019年度〕
　　佐藤建先生（弁護士・京都弁護士会）〔2020年度〜2022年度〕

■ **訴訟代理人役**
　　加島宏先生（弁護士・大阪弁護士会）〔2011年度〜2017年度〕
　　松井忠義先生（弁護士・大阪弁護士会）〔2011年度〜2018年度〕
　　田中稔子先生（弁護士・大阪弁護士会）〔2018年度〜2022年度〕
　　木内哲郎先生（弁護士・京都弁護士会）〔2019年度・2020年度〕
　　小松琢先生（弁護士・京都弁護士会）〔2021年度・2022年度〕

■ **尋問のルール等の講義**
　　加島宏先生（弁護士・大阪弁護士会）〔2011年度〜2022年度〕

■ **弁護士との学習会**
　　北峯功三先生（弁護士・京都弁護士会）〔2011年度〜2022年度〕
　　松村絵里子先生（弁護士・京都弁護士会）〔2011年度〜2016年度〕
　　橋口直太先生（弁護士・京都弁護士会）〔2017年度〜2022年度〕

■ **その他**（証人チームへの助言・法廷設営・当日受付等）
　　吉山仁先生（法律事務職員・龍谷大学法学部非常勤講師）
　　西垣貴文先生（法律事務職員・龍谷大学法学部非常勤講師）
　　龍谷大学法学部教務課職員のみなさま

第2講　民事模擬裁判をやってみよう！

　本講では、大学のゼミ等で民事模擬裁判を実践する場合の参考例を示します。あくまでも参考例です。自分たちで工夫してください。

第1　準備事項

1－1　法廷を準備する

　大学の法廷教室を利用してください。法廷教室を備えていない大学でも、通常の教室に設置可能な法廷セットを備えている大学もあります。各大学の法学部教務課に問い合わせてください。

1－2　配役を決める

(1)　原告・被告

　模擬裁判で特に役割がありませんので、当事者役は必要ないでしょう。

(2)　原告訴訟代理人・被告訴訟代理人

　原告代理人チームと被告代理人チームとに分けてください。各チーム3名〜5名程度が良いと思います。人数が多いゼミでは、チームを複数作り、対抗戦とするのも良いでしょう。弁護士の実演については、協力弁護士を探すのが難しいと思いますので、学生だけの模擬裁判でも充分だと思います。なお、多くの弁護士会には法教育に関する委員会（例：京都弁護士会の場合「法教育委員会」）があります。法教育は、小・中・高校生のためだけに行うものではありません。法学部生を対象とする法学教育も法教育に含みます。弁護士会の法教育委員会に相談してみるのも良いでしょう。

(3)　裁判官

　大学内に元裁判官の教員がいれば、裁判官役をお願いしましょう。見つからない場合には、ゼミの担当教員や民事訴訟法の担当教員にお願いしましょう。

(4)　証人

　証人チームを作ってください。模擬裁判の成功は、証人の能力と努力にかか

っています。ゼミの先輩にお願いするのも良いでしょう。証人チームのうちの一人は、模擬裁判当日、裁判所書記官役となってください。なお、実際の裁判では、呼出証人より同行証人の方が圧倒的に多いですが、模擬裁判で同行証人とすると、どちらかの代理人に有利となります。したがって、模擬裁判では、呼出証人として、原告代理人も被告代理人も証人との事前の打ち合わせを禁止する方が公平ですし、面白いと思います。

1－3　題材を用意する

(1)　事案

　事案は、実践例と同じにして、貸付日、返済期日、催告日等を適宜変更してください。証人の氏名は、証人になる人の氏名にすると良いでしょう。

(2)　訴訟記録

　本書の資料を参考にして、以下の訴訟記録を作ってください。受取拒絶の封筒（甲第2号証の2）は、裁判で証人に提示することが多いので、実物を作ってください。

　①訴状《資料3》、②答弁書《資料12》、③原告第1準備書面《資料14》、④被告第1準備書面《資料18》、⑤証拠申出書《資料19》、⑥証拠説明書《資料5》《資料17》、⑦書証《資料4》《資料15》《資料16》

(3)　当事者の言い分

　証人チームが原告の言い分と被告の言い分を考えてください。原告被告どちらにも勝訴の可能性があるように、受取拒絶の核心には触れないようにした方が良いと思います。当事者の言い分の参考例を本講の最後に掲載しておきますが、自分たちでもっと良いストーリーを作ってください。事案の概要は同じでも、当事者の言い分を変えるだけで、無限のストーリーを作ることができます。原告の言い分は原告代理人に、被告の言い分は被告代理人に交付し、お互いに相手方の言い分を知らないようにしてください。

(4)　証人の背景事情

　証人がどのような事情で催告書を受取拒絶したのかを証人チームが考えてください。当事者の言い分が同じでも、背景事情を変えるだけで、無限のストーリーを作ることができます。背景事情は証人チームのみが知っている情報です。

第2　尋問事項の作成・尋問の練習

2－1　尋問のポイント

(1)　証人尋問は裁判官に対するプレゼンテーション

　証人尋問の聞き手は裁判官です。証人尋問の目的は、相手方を負かすことではなく、裁判官に代理人と証人との対話を聞いてもらい、自分たちの主張について、裁判官を説得することです。裁判官を説得するためには、どのような尋問をして、どのような証言を引き出せば良いかを考えてください。

(2)　原告のポイント

　原告は、催告が被告に到達した（とみなすべき）ことを証明しなければなりません。証人からどのような証言を引き出せば、それを証明することができるのか。すなわち、裁判官に確信（十中八九確からしいという程度）してもらえるのか。そのためには、どのような尋問をすれば良いかを考えてください。

(3)　被告のポイント

　被告は、催告が被告に到達していない（到達したとみなすべき根拠はない）ことを証明する必要はありません。催告が被告に到達した（とみなすべき）ことについて、裁判官の心証を動揺させて、真偽不明の状態（確信には至らない状態）にもっていけば良いわけです。証人からどのような証言を引き出せば、裁判官の心証を動揺させられるのか。そのためには、どのような尋問をすれば良いかを考えてください。

2－2　尋問のルール

　尋問には守るべきルールがあります。大学内に弁護士等の実務家教員がいる場合には、尋問の目的やルールに関する講義をお願いしてください。

　龍谷大学の模擬裁判で講義をお願いしている弁護士加島宏先生から、「本書を手に取った学生が自学自習できるようにしたい！」と、特別レジュメをご提供いただきましたので、本講の最後に掲載します。しっかりと学んでください。

2－3　尋問の順序

　尋問の順序は、証拠の申出をした方が先にします。したがって、この模擬裁判では、原告が先に尋問します（主尋問）。その後、被告が尋問します（反対尋問）。その後もう一度、原告が尋問します（再主尋問）。また、裁判長が尋問することもできます（介入尋問・補充尋問）。

2-4　尋問の材料

尋問の材料となるのは、各当事者の言い分と訴訟記録です。証人がどのような事情で催告書を受取拒絶したのかは、証人のみぞ知ることであり、模擬裁判当日、代理人の尋問によって証言を引き出さないと、背景事情を知ることはできません。

2-5　尋問の練習

各チームごとに尋問事項を考え、尋問の練習を行ってください。尋問の練習をする際には、チーム内で、証人役、相手方代理人役、裁判官役を立て、練習の度に役を交代してください。異なる立場から尋問事項を検討すると、様々な視点に気づくことができます。また、尋問の戦略に関する書籍がありますので、参考にするのも良いでしょう。例えば、弁護士中村真先生の『若手法律家のための民事尋問戦略』（学陽書房、2019年）は面白いです。

【催告の到達】

催告とは、債務者に対して履行を請求する債権者の意思の通知です。意思表示（意思の通知）は相手方に到達したときに効力を生ずるのを原則とします（民97条1項）。2017（平成29）年の民法改正（2020年4月1日施行）によって、「相手方が正当な理由なく意思表示の通知が到達することを妨げたときは、その通知は、通常到達すべきであった時に到達したものとみなす。」という、一定の場合に到達擬制を認める規定（民97条2項）が新設されましたが、到達とは何かについては解釈に委ねられています。本件の催告は、被告の主張によると、現実には水島透子には到達していません。民法の本を読み、裁判例を調べてください。

【郵便の基礎知識】

1　書留郵便

郵便物の引受けから配達までの過程が記録されます。郵便物を受け取る際、受取人の受領印（又はサイン）が必要となります。不在の場合は、郵便受に「郵便物等お預かりのお知らせ」（不在票）が投函され、郵便局で7日間保管されます。保管期間を過ぎると、再度、配達が試みられ、それでも不在であれば、差出人に返還されます。

2　配達証明郵便

書留郵便物を配達した事実が証明されます。配達完了すれば、差出人に配達証明書が交付（郵送）されます。

3　内容証明郵便

いつ、誰から誰宛に、どのような内容の文書が差し出されたかを差出人が作成した謄本によって日本郵便株式会社が証明します。書留とする必要があります。

4　受取拒絶

受取人は、郵便物を受け取ることを拒絶することができます。受取拒絶をすると、郵便物は差出人に返還されます。受取拒絶をする方法は以下のとおりです。

(1)　受領印が要らない郵便物（普通郵便・特定記録郵便等）

届いた郵便物に「受取拒絶」と記載して、署名又は押印した上、ポストに投函又は郵便局に差し出します。郵便物を開封してしまうと、受取拒絶をすることはできません。

(2)　受領印が必要となる郵便物（書留郵便等）

配達された際に、配達員に受取拒絶をする旨申告し、郵便物に「受取拒絶」と記載して署名又は押印した上（配達員が所持している受取拒絶専用用紙に署名又は押印する場合もあります）、配達員に手渡します。受領印を押してしまうと、受取拒絶をすることはできません。

5　本事案で原告が被告に送付した催告書

中堂慎司が水島透子に送付した催告書は、配達証明付内容証明郵便であり、配達時に受取人の受領印（又はサイン）が必要となります。本事案では、西村優希（証人）が受取拒絶のサインをしています。なお、封筒の表を見れば配達証明郵便であることはわかりますが、封筒を見ただけでは中身はわからず、内容証明郵便であることもわかりません。

第3　グループ学習をする際のポイント

3-1　ブレインストーミング（brainstorming）を取り入れる

グループ学習ですので、尋問事項は、誰か一人が考えるのではなく、チーム全員で考えてください。いろんな方法がありますが、ブレインストーミングを試してみてはどうでしょう。ブレインストーミングとは、意見に対する批判や評価をしない（後回しにする）ことをルールとして、各自が思いつくままにいろんな意見を自由に出し合う方法です。まずは、質より量ということです。大きめの付箋を使い、1枚に1つ意見を書き、グループ全員の見えるところに貼り出していく方法をとることが多いです。突飛な意見でも、その意見が他の人

の発想力を刺激したり、思考の幅を広げたりするなど、いろんな発想につながる可能性がありますので、臆することなく意見を出し合ってください。仲間が考えた意見（尋問事項）に対し、否定的な言葉は絶対禁止です。

3-2　悪魔の代言人（Devil's Advocate）の思考を持つ

　思いつくままに意見（尋問事項）を出し合い、整理した後は、1つ1つ、批判や評価をしていくことになります。量の後は質です。その際、悪魔の代言人の思考を取り入れてみてください。悪魔の代言人とは、意図的に反対意見を述べる人のことです。自分たちの意見に反論してもらい、問題点を洗い出すことを目的としています。チーム内で反論者を立ててください。反論者は毎回交代すると良いでしょう。反論のポイントは、自分の考えや感情と切り離すことです。反論者は、反論するという役割を演じるのですから、全力で反論してください。

3-3　批判を受け入れる勇気と批判を伝える勇気を持つ

　尋問事項を考える際、チーム内で議論になると思います。議論をする際、独りよがりになってはいけませんし、周りの意見に左右されすぎてもいけません。自分の意見に対して、反対意見を言われたり、問題点を指摘されたりすると、嫌な気持ちになるかもしれません。それは、悪口（個人に対する非難）を言われているように感じるからですが、大きな勘違いです。異なる意見（批判）は、自分の意見に磨きをかけるために必要なものだと考えてください。悪魔の代言人の思考です。異なる意見（批判）によって、自分の意見に矛盾や飛躍がないか、自分の表現が誤解のないように相手に伝わっているかを確認することができます。いろんな価値観や思考は、自分の思考に厚みを持たせてくれます。自分の意見を多角的に検討し、感情的にならずに批判を論破できれば、自分の意見に自信を持てるようになります。また、議論を尽くし、自分の意見に正当性がないことに気づけば、自分の意見に固執せず、意見を見直すことも大切です。落ち込むことはありません。意見の見直しは、活発な議論の賜ですので、誇りに思ってください。異なる意見（批判）は、相手を攻撃・否定するためのものではありません。相手の考えや知恵を高めるためのものです。異なる意見（批判）を受け入れる勇気、そして、異なる意見（批判）を伝える勇気を持ってください。意見をぶつけ合うことによって、相手とのコミュニケーションが生まれ、相手との絆が深まります。龍谷大学の学生たちも、「最初はぎくしゃくし

ていたが、何度も話し合いを重ねていくうちに、仲も良くなり、チームワークを築くことができた」、「全てが順調ではなかったが、お互い補完し合うことができ、楽しかった」、「話し合いが上手くいかないときは気分が落ち込んだが、真剣に意見をぶつけ合うことでチームの絆が深まった」と感想を述べてくれており、意見のぶつかり合いが深い学びとなっていることがわかります。どんな意見も尊重して、仲間と鍛え合ってください。

第4　模擬裁判当日

　裁判官役の訴訟指揮の下、出頭カードの記入から、人定質問、宣誓、尋問まで、証人尋問の全手続を実施してください。尋問をする際は、うつむかずに証人を見て、大きな声で、ゆっくり、はっきりと声に出してください。証人尋問は裁判官に対するプレゼンテーションだということを忘れないでください。尋問終了後は、裁判官役の心証開示や講評を行ってもらってください。

原告訴訟代理人用情報（参考例）

【原告】中　堂　慎　司（なかどう　しんじ）

　1982（昭和57）年10月12日生

　〒616-8104　京都市右京区太秦下刑部町10番地　吉山パレス101号

　2005（平成17）年3月　龍谷大学文学部歴史学科卒業

　2005（平成17）年4月　西垣電産株式会社入社（京都本社配属）

　2011（平成23）年4月　西垣電産株式会社ハンブルグ支店勤務

　2022（令和4）年7月　西垣電産株式会社京都本社勤務

　現在に至る

【被告】水　島　透　子（みずしま　とうこ）

　1984（昭和59）年12月1日生

　〒612-0029　京都市伏見区深草西浦町四丁目53　山本ハイツ303号

　2007（平成19）年3月　同志社大学法学部法律学科卒業

　2007（平成19）年4月　西垣電産株式会社入社

　2009（平成21）年3月　西垣電産株式会社退職

　2009（平成21）年4月　同志社大学法科大学院入学（未修）

　その後はわからない。

【証人】西　村　優　希（にしむら　ゆうき）

　2002（平成14）年1月22日生

〒544-0034　大阪市生野区桃谷一丁目17番13号

龍谷大学法学部４年生だと思われる。

原告中堂慎司の言い分

　私は、小学１年生の時に野球を始め、大学を卒業するまで野球漬けの毎日でした。高校と大学はスポーツ推薦で入学しています。大学４年生の時、アルバイト先のお好み焼き屋で常連客の西垣電産株式会社の西垣貴文社長に声をかけられ、同社に入社しました。超大企業に入社できてラッキーでした。出世街道邁進中で、現在は、車載事業本部営業部営業第２課長をしています。

　透子ちゃんは、私が当時所属していた営業第１課２係に新卒で入ってきた２つ下の後輩になります。めちゃくちゃ綺麗な子でした。2008年の秋、透子ちゃんから200万円を貸して欲しいと相談されました。理由を尋ねると、法科大学院に合格したので会社を退職して進学したいが、貯蓄がなく、学費を支払えないとのことでした。透子ちゃんに対して好意があったので、2008年12月１日、200万円を貸しました。大学院修了後に返してくれるとの約束でした。透子ちゃんからお金と引き換えに借用書を渡されました。その年のクリスマスイブに告白し、交際を始めました。透子ちゃんは、大学院入学後、私と会っていても楽しそうではなく、大学院の愚痴ばかり話すので、だんだんと疎遠となり、自然消滅の形で別れました。その後、私はドイツへ転勤となり、外国という慣れない環境で仕事も忙しく、透子ちゃんにお金を貸したことはすっかり忘れていました。

　2022年７月、日本へ帰りました。帰国後、自宅内の荷物を整理していると、借用書が見つかり、透子ちゃんにお金を貸したまま返してもらっていないことを思い出しました。とりあえず、携帯電話に登録してあった透子ちゃんの電話番号に電話しましたが、「現在使われておりません」とのコールが流れ、つながりませんでした。法学部卒の友人に借用書を見せたところ、「10年で時効になるから急いで請求しろ。内容証明郵便で請求書を送れ。」と言われたので、インターネットで内容証明郵便の書き方を調べて、2022年８月16日、請求書を送りました。ところが、発送してから数日後、郵送した封筒が返送されてきました。郵便配達員から「受取人の方に受取拒絶されましたのでお返しします」と言われました。その封筒には受取拒絶の付箋が付けられており、「西村優希」の署名がありました。その氏名を見て驚きました。2022年８月１日から２週間、うちの営業部にインターンシップに来ていた大学生と同姓同名なんです。私は西村さんとはほとんど話をしていませんが、担当の部下に尋ねると、大変真面目で優秀な学生であったと言っていました。事情を聞くために西村さんに電話しようかなと一瞬思いましたが、インターンシップで知り得た個人情報を他の目的のために利用することはできないので、確認していません。もちろん、西村さんと透子ちゃんとの関係も全

くわかりません。

　私は、高収入で貯蓄もあるので、お金には困っていません。しかし、透子ちゃんは、200万ものお金を借りておきながら、全く返済せず、連絡すらしてきません。しかも、請求書を受取拒絶するなんて……。ひと言の詫びもなく借金を踏み倒すなんてひどいと思います。

被告訴訟代理人用情報（参考例）

【原告】　中　堂　慎　司（なかどう　しんじ）

　1982（昭和57）年10月12日生

　〒616-8104　京都市右京区太秦下刑部町10番地　吉山パレス101号

　2005（平成17）年3月　龍谷大学文学部歴史学科卒業

　2005（平成17）年4月　西垣電産株式会社入社（京都本社配属）

　その後はわからない。

【被告】　水　島　透　子（みずしま　とうこ）

　1984（昭和59）年12月1日生

　〒612-0029　京都市伏見区深草西浦町四丁目53　山本ハイツ303号

　2007（平成19）年3月　同志社大学法学部法律学科卒業

　2007（平成19）年4月　西垣電産株式会社入社

　2009（平成21）年3月　西垣電産株式会社退職

　2009（平成21）年4月　同志社大学法科大学院入学（未修）

　2010（平成22）年3月　同志社大学法科大学院退学

　2014（平成26）年4月　深草出版株式会社入社

　現在に至る

【証人】　西　村　優　希（にしむら　ゆうき）

　2002（平成14）年1月22日生

　〒544-0034　大阪市生野区桃谷一丁目17番13号

　龍谷大学法学部4年生だと思われる。

被告水島透子の言い分

　私は高校生の時から弁護士になるのが夢で、同志社大学法学部に進学しました。大学時代はテニスサークルに入っていました。法律学の勉強は楽しく、法学部は「法律的に物事を考える力」のある人間を作ることを目的としているということを知ってからは、さらに勉強が楽しくなりました。しかし、2006年から新司法試験が始まりました。当時は法科大学院を修了しないと受験資格を得ることができず、経済的な事情から受験を諦めざるを得ませんでした。

　新卒で入社したのが西垣電産株式会社です。研修後の配属先は車載事業本部営

業部営業第1課2係でした。慎司さんはその係にいた2期上の先輩です。慎司さんから何度もしつこく食事に誘われましたが、女性の先輩から慎司さんは遊び人なので気を付けるように言われていたので、丁重にお断りしていました。

　入社2年目の5月、友人が犯罪被害に遭ってしまい、犯罪被害者に寄り添う弁護士になりたいという高校生の頃の想いが再燃しました。社会人になってから法律の勉強を全くしていなかったのですが、母校の法科大学院を受験したところ、合格することができました。ただ、学費が高くてその工面に悩んでいました。そんな中、同期の女子から食事に誘われて行ってみると、慎司さんがいました。その女子は体調が悪くなったという理由で来ませんでした。はめられたと思いましたが、慎司さんと話してみると、話題が豊富で話しが面白く、慎司さんが最近始めたというテニスの話で盛り上がり、周りが言うような悪い人とは思えなくなり、つい、法科大学院の学費の工面に困っていることを話してしまいました。

　私の24歳の誕生日、慎司さんから「透子ちゃんの夢を応援させて！」と言われ、押しつけられるように200万円を渡されました。200万円もの大金ですので、もらうわけにはいきません。何度も何度も断ったのですが、このお金があれば学費を支払えるなあとの思いもあり、借りることになりました。金銭消費貸借契約書を作成したのですが、慎司さんが押印してくれませんでしたので、借用書を作成し、なんとか受け取ってもらいました。

　その年のクリスマスイブに慎司さんから食事に誘われ、交際を申し込まれました。お金を借りていることもあって断りづらく、交際を始めることになりました。私は、慎司さんから借りたお金の一部で法科大学院の学費を支払い、2009年3月末に会社を退職し、翌4月から法科大学院に進学することになりました。進学後、書店でアルバイトを始め、バイト代から少しずつでも借りたお金を返そうとしましたが、慎司さんは、弁護士になってから返してくれれば良いと言い、一切受け取りませんでした。交際を始めた当初、慎司さんはとても優しく、気づくと、慎司さんのことを愛していました。ただ、法科大学院での勉強は本当に大変で、次第に慎司さんと会う時間が取れなくなり、慎司さんから不満を言われ、何度か怒鳴られたこともありました。

　その年の8月、慎司さんに別の彼女がいることが判明しました。遊び人との噂は本当で、何人もの女性と交際をしていたのです。すごくショックを受けて、問い詰めたところ、ものすごい剣幕で怒鳴られました。それ以来、慎司さんとは会っていません。私は信じていた慎司さんに裏切られたことにショックを受け、精神的に参って体調を崩してしまい、その年度末に法科大学院を退学しました。その後、家族や友人の支えもあって、体調も少しずつよくなり、アルバイト先の女性書店員さんが親身になってくれ、その紹介で今の会社で働くことになりました。

今は、法律専門書の編集者として、楽しく仕事をしています。

　慎司さんに対しては、今も恐怖心が消えません。今まで、慎司さんからお金を返せと言われたことは一度もなく、突然、訴えを提起されたことに驚いています。さらに驚いたのは、この訴訟に優希ちゃんが絡んでいることです。優希ちゃんは私の勤務先でアルバイトをしていた大学生です。優希ちゃんは17歳も年下ですが、すごく可愛くて、本の話で盛り上がり、姉妹のように仲が良くなりました。優希ちゃんは、2022年4月から私の家に住むようになりました。ところが、その年の8月末、突然、一方的に出て行くと告げて家を出ていきました。同時にアルバイトも辞めました。それ以来、優希ちゃんとは会っていません。手帳を確認すると、2022年8月17日（水）は仕事でした。その日の晩は、優希ちゃんがビーフストロガノフを作ってくれました。優希ちゃんは料理が得意なんです。受取拒絶のことについては優希ちゃんから何も聞いていません。事情を聞くため、優希ちゃんにLINEしましたが、未読のままです。

尋問の目的とルール（基礎編）

弁護士　加島　宏

1　尋問の目的（なぜ、尋問が必要か）

　(1)　書証は点（出発駅、中間駅、終着駅）、尋問結果（証言）はこれをつなぐ線（レール）

　(2)　書証は断片的な事実を示すのに対し、証言はその事実の意味づけをする役割

　(3)　主張とこれに沿った書証によって、裁判官に対し、一応決定的と思われる事実関係を示し、尋問でそれを確定させる

　(4)　反対尋問は、主尋問の検証

2　尋問前の準備作業

　(5)　立証計画の策定＝誰によって、何を証明（尋問）すべきかの選定、最適・最小限の法則

　(6)　原則として、可能な場合は証人候補者と事前に面接し、十分に打ち合わせをすべき

　(7)　規則106条—人選ができたら、証拠申出書の提出

　(8)　規則107条—尋問事項書の作成・提出（裁判所・相手方への提出用）

3　尋問の準備、順序、一般的注意点等

⑼　尋問期日前に、訴状、準備書面及び書証を総合して検討し、その証人で証明すべき事実は何であるかを、改めてしっかり把握し、質問はそれに集中すること

⑽　時系列表を作成し、混乱しないように頭に叩き込んでおく

⑾　法202条、規則113条—原則として、交互尋問（主尋問、反対尋問、再主尋問、補充尋問）の方法による

⑿　可能な場合は、尋問期日前に、証人とリハーサルをしておくこと。時系列を確認させる

⒀　法廷で実際に行う順序、言葉で、法廷で示す予定の書証番号も記入した尋問事項書（尋問メモ）を用意すること。証言が幾通りかあり得ると予想されるときは、それぞれに対応した流れでの続きの尋問事項を考えておくこと

⒁　質問と応答はできるだけ簡潔にする（証人にそのことを徹底しておくこと）

⒂　言葉の重なるような「同時発言」は絶対にしない

⒃　繰り返し、言い換え、要約は多用してはならない（「つまり、あなたの言いたいことは……」）

⒄　態度や表情・動作が意味を持っていると観察したら、それを口に出して書記官に調書に記載してもらうこと（例「うなづく」「答えない」「今汗を拭いたのは、答えに困ったからですか」）

⒅　書証を示す時は、「甲5号証を示します」というように口に出して、何を示したか調書に残す

4　してはならない尋問方法

⒆　規則115条1項—個別的にかつ具体的に訊く（一問一答を原則とし、複数の質問や、抽象的な質問はしない）

⒇　同条2項—証人を侮辱したり、困惑させる質問（厳しく問い詰める時でも、礼を失しない）

㉑　同上—誘導尋問（期待している答えを暗示、明示する質問）

㉒　同上—重複尋問

㉓　同上—争点に関係のない尋問

㉔　同上—意見を求める尋問

㉕　同上—証人が直接経験しなかった事実についての陳述を求める質問（見ていたような振りをして答えてくれても証拠価値はない）

㉖　同条3項—以上に反する尋問は、申立てにより又は職権で、裁判長に制限される

5　主尋問のルールと技術

(27)　規則114条─主尋問は、証拠申出書に書いた立証すべき事実と、関連事項について行う（必ずしも時系列に従って順番に訊いていく必要はない。ポイントをつく）

(28)　同上─再主尋問は、反対尋問に現れた事項及びこれに関連する事項について行う（反対尋問によって生じた疑惑を取り除き、当事者の立証を確かなものにすることが目的。そうすることが必要な証言についてだけ、ピンポイントの質問をする）

6　反対尋問のルールと技術

(29)　規則114条─反対尋問は、主尋問に現れた事項と、関連事項、並びに証言の信用性に関する事項について行う（主尋問の結果を、反対の立場から吟味、撃破することが目的）

(30)　主尋問のように自在に準備はできないが、それでも絶対確認する必要のある事項については事前に尋問事項書（想定問答）を用意すること。証言が幾通りかあり得ると予想されるときは、それぞれに対応した流れでの続きの尋問事項を考えておくこと

(31)　必ず主尋問での証言のメモを取ること（速記が入っていることは稀なので、証言内容を確認しようとしたら、証人自身や相手方代理人に否定されたり、とぼけられることがある）

(32)　どこから入るか、何から訊くかを慎重に判断する（一番疑わしい証言、一番最後の証言から入る方法は、始めやすくて効果的だが、証人に警戒される。時系列で入るのは警戒心を緩めるが、しまりがなくなる恐れあり。主尋問をいちいち「それは本当か」「……との証言は間違いないか」となぞるのは無駄。主尋問での証言が一から十まで全部嘘のことは滅多にない）

(33)　証言とはっきり矛盾する書証があるときは、存分に活用する

(34)　答えが「はい、いいえ」でできる質問を積み重ねる。それが誘導尋問になっても、反対尋問では許される場合が多い。「なぜ」で始まる尋問はしない。

(35)　証言の根拠・理由は原則として訊いてはいけない。主尋問の上塗りをしてしまいがち

(36)　「……についてお尋ねします。」といった風に、尋問の主題を前置きしてはいけない。証人が警戒し、心の準備をしてしまう

(37)　この尋問は失敗だったと感じたら、早めに切り上げ、別の話題に移る

(38)　初めからテンポのよいやりとりにする

資　料

資料　1	管轄区域表（大阪高等裁判所管内）	資料41	不動産登記事項証明書（差押登記）
資料　2	手数料額早見表	資料42	売却実施の通知書
資料　3	訴状	資料43	入札書
資料　4	書証（甲第1号証・借用証書）	資料44	債権計算書
資料　5	証拠説明書1（原告）	資料45	配当表
資料　6	訴訟委任状（原告）	資料46	動産執行申立書
資料　7	委任契約書（原告）	資料47	執行不能調書
資料　8	期日請書（原告）	資料48	債権差押命令申立書
資料　9	期日呼出状	資料49	代表者事項証明書
資料10	郵便送達報告書（特別送達）	資料50	債権差押命令
資料11	公示送達	資料51	第三債務者の陳述書
資料12	答弁書	資料52	送達通知書
資料13	送付書	資料53	債権取立届
資料14	原告第1準備書面	資料54	取下書
資料15	書証（甲第2号証の1・催告書）	資料55	債務名義の奥書
資料16	書証（甲第2号証の2・封筒）	資料56	建物明渡執行申立書
資料17	証拠説明書2（原告）	資料57	建物明渡しの催告書
資料18	被告第1準備書面	資料58	建物明渡しの公示書
資料19	証拠申出書（原告）	資料59	建物明渡しの見積書
資料20	証人等出頭カード	資料60	強制執行調書（断行）
資料21	宣誓書	資料61	財産開示手続申立書
資料22	判決正本	資料62	財産調査報告書
資料23	口頭弁論調書（判決）	資料63	財産開示実施決定
資料24	和解調書	資料64	第三者からの情報取得手続申立書（預貯金）
資料25	訴えの取下書	資料65	情報開示命令
資料26	控訴状	資料66	情報提供書
資料27	上告受理申立書	資料67	強制執行停止決定
資料28	上告受理申立て通知書	資料68	不動産仮差押命令申立書
資料29	記録到着通知書	資料69	供託申請用紙
資料30	上告不受理決定調書	資料70	供託委任状
資料31	民事事件記録等閲覧・謄写票	資料71	供託書
資料32	執行文付与申立書	資料72	仮差押決定
資料33	単純執行文	資料73	不動産登記事項証明書（仮差押登記）
資料34	判決正本送達証明申請書	資料74	担保取消決定の申立書
資料35	不動産強制競売申立書	資料75	供託原因消滅証明申請書
資料36	不動産登記事項証明書	資料76	供託金払渡請求書
資料37	固定資産台帳記載事項証明書（公課証明書）		
資料38	公図		
資料39	地積測量図		
資料40	強制競売開始決定		

資料 I－I

管轄区域表（大阪高等裁判所管内）①

本文 72、73、163、179、186、198、211、216、234 頁

高裁	地裁		簡裁	管轄区域
	本庁	支部		
大阪	大阪		大阪	大阪市
			大阪池田	池田市　箕面市　豊能郡
			豊中	豊中市
			吹田	吹田市　摂津市
			茨木	茨木市　高槻市　三島郡
			東大阪	東大阪市　八尾市
			枚方	枚方市　守口市　寝屋川市　大東市　門真市　四條畷市　交野市
		堺	堺	堺市　高石市　大阪狭山市
			富田林	富田林市　河内長野市　南河内郡
			羽曳野	羽曳野市　松原市　柏原市　藤井寺市
		岸和田	岸和田	岸和田市　泉大津市　貝塚市　和泉市　泉北郡
			佐野	泉佐野市　泉南市　阪南市　泉南郡
	京都		京都	京都市の内 　中京区　北区　上京区　左京区　東山区　下京区　山科区 　南区（南区役所久世出張所の所管区域を除く） 南丹市の内 　旧美山町
			伏見	京都市の内 　伏見区
			右京	京都市の内 　右京区　西京区（向日町簡易裁判所の管轄区域を除く）
			向日町	向日市　長岡京市　乙訓郡 京都市の内 　南区南区役所久世出張所の所管区域（久世大築町、久世大藪町、久世上久世町、久世川原町、久世高田町、久世築山町、久世殿城町、久世中久世町、久世東土川町、久世中久世町一丁目から五丁目まで）、西京区大原野北春日町、大原野南春日町、大原野西境谷町一丁目から大原野西境谷町四丁目まで、大原野東境谷町一丁目から大原野東境谷町三丁目まで、大原野西竹の里町一丁目、大原野西竹の里町二丁目、大原野東竹の里町一丁目から大原野東竹の里町四丁目まで、大原野上里北ノ町、大原野上里南ノ町、大原野上里紅葉町、大原野上里勝山町、大原野上里鳥見町、大原野上里男鹿町、大原野石見町、大原野灰方町、大原野石作町、大原野上羽町、大原野小塩町、大原野外畑町、大原野出灰町及び大原野東野町
			木津	八幡市　京田辺市　木津川市　相楽郡　綴喜郡
			宇治	宇治市　城陽市　久世郡

― 資料 I-2 ―

管轄区域表（大阪高等裁判所管内）②

本文 72、73、163、179、186、198、211、216、234 頁

高 裁	地 裁		簡 裁	管 轄 区 域
	本庁	支部		
大阪	京都	園部	園部	南丹市の内 　旧園部町　　旧八木町　　旧日吉町 船井郡
			亀岡	亀岡市
		宮津	宮津	宮津市　　与謝郡
			京丹後	京丹後市
		舞鶴	舞鶴	舞鶴市
		福知山	福知山	福知山市　　綾部市
	神戸		神戸	神戸市の内 　中央区　東灘区　灘区　兵庫区　長田区　須磨区　垂水区　北区 三木市　　三田市
		尼崎	西宮	西宮市　芦屋市
			尼崎	尼崎市
		伊丹	伊丹	伊丹市　宝塚市　　川西市　　川辺郡
		明石	明石	明石市 神戸市の内 　西区
		柏原	篠山	丹波篠山市
			柏原	丹波市
		姫路	姫路	姫路市　相生市　赤穂市　神崎郡　赤穂郡 朝来市の内 　旧生野町
			加古川	加古川市　高砂市　　加古郡
		社	社	西脇市　小野市　加西市　加東市　多可郡
		龍野	龍野	たつの市　宍粟市　揖保郡　佐用郡
		豊岡	豊岡	豊岡市　養父市 朝来市の内 　旧和田山町　　旧山東町　　旧朝来町 美方郡の内 　香美町（旧村岡町）
			浜坂	美方郡の内 　新温泉町　香美町（旧美方町、旧香住町）
		洲本	洲本	洲本市　淡路市　南あわじ市
	奈良		奈良	奈良市　大和郡山市　天理市　桜井市　生駒市　山辺郡　生駒郡
		葛城	葛城	大和高田市　橿原市　御所市　香芝市　葛城市　北葛城郡 高市郡　　磯城郡

資料 1-3

管轄区域表（大阪高等裁判所管内）③

本文 72、73、163、179、186、198、211、216、234 頁

高裁	地裁		簡裁	管轄区域
	本庁	支部		
大阪	奈良	葛城	宇陀	宇陀市　宇陀郡 吉野郡の内 　東吉野村
		五條	五條	五條市 吉野郡の内 　十津川村　野迫川村
			吉野	吉野郡の内 　大淀町　下市町　黒滝村　天川村　吉野町　川上村 　上北山村　下北山村
	大津		大津	大津市　草津市　守山市　栗東市　野洲市
			甲賀	甲賀市　湖南市
			高島	高島市
		彦根	彦根	彦根市　犬上郡　愛知郡
			東近江	東近江市　近江八幡市　蒲生郡
		長浜	長浜	長浜市　米原市
	和歌山		和歌山	和歌山市　海南市　岩出市　海草郡 紀の川市の内 　旧打田町、旧桃山町、旧貴志川町
			湯浅	有田市　有田郡
			妙寺	紀の川市の内　　　　橋本市の内　　　伊都郡の内 　旧粉河町、旧那賀町　　旧高野口町　　　かつらぎ町
			橋本	橋本市の内　　伊都郡の内 　旧橋本市　　　九度山町　高野町
		田辺	田辺	田辺市の内 　旧田辺市　旧龍神村　旧大塔村　旧中辺路町 西牟婁郡 日高郡の内 　みなべ町
			串本	東牟婁郡の内 　串本町　古座川町
		御坊	御坊	御坊市 日高郡の内 　美浜町　日高町　由良町　印南町　日高川町
		新宮	新宮	新宮市 田辺市の内　　　　東牟婁郡の内 　旧本宮町　　　那智勝浦町　太地町　北山村

資料2

手数料額早見表

本文 71、130、136 頁

訴額 \ 手数料（円）	訴えの提起	控訴の提起	上告の提起	訴額 \ 手数料（円）	訴えの提起	控訴の提起	上告の提起
10万まで	1,000	1,500	2,000	1100万	53,000	79,500	106,000
20万	2,000	3,000	4,000	1200万	56,000	84,000	112,000
30万	3,000	4,500	6,000	1300万	59,000	88,500	118,000
40万	4,000	6,000	8,000	1400万	62,000	93,000	124,000
50万	5,000	7,500	10,000	1500万	65,000	97,500	130,000
60万	6,000	9,000	12,000	1600万	68,000	102,000	136,000
70万	7,000	10,500	14,000	1700万	71,000	106,500	142,000
80万	8,000	12,000	16,000	1800万	74,000	111,000	148,000
90万	9,000	13,500	18,000	1900万	77,000	115,500	154,000
100万	10,000	15,000	20,000	2000万	80,000	120,000	160,000
120万	11,000	16,500	22,000	2100万	83,000	124,500	166,000
140万	12,000	18,000	24,000	2200万	86,000	129,000	172,000
160万	13,000	19,500	26,000	2300万	89,000	133,500	178,000
180万	14,000	21,000	28,000	2400万	92,000	138,000	184,000
200万	15,000	22,500	30,000	2500万	95,000	142,500	190,000
220万	16,000	24,000	32,000	2600万	98,000	147,000	196,000
240万	17,000	25,500	34,000	2700万	101,000	151,500	202,000
260万	18,000	27,000	36,000	2800万	104,000	156,000	208,000
280万	19,000	28,500	38,000	2900万	107,000	160,500	214,000
300万	20,000	30,000	40,000	3000万	110,000	165,000	220,000
320万	21,000	31,500	42,000	3100万	113,000	169,500	226,000
340万	22,000	33,000	44,000	3200万	116,000	174,000	232,000
360万	23,000	34,500	46,000	3300万	119,000	178,500	238,000
380万	24,000	36,000	48,000	3400万	122,000	183,000	244,000
400万	25,000	37,500	50,000	3500万	125,000	187,500	250,000
420万	26,000	39,000	52,000	3600万	128,000	192,000	256,000
440万	27,000	40,500	54,000	3700万	131,000	196,500	262,000
460万	28,000	42,000	56,000	3800万	134,000	201,000	268,000
480万	29,000	43,500	58,000	3900万	137,000	205,500	274,000
500万	30,000	45,000	60,000	4000万	140,000	210,000	280,000
550万円	32,000	48,000	64,000	4100万	143,000	214,500	286,000
600万円	34,000	51,000	68,000	4200万	146,000	219,000	292,000
650万円	36,000	54,000	72,000	4300万	149,000	223,500	298,000
700万円	38,000	57,000	76,000	4400万	152,000	228,000	304,000
750万円	40,000	60,000	80,000	4500万	155,000	232,500	310,000
800万円	42,000	63,000	84,000	4600万	158,000	237,000	316,000
850万円	44,000	66,000	88,000	4700万	161,000	241,500	322,000
900万円	46,000	69,000	92,000	4800万	164,000	246,000	328,000
950万円	48,000	72,000	96,000	4900万	167,000	250,500	334,000
1000万円	50,000	75,000	100,000	5000万	170,000	255,000	340,000

―――― 資料3-1 ――――

訴　状（1頁目）

- -

本文 62、75 頁

訴　状

令和5年1月23日

京都地方裁判所　御中

原告訴訟代理人弁護士　美　山　　　彩

〒616-8104

京都市右京区太秦下刑部町10番地　吉山パレス101号

　　　　原　　　　告　　　中　堂　慎　司

〒606-8396

京都市左京区川端通丸太町下る　木内ビル4階

　　　　美山法律事務所（送達場所）

　　　　　　　　電　話　075-761-○○○○

　　　　　　　　FAX　075-761-○○○○

　　　　原告訴訟代理人弁護士　　美　山　　　彩

〒612-0029

京都市伏見区深草西浦町四丁目53　山本ハイツ303号

　　　　被　　　　告　　　水　島　透　子

貸金請求事件

　　訴訟物の価額　　　　　金200万円

　　貼用印紙額　　　　　金1万5000円

― 資料3-2 ―

訴 状 （2頁目）

本文 62、75 頁

請 求 の 趣 旨

1 被告は、原告に対し、金200万円及びこれに対する平成24年12月2日から支払済みまで年5分の割合による金員を支払え。

2 訴訟費用は被告の負担とする。

との判決並びに仮執行の宣言を求める。

請 求 の 原 因

1 原告は、被告に対し、次の約定に基づき金200万円を貸し渡した（甲第1号証）。

① 貸付年月日 平成20（2008）年12月1日

② 貸 付 金 額 金200万円

③ 返 済 期 日 平成24（2012）年12月1日

④ 利 息 定めず

⑤ 損 害 金 定めず

2 しかし、被告は、今日に至るまで一切返済しない。

3 よって、原告は、被告に対し、上記金銭消費貸借契約（民法587条）に基づき、金200万円及びこれに対する平成24年12月2日から支払済みまで民法所定の年5分の割合による遅延損害金の支払を求める。

証 拠 方 法

1 甲第1号証 借用証書

添 付 書 類

1 甲号証写し	1	通
2 証拠説明書	1	通
3 訴訟委任状	1	通

──── 資料4 ────

書　証（甲第１号証・借用証書）

本文 69、76、105 頁

甲第１号証

借　用　証　書

中　堂　慎　司　様

　私は、本日、貴殿から金２００万円を借り受けました。

　返済期日は２０１２（平成２４）年１２月１日とします。

　　　２００８（平成２０）年１２月１日

　　　　　　住　所　　京都市伏見区深草西浦町四丁目５３

　　　　　　　　　　　山本ハイツ３０３号

　　　　　　氏　名　　　水　島　透　子

― 資料5 ―

証拠説明書Ⅰ（原告）

本文 74、77 頁

原告　中　堂　慎　司

被告　水　島　透　子

証　拠　説　明　書

令和5年1月23日

京 都 地 方 裁 判 所　御中

原告訴訟代理人弁護士　美　　山　　彩

号証	標目	原本・写し	作成年月日	作成者	立証趣旨
甲1	借用証書	原	H20.12.1	被告	本件金銭消費貸借契約が成立した事実

資料6
訴訟委任状（原告）

本文 38、70、77 頁

訴　訟　委　任　状

令和 5 年 1 月 23 日

住　所（〒 6 1 6 - 8 1 0 4 ）

京都市右京区太秦下刑部町１０番地
吉山パレス１０１号

委任者　　　中　堂　慎　司

　私は、京都弁護士会所属弁護士美山彩
（事務所所在地：〒606-8396 京都市左京区川端通丸太町下る　木内ビル４階）
（電話番号：075-761-○○○○／ＦＡＸ番号：075-761-○○○○）
を代理人に選任し、下記事件に関する各事項を委任します。

記

第1　事　件
　1　相　手　方　　**水　島　透　子**

　2　裁　判　所　　**京　都　地　方**　　裁　判　所

　3　事　件　名　　**貸金請求事件**

第2　委任事項
　1　上記事件の訴訟行為、訴えの取下げ、和解、請求の放棄、請求の認諾、調停、
　　控訴・上告・上告受理の申立て・抗告及びそれらの取下げ、反訴の提起、弁済
　　金物の受領、保管金納入及び受領、復代理人選任
　2　担保保証の供託、同取消し決定の申立て、同取消しに対する同意、同取消し
　　決定に対する抗告権の放棄、権利行使催告の申立て
　3　供託書還付請求、供託物及び利息利札の払渡請求並びに受領
　4　債権届出、債権者集会及び債権調査期日への出席、議決権行使ほか債権者と
　　しての権利行使
　5　民事訴訟法第３６０条（同法第３６７条２項、第３７８条２項による準用の
　　場合を含む）による異議の取下げ及びその同意、民事訴訟法第４８条（同法第
　　５０条３項、第５１条による準用の場合を含む）による脱退

以　上

―――――― 資料7-1 ――――――

委任契約書（原告）（1頁目）

本文 40 頁

委　任　契　約　書

依頼者を甲、受任弁護士美山彩を乙として、次のとおり委任契約を締結する。

第1条（事件等の表示と受任の範囲）

　　甲は乙に対し下記事件又は法律事務（以下「本件事件等」という）の処理を委任し、乙はこれを受任した。

　　①事件等の表示

　　　　事件名：貸金請求事件

　　　　相手方：水島透子

　　②受任範囲

　　　　民事訴訟（第一審）

第2条（弁護士報酬）

　　甲及び乙は、本件事件等に関する弁護士報酬につき、乙の弁護士報酬基準に定める算定方法による金額（消費税を含む）にて合意した。

（1）　着手金

　　①　着手金の金額を、次のとおりとする。

　　　　金17万6000円（消費税込）

　　　　〔計算式〕200万円（経済的利益）×8％＝16万円（＋消費税1万6000円）

　　　　ただし、本件事件が上訴等により受任範囲とは異なる手続に移行し、引き続き乙がこれを受任する場合は、その新たな委任契約の協議の際に再度協議するものとする。

　　②　着手金の支払時期・方法は、特約なき場合は本件事件等の委任のときに一括払いするものとする。

（2）　報酬金

　　①　報酬金の金額を、甲の得た経済的利益の300万円以下の部分を16％とし、300万円を超える部分を10パーセントとして算出した金額に消費税を加えたものとする。

　　②　報酬金の支払時期は、本件事件等の処理の終了したときとする。

第3条（実費等）

　　甲及び乙は、本件事件に関する実費等につき、次のとおり合意する。

　　①　甲は本件事件の実費を負担する。

　　②　乙が上記実費等を立て替えた場合、本件事件の処理が終了したときに精算する。

資料7-2
委任契約書（原告）（2頁目）

本文 40 頁

第4条（弁護士業務の適正の確保）
（1）　甲は、本件事件等の処理の依頼目的が犯罪収益移転に関わるものではないことを表明し、保証する。
（2）　前項の内容等を確認するため、乙が甲に対し、本人特定事項の確認のための書類を提示または提出するよう請求した場合、甲はそれに応じなければならない。
（3）　甲は、前項により確認した本人特定事項に変更があった場合には、乙に対しその旨を通知する。

第5条（事件処理の中止等）
（1）　甲が弁護士報酬または実費等の支払を遅滞したとき、または前条(2)に基づく乙からの請求に応じないときは、乙は本件事件の処理に着手せず、またはその処理を中止することができる。
（2）　前項の場合には、乙はすみやかに甲にその旨を通知しなければならない。

第6条（弁護士報酬の相殺等）
（1）　甲が弁護士報酬又は実費等を支払わないときは、乙は甲に対する金銭債務と相殺し、または本件事件に関して保管中の書類その他のものを甲に引き渡さないことができる。
（2）　前項の場合には、乙はすみやかに甲にその旨を通知しなければならない。

第7条（中途解約の場合の弁護士報酬の処理）
　　本委任契約にもとづく事件等の処理が、解任、辞任または継続不能により中途で終了したときは、乙の処理の程度に応じて精算を行うこととし、処理の程度についての甲及び乙の協議結果にもとづき、弁護士報酬の全部もしくは一部の返還または支払を行うものとする。

　　甲及び乙は、乙の弁護士報酬基準の説明に基づき本委任契約の合意内容を十分理解したことを各自相互に確認し、その成立を証するため本契約書を2通作成し、各自保管するものとする。

　　　　　令和5年1月18日
　　　　　　甲（依頼者）
　　　　　　　　京都市右京区太秦下刑部町10番地　吉山パレス101号
　　　　　　　　中　堂　慎　司　㊞

　　　　　　乙（受任弁護士）
　　　　　　　　京都市左京区川端通丸太町下る　木内ビル4階
　　　　　　　　弁護士　美　山　彩　㊞

資料8
期 日 請 書（原告）
- -
本文 80、89 頁

令和5年（ワ）第123号　貸金請求事件

原告　中　堂　慎　司

被告　水　島　透　子

期　日　請　書

令和5年2月1日

京都地方裁判所　第1民事部　い係　御中

　　　　　原告訴訟代理人弁護士　美　　山　　　　彩　

　上記当事者間の御庁頭書事件に関する下記期日正にお請けしました。

記

　令和5年3月9日　午後1時10分

以　上

資料9
期 日 呼 出 状
本文80、89頁

〒612-0029
京都市伏見区深草西浦町四丁目53
　　　　山本ハイツ303号

　　水 島 透 子 　殿

┌─────────────────────────────────┐
│　当裁判所では、平成31年4月1日から、所持品検査を実施しています。│
│　入庁は正面玄関（丸太町通側）からに限られ、混雑時には入庁に時間が│
│かかる場合もありますので、時間に余裕をもってお越しください。　　　│
└─────────────────────────────────┘

事件番号令和5年（ワ）第123号
貸金請求事件
原告　中 堂 慎 司
被告　水 島 透 子

第1回口頭弁論期日呼出状及び答弁書催告状

令和5年2月2日

被告　水 島 透 子　　殿

〒604-8550
京都市中京区菊屋町
京都地方裁判所第1民事部い係
裁判所書記官　伊 藤 愛 莉
電　話　075-211-○○○○
FAX　075-252-○○○○

　原告から訴状が提出されました。
　当裁判所に出頭する期日が下記のとおり定められましたので、同期日に出頭してください。
　また、出頭の際は、本人確認ができる書面（免許証等）を持参してください。
　なお、訴状を送達しますので、下記答弁書提出期限までに答弁書を提出してください。
記
期　　　　　日　　令和5年3月9日（木）午後1時10分
　　　　　　　　　口頭弁論期日
出 頭 場 所　　第303号法廷
答弁書提出期限　　令和5年3月2日（木）
　　出頭の際は、この呼出状を法廷で示してください。

資料10

郵便送達報告書（特別送達）

本文 56、57 頁

郵 便 送 達 報 告 書 （ 住 所 、 居 所 等 用 ）	発 送 年月日	令和 5 年 2 月 2 日
事件番号	令和 5 年 （ ワ ）第 123 号	

送達書類	書類の名称	訴状副本、第1回口頭弁論期日呼出状
	差出人 所在地	郵便番号 604-8550 京都市中京区菊屋町（丸太町通柳馬場東入）
	名 称	京都地方裁判所第1民事部い係
	受送達者本人氏名	水島透子

受領者の押印又は署名	水 島 透 子
送 達 の 場 所	郵便番号　　窓 口
送達年月日時	令和 5 年 2 月 4 日 13 時

送達方法		
①	受送達者本人に渡した。	
2	受送達者本人に出会わなかったので、書類の受領について相当のわきまえがあると認められる次の者に渡した。 ア 使用人・従業員　イ 同居者（氏名：　　）	
3	次の者が正当な理由なく受取りを拒んだので、その場に差し置いた。 ア 受送達者本人　イ 使用人・従業員　ウ 同居者（氏名：　　）	
4	営業所に出向いた書類の受領について相当なわきまえがあると認められる次の者に渡した。 ア 使用人・従業員　イ 同居者（氏名：　　）	

上記のとおり送達しました。　令和 5 年 2 月 4 日

配達担当者　伏 見　郵便局　鳥 飼 仁 史　㊞

上記送達に係る郵便物が適正に送達されたこと及びその送達に関する事項が適正に記載されていることを確認しました。
令和 5 年 2 月 4 日

郵便認証司　伏 見　郵便局　南 勝 已　㊞

差出人記入欄
この欄に印影がかからないようにして下さい。

注意
1 受領者が押印又は署名をすることができないときは、「受領者の押印又は署名」欄にその旨を記載すること。
2 「送達の場所」欄は、市町村名から住居番号まで詳細明確に記入すること。ただし、営業所の窓口において交付したときは、「窓口」とのみ記入すること。
3 「送達年月日時」欄の年月日時のいずれかの数字が1桁のときは、枠内に右詰めで記入すること。また、時刻は24時間制で記入すること。
4 「送達方法」欄は、次により記入すること。
(1)「1」、「2」、「3」及び「4」の欄については、該当する数字ひとつを「○」で囲む。
(2)「2」、「3」又は「4」の欄を「○」で囲んだ場合は、さらに該当するものを「○」で囲み、その氏名を記入する。ただし、受送達者本人であるときは、その氏名を記入しない。

資料11
公 示 送 達
- -
本文 82 頁

令和5年（ワ）第123号　貸金請求事件

原告　中　堂　慎　司

被告　水　島　透　子

公 示 送 達

令和〇年〇月〇日

被告　水　島　透　子　殿

〒604-8550

京都市中京区菊屋町

京都地方裁判所第1民事部い係

裁判所書記官　伊　藤　愛　莉　

　頭書事件について、あなたに対する下記の書類は、当書記官室に保管してあります
ので、出頭の上その交付を受けてください。

　なお、あなたが下記の書類を受領しないときは、令和〇年〇月〇日をもって、法
律上送達されたものとみなされます。

記

1　訴状副本

2　甲第1号証

3　第1回口頭弁論期日呼出状兼答弁書催告書

― 資料12 ―

答　弁　書

本文 92 頁

令和5年（ワ）第123号　貸金請求事件
原告　中　堂　慎　司
被告　水　島　透　子

答　弁　書

令和5年2月24日

京都地方裁判所　第1民事部　い係　御中

〒604-0802
京都市中京区堺町通丸太町下る　吉田ビル2階
北峯総合法律事務所（送達場所）
電　話　075-213-〇〇〇〇
FAX　075-213-〇〇〇〇
原告訴訟代理人弁護士　北　峯　直　太　

第1　請求の趣旨に対する答弁
　1　原告の請求を棄却する
　2　訴訟費用は原告の負担とする。
　との判決を求める。

第2　請求の原因に対する答弁
　1　同第1項及び第2項は認める。

第3　被告の反論（抗弁）
　1　本件貸金債権は、履行期である平成24年12月1日から既に10年が経過
　　しているので、令和4年12月1日の経過により時効消滅している。
　　　被告は、本訴において上記時効を援用する。
　2　よって、原告の請求は失当である。

以　上

添　付　書　類

1　訴訟委任状　　　　　　　　　　　　　　　　　　　　　　1　通

--- 資料13 ---

送　付　書

本文 58、96 頁

送　付　書

京都地方裁判所　第1民事部　い係　御中（FAX 075-252-○○○○）

原告訴訟代理人　弁護士 美 山　　彩 殿（FAX 075-761-○○○○）

　下記の事件につき、「送付書類」欄記載の書類を送付します。これを受領した代理人は、下段「受領書」部分に記名捺印のうえ、裁判所及び当職宛この書面を送付して下さい。

　　　令和5年2月24日

　　　　　被告訴訟代理人　弁護士 北　峯　直　太

　　　　　TEL 075-213-○○○○ ／ FAX 075-213-○○○○

事件	裁判所	京都地方裁判所　第1民事部　い係
	事件番号	令和5年（ワ）第123号　貸金請求事件
	当事者	原告　中堂慎司
		被告　水島透子
	次回期日	令和5年3月9日午後1時10分
送付書類	■　本送付書	1枚
	■　答弁書	2枚

受　領　書

京都地方裁判所　第1民事部　い係　御中（FAX 075-252-○○○○）

被告訴訟代理人　弁護士 北　峯　直　太 殿（FAX 075-213-○○○○）

　上記書類を受領しました。

　　　令和　　年　　月　　日

　　　　　原告訴訟代理人

> 原告代理人は記名押印の上、裁判所及び被告代理人に送付します。

資料14

原告第１準備書面

本文 97 頁

令和５年（ワ）第１２３号　貸金請求事件

原告　中　堂　慎　司

被告　水　島　透　子

原　告　第　１　準　備　書　面

令和５年３月１７日

京都地方裁判所　第１民事部　い係　御中

　　　　　　原告訴訟代理人弁護士　美　　山　　　　彩

１　原告の反論（再抗弁）

　被告は、令和４年１２月１日の経過で、本件貸金債権が消滅時効により消滅している旨を主張する。

　しかし、原告は、被告に対し、令和４年８月１６日、内容証明郵便にて催告書を送付し、翌１７日に配達されたが、被告の同居人である西村優希が、その催告書の受け取りを拒絶した（甲第２号証の１・２）。

　よって、原告の本件貸金の催告は、令和４年８月１７日、被告に到達したものとみなすべきであり、また、令和５年１月２３日に本件訴訟を提起しているので、本件貸金債権の消滅時効は、民法１５０条１項及び民法１４７条１項１号に基づき、時効の完成猶予の効力が生じている。

以　上

資料15

書　証（甲第２号証の１・催告書）

本文 97 頁

甲第２号証の１

催　告　書

　私は貴殿に対し、平成２０年１２月１日、
２００万円を、返済期日を平成２４年１２月
１日と定めてお貸ししましたが、貴殿は、現
在に至るも全然返済されておりません。
　よって、本書到達後１０日以内に上記元本
２００万円をお支払いくださいますよう、本
書をもって請求いたします。
　なお、上記期間内に返済のない場合は、法
的手段をとらざるを得ませんので、念のため
申し添えます。

　　令和４年８月１６日

　　　京都市右京区太秦下刑部町１０番地
　　　吉山パレス１０１号
　　　中　堂　慎　司　　　㊞

京都市伏見区深草西浦町四丁目５３
山本ハイツ３０３号
水　島　透　子　様

この郵便物は令和4年 8月16日
第 **34567** 号書留内容証明郵便物
として差し出されたことを証明します。
　　　日本郵便株式会社

—— 資料16 ——

書　証（甲第2号証の2・封筒）

本文 97 頁

甲第2号証の2

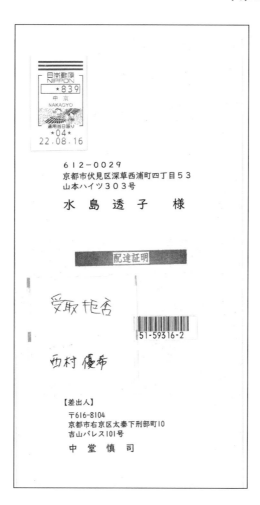

───── 資料17 ─────

証拠説明書2（原告）

本文 97頁

令和5（ワ）第123号　貸金請求事件

原告　中　堂　慎　司

被告　水　島　透　子

証　拠　説　明　書　2

令和5年3月17日

京都地方裁判所　第1民事部い係　御中

原告訴訟代理人弁護士　美　　山　　　　　彩　

号証	標目	原本・写し	作成年月日	作成者	立証趣旨
甲2の1	催告書（内容証明郵便）	原	R4.8.16	原告、郵便認証司	原告が被告に債務の履行を求めたが、被告が催告書の受取を拒絶した事実
甲2の2	封筒及び受取拒絶の付箋	原	R4.8.16 R4.8.17	原告、西村優希、日本郵便株式会社伏見支店配達員	同上

―――― 資料18 ――――
被告第1準備書面

本文 97 頁

令和5年（ワ）第123号　貸金請求事件

原告　中　堂　慎　司

被告　水　島　透　子

被 告 第 1 準 備 書 面

令和5年4月4日

京都地方裁判所　第1民事部　い係　御中

被告訴訟代理人弁護士　北　　峯　　直　　太

1　再抗弁に対する認否

　　当時、西村優希が一時被告と同居していたことのみを認め、その余の事実は不
知。

　　催告が被告に到達したとみなすべきであり消滅時効の完成猶予の効力が生じて
いる、との見解は争う。

2　反論

　　被告は、本件催告書が配達された事実そのものを全く知らなかった。まして、
西村優希が本件催告書の受け取りを勝手に拒絶したことなど、知る由もなかった。

　　なお、西村優希は、それから間もなく被告宅を出て行った。被告は同人のその
後の消息を全く知らない。

　　以上のとおりであるから、本件催告が被告に到達したものとみなすべき根拠は
何もない。

以　上

―――― 資料19-1 ――――

証拠申出書（原告）

本文104頁

令和5年（ワ）第123号　貸金請求事件
原告　中　堂　慎　司
被告　水　島　透　子

証　拠　申　出　書

令和5年4月25日

京都地方裁判所　第1民事部　い係　御中

　　　　　　　原告訴訟代理人弁護士　美　　山　　　　彩

　頭書事件について、下記のとおり証拠を申し出ます。

第1　証人尋問の申出
　1　証人の表示
　　　　〒544-0034
　　　　大阪市生野区桃谷一丁目17番13号
　　　　西　村　優　希（呼出・尋問予定時間15分）
　2　立証の趣旨
　⑴　原告の被告に対する令和4年8月16日付催告書を証人が受取拒絶した事実
　⑵　証人が行った受取拒絶が被告の指示によるものである事実
　3　尋問事項
　　　別紙尋問事項記載のとおり

第2　被告本人尋問の申出
　1　被告本人の表示
　　　　〒612-0029
　　　　京都市伏見区深草西浦町四丁目53　山本ハイツ303号
　　　　水　島　透　子（呼出・尋問予定時間15分）
　2　立証の趣旨
　　　証人が行った受取拒絶が被告の指示によるものである事実
　3　尋問事項
　　　別紙尋問事項記載のとおり

以　上

── 資料 19-2 ──

証拠申出書（原告）（別紙尋問事項）

- -

本文 104 頁

別紙

尋　問　事　項（証人）

1　身上・経歴

2　証人と被告との関係について

3　証人が原告の差し出した郵便物（催告書）を受取拒絶した経緯について

4　その他本件に関連する一切の事項について

以　上

尋　問　事　項（被告本人）

1　身上・経歴

2　本件貸金の経緯について

3　被告と証人との関係について

4　原告の差し出した郵便物（催告書）を受取拒絶した経緯について

5　その他本件に関連する一切の事項について

以　上

資料20

証人等出頭カード

本文 107 頁

証 人 等 出 頭 カ ー ド	
ふ り が な 氏　　　名	にしむら　ゆうき **西 村　優 希**
生 年 月 日	□ 大正 □ 昭和　14年　1月　22日生（満 21歳） ☑ 平成
職　　　業	**大 学 生**
住　　　所 （居　所）	**大阪市生野区桃谷一丁目17－13**
旅 費 日 当	☑　請求します。　　□　請求しません。
出　頭　日	令和　5　年　7　月　13　日

※　読みやすいように丁寧に記入してください。

資料21

宣 誓 書

本文 107 頁

宣 誓

良心に従つてほんとうのことを申し上げます。知つていることをかくしたり，ないことを申し上げたりなど決していたしません。

以上のとおり誓います。

西 村 優 希

―――― 資料22―1 ――――

判 決 正 本

- -

本文 112、156 頁

令和5年8月17日判決言渡　同日原本領収　裁判所書記官
令和5年（ワ）第123号　貸金請求事件
口頭弁論終結日　令和5年7月13日

判　　　　　決

京都市右京区太秦下刑部町10番地　吉山パレス101号
　　　原　　　　　告　　中　堂　慎　司
　　　同訴訟代理人弁護士　　美　山　　　　彩

京都市伏見区深草西浦町四丁目53　山本ハイツ303号
　　　被　　　　　告　　水　島　透　子
　　　同訴訟代理人弁護士　　北　峯　直　太

主　　　文

1　被告は、原告に対し、金200万円及びこれに対する平成24年12月2日か
　ら支払済みまで年5分の割合による金員を支払え。
2　訴訟費用は被告の負担とする。
3　この判決は、仮に執行することができる。

事　　　実

第1　当事者の求める裁判
　1　請求の趣旨
　　主文同旨
　2　請求の趣旨に対する答弁
　⑴　原告の請求を棄却する。
　⑵　訴訟費用は原告の負担とする。
第2　当事者の主張
　　（省略）
第3　当裁判所の判断
　　（省略）
第4　結論
　　　よって、原告の請求は理由があるからこれを容認し、訴訟費用の負担につき
　　民事訴訟法61条を、仮執行の宣言につき同法259条1項を、それぞれ適用
　　して、主文のとおり判決する。
　　　　　京都地方裁判所第1民事部
　　　　　　　裁　判　官　佐　藤　　　建

資料22-2

判 決 正 本（正本認証用紙）

本文 112、155、156 頁

京都 21-******

これは正本である。

令和5年8月17日

京都地方裁判所第1民事部
　　　裁判所書記官　伊　藤　愛　莉

京都 21-******

※　判決書の正本認証用紙は、偽造防止措置を施した用紙（認証等用特殊用紙）が使用されています。
　　裁判所の地模様が付されており、コピーをすると「COPY」の文字が浮き出るようになっています。

資料23
口頭弁論調書（判決）

本文 96、115頁

裁判官認印

第1回口頭弁論調書（判決）

事 件 の 表 示	令和5年（ワ）第123号
期　　　　日	令和5年3月9日午後1時10分
場所及び公開の有無	京都地方裁判所第1民事部法廷で公開
裁 判 官	佐 藤 　 建
裁 判 所 書 記 官	伊 藤 愛 莉
出頭した当事者等	
原告代理人	美 山 　 彩

弁 論 の 要 領 等

原　　告
　　訴状陳述
裁 判 官
　1　弁論終結
　2　下記のとおり主文及び理由の要旨を告げて判決言渡し
　　　　　　　　　　　　記
第1　当事者の表示
　　　別紙当事者目録記載のとおり
第2　主文
　1　被告は、原告に対し、金200万円及びこれに対する平成24年12月
　　2日から支払済みまで年5分の割合による金員を支払え。
　2　訴訟費用は被告の負担とする。
　3　この判決は、仮に執行することができる。
第3　事実及び理由
　1　請求
　　　別紙請求の趣旨及び原因記載のとおり
　2　理由の要旨
　　　被告は、本件口頭弁論期日に出頭せず、答弁書その他の準備書面を提出
　　しない。したがって、被告において請求原因事実を争うことを明らかにし
　　ないので、これを自白したものとみなす。
　　　　　　　　　　裁判所書記官　伊 藤 愛 莉

和　解　調　書（1頁目）

本文 121、157 頁

裁判官認印

和　解　調　書

事 件 の 表 示　　令和5年（ワ）第123号

期　　　　　　日　　令和5年8月17日午後1時30分

場　　所　　等　　京都地方裁判所第1民事部和解室

裁　判　官　　佐　藤　　　建

裁 判 所 書 記 官　　伊　藤　愛　莉

出 頭 し た 当 事 者 等

　　　　原告代理人　　美　山　　　彩

　　　　被告代理人　　北　峯　直　太

手続の要領等

当事者間に次のとおり和解成立

第1　当事者の表示

　　京都市右京区太秦下刑部町10番地　吉山パレス101号

　　　　　原　　　　　告　　中　堂　慎　司

　　　　　原告訴訟代理人弁護士　　美　山　　　彩

　　京都市伏見区深草西浦町四丁目53　山本ハイツ303号

　　　　　被　　　　　告　　水　島　透　子

　　　　　被告訴訟代理人弁護士　　北　峯　直　太

第2　請求の表示

　　請求の趣旨及び原因は訴状記載のとおりであるからこれを引用する。

─────── 資料24-2 ───────

和 解 調 書 （2頁目）

―――――――――――――――――――――――――――――
本文121、157頁

第3　和解条項

1　被告は、原告に対し、本件貸金債務として２００万円及びこれに対する平成
　２４年１２月２日から支払済みまで年５分の割合による損害金の支払義務のあ
　ることを認める。

2　被告は、原告に対し、前項の金員のうち、１００万円を次のとおり分割して、
　原告の指定する下記金融機関の口座に送金して支払う。

　　令和５年８月から令和６年５月まで毎月末日限り１０万円宛

　　（振込先）

　　　京都銀行京都市役所前支店　普通預金口座　口座番号：○○○○○○

　　　口座名義：中堂慎司（なかどう　しんじ）

3　被告が前項の支払を怠り、その額が３０万円に達したときは、当然に期限の
　利益を失い、第１項の金員から既払金を控除した残額及びこれに対する平成２
　４年１２月２日から支払済みまで年５分の割合による金員を支払う。

4　被告が期限の利益を失うことなく第２項の分割金を支払ったときは、原告は、
　被告に対し、その余の債務を免除する。

5　原告と被告とは、本和解条項に定めるほか、何らの債権債務のないことを相
　互に確認する。

6　訴訟費用は各自の負担とする。

　　　　　　　　　　　　　　　裁判所書記官　伊　藤　愛　莉

　　これは正本である。

　　令和５年８月１７日

　　京都地方裁判所裁判所書記官　伊　　藤　　愛　　莉

── 資料25 ──
訴えの取下書

本文 123 頁

令和5年（ワ）第123号　貸金請求事件

原告　中　堂　慎　司

被告　水　島　透　子

訴　え　の　取　下　書

京都地方裁判所　第1民事部　い係　御中

令和〇年〇月〇日

原告訴訟代理人弁護士　美　　山　　　　彩

頭書事件について、原告は都合により訴えの全部を取り下げます。

令和〇年〇月〇日

被告訴訟代理人弁護士　北　　峯　　直　　太

上記取下げに同意します。

資料26
控　訴　状
- -
本文 128 頁

控　訴　状

令和5年9月1日

大阪高等裁判所　御中

控訴人訴訟代理人弁護士　北　峯　直　太

〒612-0029
京都市伏見区深草西浦町四丁目53　山本ハイツ303号
　　　　　　　　控　　訴　　人　　水　島　透　子

〒604-0802
京都市中京区堺町通丸太町下る　吉田ビル2階
　　　　　北峯総合法律事務所（送達場所）
　　　　　　　　　　電話　075-213-〇〇〇〇
　　　　　　　　　　FAX　075-213-〇〇〇〇
　　　　　控訴人訴訟代理人弁護士　　　北　峯　直　太

〒616-8104
京都市右京区太秦下刑部町10番地　吉山パレス101号
　　　　　　　被　控　訴　人　　中　堂　慎　司

貸金請求控訴事件
　　訴訟物の価額　　　　金200万円
　　貼用印紙額　　　　　金2万2500円

　上記当事者間の京都地方裁判所令和5年（ワ）第123号貸金請求事件について、令和5年8月17日判決言渡しがあったが、全部不服であるから控訴を提起する。

原 判 決 の 表 示
主　　　文

1　被告は、原告に対し、金200万円及びこれに対する平成24年12月2日から支払済みまで年5分の割合による金員を支払え。
2　訴訟費用は被告の負担とする。
3　この判決は仮に執行することができる。

控 訴 の 趣 旨

1　原判決を取り消す。
2　被控訴人の請求を棄却する。
3　訴訟費用は、第1・2審とも被控訴人の負担とする。
との判決を求める。

控 訴 の 理 由

　追って理由書を提出する。

添 付 書 類

1　訴訟委任状　　　　　　　　　　　　　　　　　　　1　通

資料27
上告受理申立書
- -
本文 136 頁

上告受理申立書

令和6年1月9日

最　高　裁　判　所　　御中

申立人訴訟代理人弁護士　　北　　峯　　直　　太

〒612-0029
京都市伏見区深草西浦町四丁目53　山本ハイツ303号
　　　　申　　　立　　　人　　　水　島　　透　子

〒604-0802
京都市中京区堺町通丸太町下る　吉田ビル2階
　　北峯総合法律事務所（送達場所）
　　　　　　　　電　話　075-213-○○○○
　　　　　　　　FAX　075-213-○○○○
　　申立人訴訟代理人弁護士　　北　　峯　　直　　太

〒616-8104
京都市右京区太秦下刑部町10番地　吉山パレス101号
　　　　相　　　手　　　方　　　中　堂　　慎　司

貸金請求上告受理申立事件
　　訴訟物の価額　　　　金200万円
　　貼用印紙額　　　　金3万0000円

　上記当事者間の大阪高等裁判所令和5年（ネ）第1250号貸金請求控訴事件について、令和5年12月21日判決言渡しがあったが、全部不服であるから上告受理の申立てをする。

原　判　決　の　表　示
主　　文
1　本件控訴を棄却する。
2　控訴費用は控訴人の負担とする。

上　告　の　趣　旨
1　本件上告を受理する。
2　原判決を破棄し、更に相当の裁判を求める。

上　告　の　原　因
　追って上告受理申立理由書を提出する。

添　付　書　類
1　訴訟委任状　　　　　　　　　　　　　　　　　　　　　1　通

―――――― 資料28 ――――――
上告受理申立て通知書

本文 137 頁

〒606-8396
京都市左京区川端通丸太町下る　木内ビル4階

美　山　　彩　様

事件番号　令和6年（ネ受）第30号
上告受理申立て事件
申立人　水　島　透　子
相手方　中　堂　慎　司

上告受理申立て通知書

令和6年1月30日

相手方代理人　美　山　　彩　様

〒530-8521
大阪市北区西天満2-1-10
大阪高等裁判所第13民事部3係
裁判所書記官　射　場　愛　弥
電　話　06-6316-〇〇〇〇
FAX　06-6363-〇〇〇〇

　下記事件の判決に対して上告受理の申立てがありましたので、民事訴訟規則1
99条2項、189条1項により通知します。
記
　令和5年（ネ）第1250号貸金請求控訴事件

資料29

記 録 到 着 通 知 書

本文 138 頁

令和6年4月19日

〒606-8396
京都市左京区川端通丸太町下る　木内ビル4階

弁護士　美　山　　彩　殿

令和4年（受）第170号

最高裁判所第三小法廷
裁判所書記官　安　藤　優　来

記 録 到 着 通 知 書

　原裁判所から下記事件記録の送付を受けました。今後は、当裁判所で審理することになりますのでお知らせします。
　なお、審理する上で書面を提出してもらう必要が生じたときは連絡します。その際には、提出する書面に当裁判所における事件番号（下記1）を必ず記載してください。

記

1　当裁判所における事件番号
　　令和6年（受）第600号

2　当事者
　　申立人　中堂慎司
　　相手方　水島透子

3　原裁判所及び原審事件番号
　　大阪高等裁判所
　　令和5年（ネ）第1250号

　当裁判所所在地　〒102-8651　東京都千代田区隼町4番2号
　電話　03-3264-○○○○（内線○○○○）

―――― 資料30 ――――

上告不受理決定調書

本文 138 頁

<table>
<tr><td colspan="2"></td><td>裁判長
認　印</td><td>印</td></tr>
<tr><td colspan="4" style="text-align:center">調　　　　書　　（決定）</td></tr>
<tr><td>事 件 の 表 示</td><td colspan="3">令和6年（受）第600号</td></tr>
<tr><td>決 　 定 　 日</td><td colspan="3">令和 6 年 7 月 18 日</td></tr>
<tr><td>裁 　 判 　 所</td><td colspan="3">最 高 裁 判 所 第 三 小 法 廷</td></tr>
<tr><td>裁 判 長 裁 判 官</td><td colspan="3">○　　○　　○　　○</td></tr>
<tr><td>裁 判 官</td><td colspan="3">○　　○　　○　　○</td></tr>
<tr><td>裁 判 官</td><td colspan="3">○　　○　　○　　○</td></tr>
<tr><td>裁 判 官</td><td colspan="3">○　　○　　○　　○</td></tr>
<tr><td>裁 判 官</td><td colspan="3">○　　○　　○　　○</td></tr>
<tr><td>当 　 事 　 者 　 等</td><td colspan="3">申　立　人　水　島　透　子
同訴訟代理人弁護士　北　峯　直　太
相　手　方　中　堂　慎　司
同訴訟代理人弁護士　美　山　　　彩</td></tr>
<tr><td>原 判 決 の 表 示</td><td colspan="3">大阪高等裁判所令和5年（ネ）第1250号（令和5年12月21日判決）</td></tr>
</table>

裁判官全員一致の意見で、次のとおり決定。

第1　主文
   1　本件を上告審として受理しない。
   2　申立費用は申立人の負担とする。

第2　理由
　　　　本件申立ての理由によれば、本件は、民訴法318条1項により受理すべきものとは認められない。

　　　　　　　令和6年7月18日
　　　　　　　最高裁判所第三小法廷
　　　　　　　　裁判所書記官　安　藤　優　来　　印

資料31

民事事件記録等閲覧・謄写票

本文 142 頁

民事事件記録等閲覧・謄写票（原符）		申請区分	閲覧　謄写　複製	
受付年月日	令和　　年　　月　　日	ちょう用印紙額		円
事件番号	令和 5 年 （ワ） 第　123　号	事件記録等返還 月日・事件担当 書記官受領印	・　　　・	□　担　　書 □　却　　下 □　拒　　絶
申請人氏名	弁護士 美山 彩	事件担当書記官 票受領印	（　　部　　係）	
原符番号	第　　　　　　号			

- - - - - - - - 切 - - - - - - - - 取 - - - - - - - - 線 - - - - - - - -

（庁名）　京都地方裁判所

原府番号	第　　　　　　号	担当部係	第1民事 部 い 係	
民事事件記録等閲覧・謄写票		申請区分	閲覧　謄写　複製	
申請年月日	令和 5 年 7 月 14 日	申請人	資格	当事者・代理人・利害関係人 その他（　　　　　）
事件番号	令和 5 年 （ワ） 第　123　号		住所 又は 弁護士会	京都弁護士会
当事者 氏名	原告等	中堂 慎司	氏名	弁護士 美 山 彩
	被告等	水島 透子		
閲覧等の目的	訴訟準備等・その他 [　　　　　　　]	閲覧 謄写 人氏名		
所要見込時間	時間　　　　分	提出書類	委任状・その他 [　　　　　　　]	
次 回 期 日	月　　　日			
閲 覧 等 の 部 分		許否及び特別指定条件		許可権者印
令和5年7月13日付 西村優希証人尋問調書		許 ・ 否		- - - - - -
印 紙		交 付 月 日	・　　　・	
		閲覧人・謄写人 記録等受領印		
		記録係記録等 返還確認印		
		複製申請人 複製物受領印		
備 考				

注意　1　申請人は、太枠内に所要事項を記入し、「印紙」欄に所定額の印紙をちょう用（消印はしない。）の上、原符
　　　　　から切り取らないで、この票を係員に提出してください。
　　　2　「申請区分」欄、「申請人」欄の「資格」欄、「閲覧等の目的」欄及び「提出書類」欄は、該当文字を〇で囲
　　　　　み、その他に該当する場合には、（　　）内に具体的に記載してください。
　　　3　「閲覧・謄写人氏名」欄は、申請人以外の者に閲覧・謄写をさせる場合に記入してください。
　　　4　事件記録中の録音テープ等の複製を申請する場合には、複製用の録音テープ等をこの票とともに係員に提出し
　　　　　てください。

資料32
執行文付与申立書
本文 159 頁

令和5年（ワ）第123号　貸金請求事件

原告　中　堂　慎　司

被告　水　島　透　子

執 行 文 付 与 申 立 書

令和5年8月22日

京都地方裁判所　第1民事部い係　御中

　　　　　　原告訴訟代理人弁護士　美　　　山　　　彩

　頭書事件について、令和5年8月17日言渡しの判決に仮執行の宣言が付されたので、同判決正本に執行文を付与されたく申し立てます。

請　　　書

令和5年　　　月　　　日

京都地方裁判所　第1民事部い係　御中

　　　　　　原告訴訟代理人弁護士　美　　　山　　　彩

　上記執行文1通を正にお請けしました。

資料33

単 純 執 行 文

本文 160 頁

京都 20-*****

債務名義の事件番号　令和５年（ワ）第１２３号

執　行　文

債権者は、債務者に対して、この債務名義により強制執行をすることができる。

　　　　令和５年８月２４日
　　　　京都地方裁判所第１民事部
　　　　　　　　裁判所書記官　伊　藤　愛　莉　

債　権　者　　中　堂　慎　司
（　原　告　）

債　務　者　　水　島　透　子
（　被　告　）

京都 20-*****

※　執行文の用紙は、偽造防止措置を施した用紙（認証等用特殊用紙）が使用されています。裁判所
　の地模様が付されており、コピーをすると「COPY」の文字が浮き出るようになっています。

資料34-1

判決正本送達証明申請書（正本）・証明書

本文 159、160、161 頁

令和5年（ワ）第123号　貸金請求事件

原告　中　堂　慎　司

被告　水　島　透　子

収入印紙
150円

判決正本送達証明申請書

令和5年8月22日

京都地方裁判所　第1民事部い係　御中

　　　　　　　原告訴訟代理人弁護士　美　　　山　　　彩

　頭書事件について、令和5年8月17日言渡しの判決正本は、被告に送達されたことを証明されたく申請します。

請　　　書

令和5年　　月　　日

京都地方裁判所　第1民事部い係　御中

　　　　　　　原告訴訟代理人弁護士　美　　　山　　　彩

　上記判決正本送達証明書1通を正にお請けしました。

資料34-2
判決正本送達証明申請書（副本）
本文 159、160、161 頁

令和5年（ワ）第123号　貸金請求事件

原告　中　堂　慎　司

被告　水　島　透　子

判決正本送達証明申請書

令和5年8月22日

京都地方裁判所　第1民事部い係　御中

　　　　　　　原告訴訟代理人弁護士　美　　　山　　　彩　㊞

　頭書事件について、令和5年8月17日言渡しの判決正本は、被告に送達された
ことを証明されたく申請します。

申請者が提出した副本の空
白部分に裁判所が証明文言
のゴム印等を押印し、証明書
として申請者に交付します。

　　　　上記のとおり相違ないことを証明する。
　　　　令和5年8月24日
　　　　京都地方裁判所第1民事部
　　　　裁判所書記官　伊　藤　愛　莉

───── 資料35-1 ─────

不動産強制競売申立書（1頁目）

- -

本文 163 頁

不動産強制競売申立書

令和5年8月28日

大津地方裁判所 民事部競売係　御中

申立債権者代理人弁護士　美　　山　　彩　

　　当 事 者 の 表 示
　　請 求 債 権 の 表 示　　　いずれも別紙目録記載のとおり
　　目的不動産の表示

　債権者は、債務者に対し、別紙請求債権目録記載の債務名義に表示された上記債権を有するが、債務者がその弁済をしないので、債務者所有の上記不動産に対する強制競売の手続の開始を求める。

　なお、上記不動産につき、入札又は競り売りの方法により売却の実施をしても適法な買受けの申出がなかったときは、他の方法により売却することに異議はない。

添 付 書 類

1　執行力ある判決正本　　　　　　　　　　　　　　　　　　1通
2　判決正本送達証明書　　　　　　　　　　　　　　　　　　1通
3　委任状　　　　　　　　　　　　　　　　　　　　　　　　1通

資料35-2

不動産強制競売申立書（2頁目〜4頁目）

- -

本文 163、167頁

当 事 者 目 録

〒616-8104
京都市右京区太秦下刑部町10番地　吉山パレス101号
　　　債　権　者　中　堂　慎　司

〒606-8396
京都市左京区川端通丸太町下る　木内ビル4階
　　　美山法律事務所（送達場所）
　　　　　　　　　電　話　075-761-○○○○
　　　　　　　　　FAX　075-761-○○○○
　　　債権者代理人弁護士　美　山　　　彩

〒612-0029
京都市伏見区深草西浦町四丁目53　山本ハイツ303号
　　　債　務　者　水　島　透　子

請 求 債 権 目 録

　債権者債務者間の京都地方裁判所令和5年（ワ）第123号事件の執行力ある判決正本に表示された債権のうち下記債権

記

1　元　金　　200万円

2　損害金
　　上記1の元金200万円に対する平成23年11月2日から支払済みまで年5分の割合による損害金

物 件 目 録

所　　在　　滋賀県草津市南笠西町
地　　番　　1000番地12
地　　目　　宅地
地　　積　　154.80㎡

以　上

―― 資料36 ――

不動産登記事項証明書

本文 162、167、196、207、226 頁

滋賀県草津市南笠西町1000-12　　　　　　全部事項証明書　　　（土地）

表 題 部 （土地の表示）		調整	平成10年8月6日	不動産番号	1 2 3 4 5 6 7 8 9 0 1 2 3

地図番号	余白		筆界特定	余白	

所在	草津市南笠西町			余白	

① 地 番	② 地 目	③ 地 積　　㎡	原因及びその日付〔登記の日付〕
1000番12	宅地	154:80	
余白	余白	余白	昭和63年法務省令第37号附則第2条第2項 の規定により移記 平成10年8月6日

権 利 部 （甲区）		（所有権に関する事項）	
順位番号	登 記 の 目 的	受付年月日・受付番号	権 利 者 そ の 他 の 事 項
1	所有権移転	平成8年8月8日 第4567号	原因 平成8年8月8日売買 所有者 大津市京町五丁目1番1号 　芦 田 幸 雄 順位1番の登記を移記
	余白	余白	昭和63年法務省令第37号附則第2条第2項 の規定により移記 平成12年4月1日
2	所有権移転	平成30年10月11日 第3210号	原因 平成30年10月11日売買 所有者 京都市伏見区深草西浦町四丁目53 　山本ハイツ303号 　水 島 透 子

権 利 部 （乙区）		（所有権以外の権利に関する事項）	
順位番号	登 記 の 目 的	受付年月日・受付番号	権 利 者 そ の 他 の 事 項
1	抵当権設定	平成30年10月11日 第19876号	原因 平成30年10月11日金銭消費貸借契約 　同日設定 債権額 金1000万円 利息 年1.25%（年365日日割計算） 損害金 年14.5%（年365日日割計算） 債務者 京都市伏見区深草西浦町四丁目53 　山本ハイツ303号 　水 島 透 子 抵当権者 大津市浜町一丁目5番1号 　株式会社京滋銀行 　（取扱店 深草支店）

これは登記記録に記録されている事項の全部を証明した書面である。

令和5年8月24日

大津地方法務局　　　　　　　　　　登記官　　　　　　橋 本 志 保

※ 下線のあるものは抹消事項であることを示す。　　　　整理番号 K87000　（1/1）　1／1

資料37

固定資産台帳記載事項証明書（公課証明書）

本文167頁

令和5年度　　固定資産台帳記載事項証明書（公課証明書）

納税義務者住所　京都市伏見区深草西浦町四丁目53　山本ハイツ303号
納税義務者氏名　水島　遼子

令和5年1月1日現在

[単位：円、㎡]

No.	区分	所在地（家屋番号）	登記地目（土地）現況地目	種類構造屋根階層（家屋）	登記地積・床面積 現況地積・床面積	評価額 固定資産税課税標準額 都市計画税課税標準額	固定資産税相当額 都市計画税相当額	備考
一	土地	南笠西町 1000番12	宅地 宅地		154.80 154.80	9,190,218 1,531,703 1,926,359	21,443 5,779 27,222	
		以下余白						
						合 計		

上記のとおり固定資産課税台帳に記載されていることを証明します。

令和5年8月24日

滋賀県草津市長　　〇　〇　〇　〇　印

318　資　料

資料38

公　図

本文 167 頁

1000-22	1000-21		1000-14	1000-13		1000-6
1000-23	1000-20		1000-15	1000-12		1000-7
1000-24	1000-19		1000-16	1000-11		1000-8
1000-25	1000-18		1000-17	1000-10		1000-9

1000-1

（注）地図に準ずる図面は、土地の区画を明確にした不動産登記法所定の地図
　　　が備え付けられるまでの間、これに代わるものとして備え付けられてい
　　　る図面で、土地の位置及び形状の概略を記載した図面です。

地番区域見出　南笠西町

請求部分	所 在	草津市南笠西町	地番	1000番12
出力区分	縮尺不明	精度区分	座標系番号又は記号	分類	地図に準ずる図面	種類	旧土地台帳附属地図
作成年月日		備付年月日（原図）		補記事項	

これは地図に準ずる図面に記録されている内容を証明した書面である。

令和5年8月24日
大津地方法務局

地図整理番号：M04321　　　　　　登記官　橋　本　志　保

資料39

地 積 測 量 図

本文167頁

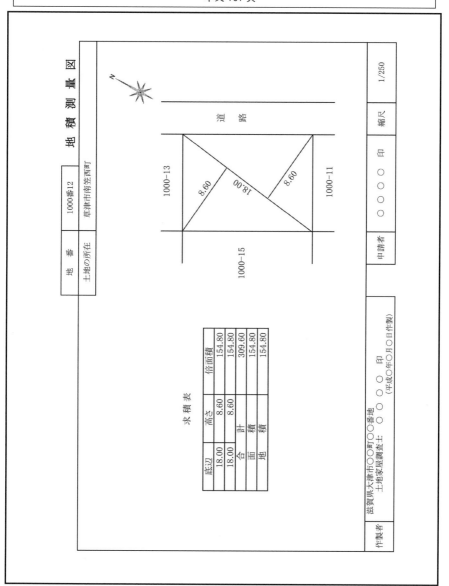

	地　番	1000番12
	土地の所在	草津市南笠西町

地 積 測 量 図

求積表

	底辺	高さ	倍面積
	18.00	8.60	154.80
	18.00	8.60	154.80
計			309.60
面積			154.80
地積			154.80

申請者	○○○○	印
縮尺	1/250	

作製者	滋賀県大津市○○町○○番地 土地家屋調査士　○○○○　印 （平成○年○月○日作製）

資料40
強制競売開始決定

本文 168 頁

令和5年（ヌ）第10号

強 制 競 売 開 始 決 定

当 事 者　別紙当事者目録記載のとおり
請求債権　別紙請求債権目録記載のとおり

　債権者の申立てにより、上記債権の弁済に充てるため、別紙請求債権目録記載の
執行力ある債務名義の正本に基づき、債務者の所有する別紙物件目録記載の不動産
について、強制競売の手続を開始し、債権者のためにこれを差し押さえる。

　　令和5年9月1日

　　　大津地方裁判所

　　　　　裁 判 官　安 達 隆 治

　これは正本である。

　　　令和5年9月1日
　　　　大津地方裁判所
　　　　　　裁判所書記官　紺 谷 柚 穂

───── 資料41 ─────

不動産登記事項証明書 （差押登記）

本文 168 頁

滋賀県草津市南笠西町1000-12　　　　　　　　全部事項証明書　　　　（土地）

表 題 部 （土地の表示）		調整	平成10年8月6日	不動産番号	1234567890123
地図番号	余白	筆界特定	余白		
所在	草津市南笠西町			余白	

① 地番	② 地目	③ 地積　㎡	原因及びその日付〔登記の日付〕
1000番12	宅地	154:80	
余白	余白	余白	昭和63年法務省令第37号附則第2条第2項の規定により移記 平成10年8月6日

権 利 部 （甲区）	（所有権に関する事項）		
順位番号	登 記 の 目 的	受付年月日・受付番号	権利者その他の事項
1	所有権移転	平成8年8月8日 第4567号	原因 平成8年8月8日売買 所有者 大津市京町五丁目1番1号 　芦田 幸雄 順位1番の登記を移記
	余白	余白	昭和63年法務省令第37号附則第2条第2項の規定により移記 平成12年4月1日
2	所有権移転	平成30年10月11日 第3210号	原因 平成30年10月11日売買 所有者 京都市伏見区深草西浦町四丁目53 　山本ハイツ303号 　水島 透子
3	差押	令和5年9月4日 第6543号	原因 令和5年9月1日大津地方裁判所強制競売開始決定 債権者 京都市右京区太秦下刑部町10番地 　吉山パレス101号 　中堂 慎司

権 利 部 （乙区）	（所有権以外の権利に関する事項）		
順位番号	登 記 の 目 的	受付年月日・受付番号	権利者その他の事項
1	抵当権設定	平成30年10月11日 第19876号	原因 平成30年10月11日金銭消費貸借契約同日設定 債権額 金1000万円 利息 年1.25%（年365日日割計算） 損害金 年14.5%（年365日日割計算） 債務者 京都市伏見区深草西浦町四丁目53 　山本ハイツ303号 　水島 透子 抵当権者 大津市浜町一丁目5番1号 　株式会社京滋銀行 　（取扱店 深草支店）

これは登記記録に記録されている事項の全部を証明した書面である。

令和5年9月6日

大津地方法務局　　　　　　　　　登記官　　　　　　橋 本 志 保

※　下線のあるものは抹消事項であることを示す。　　　　　整理番号　K87000　（1/1）　1/1

資料42-1
売却実施の通知書 （1頁目）
- -
本文170頁

令和5年（ヌ）第10号

通　　知　　書

申立債権者代理人弁護士美山彩　殿

　　　　令和5年11月23日

　　　　　　　　　　大津地方裁判所民事部

　　　　　　　　　　　　裁判所書記官　紺　谷　柚　穂　

　　　　当事者　　　別紙当事者目録記載のとおり

　別紙物件目録記載の不動産に対する上記当事者間の強制競売事件について、下記のとおり売却を実施しますので通知します。

（1）　期間入札
　　　入札期間　　　　　令和6年1月　9日から
　　　　　　　　　　　　令和6年1月16日午後5時00分まで
　　　開札期日　　　　　令和6年1月23日午前9時30分
　　　同期日を開く場所　大津地方裁判所売却場
　　　売却決定期日　　　令和6年2月13日午後1時00分
　　　同期日を開く場所　大津地方裁判所民事部

　　売却基準価額（かっこ内は買受可能価額）
　　　物件1　　　　金10，900，000円（8，720，000円）

資料42-2

売却実施の通知書 （2頁目）

本文 170、174 頁

　（2）　特別売却（（1）の期間入札において買受けの申出がないとき）

　買受けの申出先　　大津地方裁判所執行官

　買受人の決定方法

　　　先着順（電話・手紙による買受申出は不可。同時に買受けの申出をした者
があるときは、別に定める基準による）

　売却の実施期間　　　令和6年1月26日午前10時00分から

　　　　　　　　　　　令和6年1月26日午前11時00分まで

　売却価額　　　　　　買受可能価額以上の金額で、買受申出人が申し出た金額

　買受申出の保証（売却基準価額の10分の2相当額、ただし別途定める場合もあ
る。）の提供方法

（1）期間入札の場合（下記のいずれかの文書を執行官に提出する。）

　　①　当裁判所の預金口座に買受申出保証額を振り込んだ旨の金融機関の証明書

　　②　銀行・損害保険会社・農林中央金庫・商工組合中央金庫・信用金庫または
　　　労働金庫の支払保証委託契約締結証書

（2）特別売却の場合（下記のいずれかを執行官に提出する。）

　　①　金銭または執行裁判所が相当と認める有価証券

　　②　当裁判所の預金口座に買受申出保証額を振り込んだ旨の金融機関の証明書

1　物件明細の備置きは、令和5年12月19日からです。

2　事件の取下げが無条件にできるのは、上記開札期日の前執務日午後5時までです。

3　売却許可決定書の公告掲示、その記録の閲覧謄写申請、許可決定の謄本交付申請、売却許可決定がでたか否
　かの回答は売却決定期日の午後2時からとなります。

（注意）　上記（1）の期間入札によって買受申出がないときは、上記（2）のとおり特別売却に付されます。

―――――― 資料43 ――――――

入 札 書

本文 171 頁

入 札 書（期間入札）

令和 6 年 1 月 12 日

大津地方裁判所　　執行官 殿

事件番号	令和 5 年（ヌ）第 10 号	物件番号	1

入 札 価 額	百億	十億	億	千万	百万	十万	万	千	百	十	一	
			￥	1	0	5	0	0	0	0	0	円

入 札 人	本 人	住　所（法人の所在地）	〒604-8414 京都市中京区西ノ京小倉町1番地1　吉川ビル
		（フリガナ）	ヨシカワフドウサン（カ
		氏名（法人の名称等）※法人の場合、代表者の資格及び氏名も記載すること。	吉川不動産株式会社　　代表取締役　吉川　了平　　㊞
		日中連絡先電話番号	075（○○○）○○○○
	代 理 人	住　所（法人の所在地）	〒　－
		（フリガナ）	
		氏名（法人の名称等）※法人の場合、代表者の資格及び氏名も記載すること。	印
		日中連絡先電話番号	（　　）

注　意

1　入札書は、一括売却される物件を除き、物件番号ごとに別の用紙を用いてください（**鉛筆書き不可**）。

2　事件番号及び物件番号欄には、公告に記載された番号をそれぞれ記載してください。事件番号及び物件番号の記載が不十分な場合、入札が無効となる場合があります。

3　入札価額は算用数字ではっきりと記載してください。**入札価額を書き損じたときは、新たな用紙に書き直してください。**

4　（個人の場合）　氏名及び住所は、**住民票のとおり正確**に記載してください。
　（法人の場合）　名称、所在地、代表者の資格及び氏名は、**資格証明書（代表者事項証明書、全部事項証明書等）のとおり正確**に記載してください。
　記載が不正確な場合、入札が無効となる場合があります。

5　代理人によって入札するときは、本人の住所（所在地）、氏名（名称等）のほか、代理人の住所（所在地）、氏名（名称等）を記載し、代理人の印を押してください（別途委任状が必要です）。

6　**一度提出した入札書の変更又は取消しはできません。**

7　資格証明書など各種証明書、住民票、委任状、許可書、暴力団員等に該当しない旨の陳述書等は必ず入札書とともに〔入札書在中〕と表示のある封筒（事件番号・物件番号、開札期日を記載したもの）に入れ、封をして、保証金提出関係の証明書と同時に提出してください。**提出がない場合、入札が無効**となります。

8　振込証明書によって保証を提供する場合の金融機関への振込依頼は、必ず、「電信扱い」又は「支給扱い」としてください。**翌日扱い等により、入札期間後に入金された場合、入札が無効となります。**

9　共同入札をしようとするときは、あらかじめ、書面により執行官に許可を求めたうえ、許可書をこの入札書に添付してください。

資料44

債 権 計 算 書

本文 173 頁

配当期日　令和6年4月22日

担当書記官 紺谷柚穂

令和5年(ヌ)第10号

債 権 計 算 書

令和6年3月29日

大津地方裁判所 民事部 競売係 御中

〒606-8396　　住　所　京都市左京区川端通丸太町下る 木内ビル4階

氏　名　債権者代理人弁護士 美 山　彩

電　話　075-761-○○○○

債権額の計算は、下記のとおりです。

債権額合計　　　　　3,139,093　円

元金番号	債権発生の年月日及びその原因	元金現在額	債務名義・仮差押命令(裁判所及び事件番号等で特定する。)又は担保権の表示(登記所及び登記の受付番号で特定する。)
1	H20.12.1付金銭消費貸借	2,000,000円	京都地方裁判所令和5年(ワ)第123号事件の執行力ある判決正本
合　計		2,000,000円	

元金番号	期　間	日　数	利　率	利息・損害金の別	利息・損害金現在額
1	H24.12.2〜R6.4.22	11年143日	年5%	損害金	1,139,093円
合　計					1,139,093円

執行費用の内訳				
		合　計		

資料45
配　当　表
本文173頁

令和6年4月22日

大津地方裁判所民事部
裁判所書記官　樹　谷　也　櫂

配　当　表

令和5年(ケ)第10号
物件1

	代　　金(円)	10,500,000
	剰余金の場合の保証(円)	
	前買受人の保証(円)	
	合　計(円)	10,500,000

順位	債権者／債権の種類	費用(円)	利息(円)	損害金(円)	元金(円)	合計(円)	配当実施額等(円)	備考
	申立債権者　中堂慎司							
	手続費用 別紙手続費用計算書のとおり					397,746	397,746	
	(株)京滋銀行 平成30年10月11日付抵当権	0	8,206	629,449	7,729,155	8,366,810	8,366,810	
	中堂慎司 京都地方裁判所令和5年(ワ)第123号事件の執行力ある判決正本	0	1,139,093	2,000,000		3,139,093	1,735,444	
	合　　計						10,500,000	

(注)債権の種類欄の日付は、担保権は設定登記(仮登記)の日、交付要求債権は法定納期限等、配当要求債権は配当要求の日、仮差押え債権はその登記の日をそれぞれ示す。
(注)公租公課等の損害金欄は、延滞税・利子税・加算税等の合計額を示す。
(注)(株)は株式会社、(有)は有限会社、(組)は協同組合、(財)は財団法人、(独)は独立行政法人、(社)は社団法人、(火)は火災海上保険株式会社、(生)は生命保険株式会社をそれぞれ示す。
(注)配当の回らない債権者の元本、損害金、利息、費用等はその記載を省略した。

―――― 資料46-1 ――――

動産執行申立書（1頁目）

- -

本文 179 頁

民　事　執　行　申　立　書

京都地方裁判所　執行官　殿

令和５年８月２８日　　　　　　　　　　　　【動産執行用】

（〒６１６－８１０４）　〔□調書送付先〕　　　　TEL　　（　　　）
　　　　　　　　　　　　　　　　　　　　　　　FAX　　（　　　）

　住　所　　京都市右京区太秦下刑部町１０番地　吉山パレス１０１号
　　（ふりがな）

　債権者（申立人）　中　堂　慎　司　　　　　　　　　　　　　（印）

　代表者

（〒６０６－８３９６）　〔■調書送付先〕　　　　TEL　０７５（７６１）○○○○
　　　　　　　　　　　　　　　　　　　　　　　FAX　０７５（７６１）○○○○

　住　所　　京都市左京区川端通丸太町下る　木内ビル４階　美山法律事務所

　　（ふりがな）
　代理人　弁護士　美　山　　彩

（〒６１２－００２９）　〔■調書送付先、□最後の住所・住居所不明（公示送達）
　　　　　　　　　　　　□債務名義上の住所と異なる（□住民票あり□上申書あり）〕

　住　所　　京都市伏見区深草西浦町四丁目５３　山本ハイツ３０３号
　　（ふりがな）

　債務者（相手方）　水　島　透　子

　代表者

執行の場所（〒　　－　　　　）〔□調書送付先〕
■債務者の住所に同じ　　　□別紙目録記載のとおり

□

執行の方法　　　　　動産の差押え

請求金額　　金３０７万６１９３円（内訳は、別紙請求金額計算書のとおり）

債務名義
１　京都地方裁判所　令和５年（ワ）第１２３号
　　〔■仮執行宣言付判決　□確定判決　□仮執行宣言付支払督促　□和解調書　□認諾調書
　　□授権決定　□調停に代わる決定　□　　　　　　　　　　　　　　　　　　　　　　　〕

２　　　　　　　　　　法務局所属公証人　　　　　　　　　　作成
　　令和　年　　　　第　号　　執行証書

添付書類	付随申立
■執行力のある債務名義正本　１通	１執行場所への立会　　　　　〔□する、■しない〕
■送達証明書　　　　　　　　１通	２債務者に対する事前通知の承諾〔□する、■しない〕
□資格証明書　　　　　　　　　通	３関係人に対する執行調書謄本の交付を請求する。
□委任状　　　　　　　　　　１通	４民事執行規則第１２９条の規定により、執行力の
■目的物の所在場所の略図　　１通	ある債務名義正本等の還付を予約する。
□　　　　　　　　　　　　　　通	（全額弁済を除く）
□　　　　　　　　　　　　　　通	５同時送達申立（執行証書に限る）〔□する、□しない〕

※注意　①請求金額計算書を添付して、契印（割印）してください。
　　　　②申立書（①を添付し、契印したもの）は、３部（正１・副２）提出してください。

― 資料46-2 ―

動産執行申立書（2頁目）

本文 179 頁

【一般用】

請 求 金 額 計 算 書

元本［■全額、□残額、□一部請求額］	２０１万円
債務名義記載の確定損害金	円
平成２４年１２月２日より令和５年８月２８日 迄の金２００万円に対する年５％ の割合による［□利息、■損害金、□　　　　　］	１０７万３９７２円
令和　年　　月　　日より令和　　年　　月　　日 迄の金　　　　　　円に対する　年　　　％ の割合による［□利息、□損害金、□　　　　　］	円
令和　年　　月　　日より令和　　年　　月　　日 迄の金　　　　　　円に対する　年　　　％ の割合による［□利息、□損害金、□　　　　　］	円
令和　年　　月　　日より令和　　年　　月　　日 迄の一月金　　　　　円の割合の賃料	円
令和　年　　月　　日より令和　　年　　月　　日 迄の一月金　　　　　円の割合の賃料相当損害金	円
別紙計算書	円
督促手続費用	
仮執行宣言申立費用	円
執行準備費用 ［■請求する、□請求を保留する］	（下記内訳の合計） ２２２１円

（内　訳）

送達証明申請手数料	１５０円	執行申立書作成提出費用	１０００円
上記交付費用	１６８円		
■執行文付与申請手数料	３００円	□資格証明等交付手数料	円
上記交付費用	６０３円	上記交付費用	円
□＿＿＿＿＿＿＿＿	円	□＿＿＿＿＿＿＿＿	円
□＿＿＿＿＿＿＿＿	円	□＿＿＿＿＿＿＿＿	円

合　計	３０７万６１９３円

備考
□債務者は、令和＿＿年＿＿月＿＿日と令和＿＿年＿＿月＿＿日の支払を怠り、
　（□遅滞回数が＿＿回・□その額が＿＿万円）に達したので、令和＿＿年＿＿月＿＿日の
　経過により期限の利益を失った。
□上記損害金は、［□支払済、□明渡済］まで請求する。
■損害金は、上記計算日以降の分は、［■保留、□放棄］する。
□［□利息、□損害金］は、［□全額放棄、□請求を保留］する。

資料47-1

執 行 不 能 調 書 （１頁目）

本文 180 頁

（□にレを付けた事項）　　　　　令和 ５ 年（執イ）第 ５００ 号

執 行 □ 中 止 ☑ 不 能 調 書

執行の日時	令和 ５ 年 ９ 月 ４ 日	午前 (午後) １ 時 ３０ 分　　　着手
		午前 (午後) １ 時 ４５ 分終了・□中止
執行の場所	☑本件申立書記載の場所　　　□別紙のとおり	
執行に立ち会った者	☑下記の署名者 □債務者	

執 行 の 内 容

☑占有認定等及びその他の事項　別紙のとおり

□本件執行は中止する。　　☑本件執行は不能とする。

（ 理 由 ）

□執行場所が特定できない。	☑差し押さえるべき動産の売得金で手続費用を
□執行場所全戸不在	を弁済して剰余を生ずる見込みがない。
□債務者　　　　方全戸不在	□執行場所に存在する動産は、
□執行場所全戸不在	□債務者　　　　　及び
□相当のわきまえのある者不在	との共同占有であることが認められ、
□施錠あり。	□世帯主の占有であることが認められ、
□立会人なし。	債務者　　　　の単独占有に属すると
□債務者　　　　の占有が認定できない。	認められる動産は存在しない。
□適価の　□買受け申出なし（□不参集）	□執行場所を債務者　　　が占有していない。
□債務者　　　執行場所より退却	□居住又は使用していない。
□差押物不存在	□退去した。
□差押物一部不存在。残存物件の売却	□
では執行費用を償えない。	から執行場所の内部を確認した。
□同時送達不能	□下記理由により、換価価値のある動産の存在
（令和　年（執ソ）第　　号送達事件）	は認められない。
□債権者の申立て	
□臨場前　　□臨場後	

□

当事者の表示等	□執行中止のため省略	☑本件申立書写しのとおり
執行に立ち会った者等の署名押印	立会人	前 川 健 司　㊞ □署名押印を求めたところ署名のみした。

「執行の日時」と同日

京都地方裁判所

　　　執行官　　　出 口 隼 平　　㊞

― 資料47-2 ―

執 行 不 能 調 書 （2頁目）

本文 180 頁

（別紙）　　　　　　　　　　　　　（該当番号を○で囲み、□にレ点を付けた事項）

①執行の場所又は目的物に対する債務者（相手方）の占有が　☑ある　ことを
　　　　　　　　　　　　　　　　　　　　　　　　　　　　□ない

次のことから認定した。

（1）□近隣住人　　　　□同居人　　　　□債務者　　　□

　　　□執行の場所又は目的物の　　　□所有者　□管理会社社員　　　の陳述
　　　　　　　　　　　　　　　　　　□管理人

②　☑表札　　　□看板　　　☑郵便受け　　　□

③　□住民登録　　　　　　　　　☑郵便物　　□
　　□外国人登録　　☑債務者あての　☑公共料金（電気・ガス・水道）の請求書等

　　　□　　　　　　　　　　　　　　　　　　　　　　　　　　の存在

（4）□債務者以外の第三者の占有を示すもの　　　　□　　　　　　の不存在

（5）□上記陳述の要旨
　　　□

---

②　占有状況等を調査した結果は、次のとおり

　　債務者（相手方）は、執行の場所又は目的物を　☑住居　□店舗　□事務所

　　□　　　　　　　　　　　　　　　　　　　　　　として占有している。

3（1）執行場所は、□全戸不在が予想されたので、□立会人 □解錠技術者 を同行した。
　　　　　　　　　☑全戸　□　　　　　　　　　　　　　　　不在と認め、

　　　☑立会人を置き、☑解錠技術者　に　☑解錠させて、　□無施錠により、
　　　　　　　　　　　□債権者　　　　　□解錠を試みさせた。

　　　☑立ち入った。　□債務者　　が　□在宅　　　した。
　　　□立ち入ったところ、□　　　　　□帰宅

（2）□近隣住人　　□　　　　　　　　　　　　　　　　　　の陳述

　　□表札　　□看板　　□郵便受け　　□　　　　　　　　の表示

　　□債務者あての　□郵便物　　□　　　　　　　　　　　　の存在
　　　　　　　　　　□公共料金（電気・ガス・水道）の請求書等

　　により債務者の占有があるものと認め　□立会人　□解錠技術者 を同行した　が、
　　　　　　　　　　　　　　　　　　　　□立ち入った

　　上記 1 のとおり、認定した。

4　令和　　年（執　　）第　　　号事件と令和　　年（執　　）第　　　事件とを

　　□執行場所について、　　　　　　　　　　　　　　併合する。

債権差押命令申立書（1頁目）

本文187、189頁

債 権 差 押 命 令 申 立 書

令和5年8月28日

京都地方裁判所 第5民事部 債権執行係　御中

申立債権者代理人弁護士　美　　山　　彩

当 事 者 の 表 示
請 求 債 権 の 表 示　　　いずれも別紙目録記載のとおり
差 押 債 権 の 表 示

　債権者は、債務者に対し、別紙請求債権目録記載の執行力ある判決正本に表示された請求債権を有しているが、債務者がその支払をしないので、債務者が第三債務者に対して有する別紙差押債権目録記載の債権の差押命令を求める。

　第三債務者に対し、民事執行法第147条1項に規定する陳述の催告をされたく申し立てる。

添 付 書 類

1	執行力ある判決正本	1通
2	判決正本送達証明書	1通
3	資格証明書	1通
4	委任状	1通

―― 資料48-2 ――
債権差押命令申立書（2頁目）
本文 187 頁

当　事　者　目　録

〒616-8104
京都市右京区太秦下刑部町１０番地　吉山パレス１０１号
　　　債　権　者　中　堂　慎　司

〒606-8396
京都市左京区川端通丸太町下る　木内ビル４階
　　　　美山法律事務所（送達場所）
　　　　　　　電　話　０７５-７６１-○○○○
　　　　　　　ＦＡＸ　０７５-７６１-○○○○
　　　債権者代理人弁護士　美　山　　　彩

〒612-0029
京都市伏見区深草西浦町四丁目５３　山本ハイツ３０３号
　　　債　務　者　水　島　透　子

〒612-0021
京都市伏見区深草塚本町６６
　　　第　三　債　務　者　深　草　信　用　金　庫
　　　代　表　者　代　表　理　事　三　好　浩　治
（送達場所）〒612-0861
　　　　京都市伏見区深草向畑町９０
　　　　深草信用金庫　藤森支店

資料48－3
債権差押命令申立書（3頁目）
- -
本文 17、187 頁

請　求　債　権　目　録

合計金308万3467円

　ただし、京都地方裁判所令和5年（ワ）第123号事件の執行力ある判決正本に表示された債権のうち下記債権

記

1　元　　金　　　　　　　　　金200万円

2　損 害 金　　　　　　金107万3972円

　ただし、上記1の金員に対する平成24年12月2日から令和5年8月28日まで年5分の割合による損害金

3　執行費用　　　　　　　　金9495円

　（内　訳）

　　本申立手数料　　　　　　　　　金4000円

　　差押命令正本送達費用等　　　　金2506円

　　本申立書作成及び提出費用　　　金1000円

　　資格証明書交付手数料　　　　　　金600円

　　資格証明書交付費用　　　　　　　金168円

　　執行文付与手数料　　　　　　　　金300円

　　執行文交付費用　　　　　　　　　金603円

　　送達証明書交付手数料　　　　　　金150円

　　送達証明書交付費用　　　　　　　金168円

─── 資料48-4 ───
債権差押命令申立書（4頁目）

本文 187、188 頁

差 押 債 権 目 録

金３０８万３４６７円

　債務者が第三債務者（藤森支店扱い）に対して有する下記預金債権及び同預金に対する預入日から本命令送達時までに既に発生した利息債権のうち、下記に記載する順序に従い、頭書金額に満つるまで

記

1　差押えのない預金と差押えのある預金があるときは、次の順序による。
　(1) 先行の差押え、仮差押えのないもの
　(2) 先行の差押え、仮差押えのあるもの
2　円貨建預金と外貨建預金があるときは、次の順序による。
　(1) 円貨建預金
　(2) 外貨建預金（差押命令が第三債務者に送達された時点における第三債務者の電信買相場により換算した金額（外貨）。ただし、先物為替予約があるときは、原則として予約された相場により換算する。）
3　数種の預金があるときは、次の順序による。
　(1) 定期預金
　(2) 定期積金（ただし、本命令送達時における現在額を限度とする。）
　(3) 通知預金
　(4) 貯蓄預金
　(5) 納税準備預金
　(6) 普通預金
　(7) 別段預金
　(8) 当座預金
4　同種の預金が数口あるときは、口座番号の若い順序による。
　　なお、口座番号が同一の預金が数口あるときは、預金に付せられた番号の若い順序による。

代 表 者 事 項 証 明 書

本文 70、188 頁

代 表 者 事 項 証 明 書

会社法人番号 　 １３００－０５－０００１

名 　　　 称 　 深草信用金庫

主たる事務所 　 京都市伏見区深草塚本町６６

代表者の資格、氏名及び住所

　　　　大阪府堺市堺区南瓦町３番地２
　　　　代表理事 　 三 　 好 　 浩 　 治

　　　　奈良県生駒郡平群町吉新１番地１
　　　　代表理事 　 保 　 田 　 健 　 治

　　　　　　　　　　　　 以 　 下 　 余 　 白

これは上記の者の代表権に関して登記簿に記載されている現に効力を有する事項の全部であ
ることを証明した書面である。

（京都地方法務局管轄）

　　　　　　 令和５年８月２８日

　　　京都地方法務局

　　　登記官 　　　　　　　　 国 　 光 　 泰 　 郎 　　　

整理番号 　 １２３４５６７ 　　　　　　　　　　　　　　　　 １／１

資料50

債 権 差 押 命 令

本文 189頁

令和5年（ル）第900号

債 権 差 押 命 令

当 事 者　別紙当事者目録記載のとおり
請求債権　別紙請求債権目録記載のとおり

1　債権者の申立てにより、上記請求債権の弁済に充てるため、別紙請求債権目録
　記載の執行力ある債務名義の正本に基づき、債務者が第三債務者に対して有する
　別紙差押債権目録記載の債権を差し押さえる。
2　債務者は、前項により差し押さえられた債権について、取立てその他の処分を
　してはならない。
3　第三債務者は、第1項により差し押さえられた債権について、債務者に対し、
　弁済をしてはならない。

　　令和5年8月30日

　　京都地方裁判所第5民事部

　　　裁 判 官　　姫 田 左 代 子

　　これは正本である。
　　　令和5年8月30日
　　　京都地方裁判所第5民事部
　　　　裁判所書記官　水 口 美 紅

資料51-1

第三債務者の陳述書 （1頁目）

本文 189頁

（一　般）

債務者　水島透子

令和5年（ル）第900号

陳　述　書

令和 5 年 9 月 4 日

京都地方裁判所　第5民事部　御中

京都市伏見区深草向畑町９０

第三債務者　深草信用金庫　藤森支店

支店長　向　山　　英　㊞

TEL　０７５（　０００　）　００００

（担当者　　山口　　）

下記のとおり陳述します。

1　差押えに係る債権の存否	（ある）　　　　　　　　　　　な　い
2　差押債権の種類及び額 　　金銭債権以外の債権は、その内容	普通預金　　金２５２，５００円
3　弁済の意思の有無	（ある）　　　　　　　　　　　な　い
4　弁済する範囲又は弁済しない理由	金２５２，５００円

5 差押債権について、差押債権者に優先する権利を有する者（例えば、質権者）がある場合の記入欄	優先債権者の住所、氏名	
	その権利の種類及び優先する範囲（金額）	

1

資料51−2

第三債務者の陳述書 （2頁目）

本文 189 頁

（一　般）

令和5年（ル）第900号

債務者　水島透子

6　他の差押え（滞納処分又はその例による差押えを含む）、仮差押え、仮処分			
税務署・裁判所等 事件番号	債権者の氏名・住所	（仮）差押え等の 送達日	（仮）差押え等が 執行された金額

陳　述　欄

2

── 資料52 ──
送　達　通　知　書

本文 189 頁

令和5年（ル）第900号

送　達　通　知　書

債権者　中堂慎司　殿

　　令和5年9月11日
　　京都地方裁判所第5民事部
　　　　裁判所書記官　水　口　美　紅　

　当事者の表示　上記事件の差押命令記載のとおり

　上記当事者間の債権差押命令正本は下記のとおり送達されました。

記

債務者 （水島透子　　　　　　　　）	令和5年9月6日
第三債務者 （深草信用金庫　　　　　　）	令和5年8月31日

───── 資料53 ─────

債 権 取 立 届

本文 190 頁

事件番号	令和 5 年 (ル) 第 900 号

債 権 （ 取 立 ） 届

令和 5 年 9 月 20 日

京都地方裁判所 第5民事部　御中

債権者　代理人弁護士　美 山　　彩 ㊞

TEL　　0 7 5 （ 2 1 3 ）　0 0 0 0

債 権 者　中 堂 慎 司
債 務 者　水 島 透 子
第三債務者　深 草 信 用 金 庫

　上記当事者間の債権差押命令に基づき、債権者は、第三債務者から令和 5 年 9 月19 日午 前 11 時金 252,500 円を取り立てたので届けます。

　なお、取り立ては　1　全額完了しました。
　　　　　　　　　　2　まだ継続しています。
　　　　　　　　　（現在取立合計額　　　　　　　円）
　　　　　　　③　残額については不能。

資料54
取　下　書
- -
本文 192 頁

令和5年（ル）第900号　債権差押命令申立事件

債　権　者　中　堂　慎　司

債　務　者　水　島　透　子

第三債務者　深　草　信　用　金　庫

取　　下　　書

令和5年9月20日

京都地方裁判所　第5民事部　御中

申立債権者代理人弁護士　美　　山　　　彩

　頭書事件につき、債権者は、既に取り立てた金25万2500円を除くその余を取り下げます。

―――― 資料55 ――――
債務名義の奥書

本文 192 頁

令和5年（ル）第900号

　　　債 権 者　中堂慎司
　　　債 務 者　水島透子
　　　請求債権　別紙請求債権目録記載のとおり

　上記当事者間の別紙請求債権目録記載の請求債権に基づく頭書債権差押命令申
立事件について、債権者から下記金員を取り立てた旨の届け出があった。

記

　　　取 立 日　令和5年9月19日
　　　取立金額　金252，500円

　令和5年9月20日
　　　　京都地方裁判所第5民事部
　　　　　　裁判所書記官　水　口　美　紅

資料56-1

建物明渡執行申立書（1頁目）

本文 198 頁

民　事　執　行　申　立　書

京都地方裁判所　執行官　殿

令和5年3月10日　　　　　　　　　　　【家屋明渡執行用】

（〒602-0855）　〔□調書送付先〕　　　TEL　　　（　　　）
　　　　　　　　　　　　　　　　　　　　FAX　　　（　　　）

　　住　所　　京都市上京区河原町通荒神口下る上生洲町1番地
　　　　（ふりがな）

　　債権者（申立人）　　中　堂　優　香　　　　　　　　　　　（印）

　　代表者

（〒606-8396）　〔■調書送付先〕　　　TEL　075（761）○○○○
　　　　　　　　　　　　　　　　　　　　FAX　075（761）○○○○

　　住　所　　京都市左京区川端通丸太町下る　木内ビル4階　美山法律事務所

　　　（ふりがな）
　　代理人　　弁護士　美　山　　彩

（〒604-8421）　〔■調書送付先、□最後の住所・住居所不明（公示送達）〕
　　　　　　　　　〔□債務名義上の住所と異なる（□住民票あり□上申書あり）〕

　　住　所　　京都市西ノ京永本町30番地　中堂荘6号室
　　　（ふりがな）

　　債務者（相手方）　　宮　瀬　龍　子

執行の目的物（執行の場所）及び執行の方法

　別紙目録記載の家屋の明渡し執行
　（〒　　　－　　　）〔□調書送付先〕

債務名義

　京都地方裁判所　令和5年（ワ）第1234号

　〔■仮執行宣言付判決　□確定判決　□和解調書　□調停調書　□　　　　　〕

添付書類	付随申立
■執行力のある債務名義正本　　1通 ■送達証明書　　　　　　　　　1通 ■資格証明書　　　　　　　　　　通 ■委任状　　　　　　　　　　　1通 ■目的物の所在場所の略図　　　1通 □　　　　　　　　　　　　　　　通 □　　　　　　　　　　　　　　　通 □　　　　　　　　　　　　　　　通	1 執行場所へ立会します。 2 関係人に対する執行調書謄本の交付を請求する。 3 民事執行規則第129条の規定により、執行力の 　ある債務名義正本等の還付を予約する。 　（金銭債権がある場合に限る。全額弁済を除く。） 備考 搬出業者準備　　　　　　　　　〔■済、□未〕 目的外動産の保管場所準備　　　〔■済、□未〕

※注意
①債務者ごとに申立書を作成してください。
②所定事項に債務名義（判決等）を見ながら記入してください。
③債務名義にある物件目録をコピーして、それを添付し、契印（割印）してください。
④申立書（③を添付し、契印したもの）は、2部（正・副）提出してください。

資料56-2
建物明渡執行申立書（2頁目）

本文 198 頁

物　件　目　録

所　在　　京都市中京区西ノ京永本町３０番地

家屋番号　　３０番

種　類　　共同住宅

床 面 積　　１７０．５０㎡

　上記のうち、６号室２８．４２㎡（下記図面Ａ・Ｂ・Ｃ・Ｄ・Ａの各地点を順次結んだ直線で囲まれた部分）

記

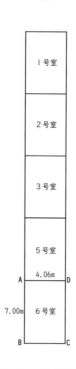

建物明渡しの催告書

本文 199、200 頁

令和5年（執口）第160号

催　告　書

債務者　宮　瀬　龍　子　殿

令和5年3月20日
京都地方裁判所
執　行　官　出　口　隼　平
（電話　075-231-〇〇〇〇）

債権者　中　堂　優　香

　上記債権者の申立てにより、あなたが占有するこの物件（6号室）に強制執行のために臨場しました。
　（ご不在の場合は、民事執行法第168条の規定により立ち入りました。）
この書面により、次のとおり催告します。

> ## 債務者は、直ちに上記の物件を明渡しされたい。

《注意》

1　強制執行実施予定日は、　4　月　13　日　午前9時00分です。
　　同予定日には、たとえ不在であっても、強制執行（強制的に家財道具等を搬出して空家にすることまたは建物等を収去して更地にすること）を実施することになります。
　　この手続は、強制執行です。安易な考えでおられると困るのは、あなたご自身です。**必ず、事前に任意退去してください。**
2　上記物件の占有を債権者以外の第三者に移転することが禁止されている旨を公示しました。上記物件及び公示書を損壊した場合は刑罰に処せられます。
3　強制執行実施日に残されていた動産は、その場で売却処分する場合があります。不要品と認めたものは廃棄処分します。別途、保管する場合もありますが、その場合の保管費用はあなたの負担となります。
4　上記物件内の動産は、すべて債務者が搬出する義務がありますが、債権者による廃棄を希望して不要品を残して行く場合は、添付の**「廃棄依頼書」**に署名・押印のうえ、物件内の目に付くところに置いて行ってください。

―――― 資料58 ――――
建物明渡しの公示書

本文 199 頁

事件番号：令和5年（執ロ）第160号

公　示　書

　　債　権　者　　中　堂　優　香
　　債権者代理人　　美　山　　　彩
　　債　務　者　　宮　瀬　龍　子

　上記不動産明渡執行事件について、次のとおり公示する。

1　本日、債務者に対し、下記不動産の明渡しを催告した。
2　債務者は、民事執行法第168条の2第5項の規定により、下記不動産の占有を移転することを禁止されている。
3　令和5年4月20日が経過するまでの間に下記不動産の占有の移転があったときは、新たな占有者に対しても強制執行を実施する。
《注意》
（1）この公示書を損壊した者は、刑罰に処せられる。
（2）下記不動産の強制執行実施予定日は、令和5年4月13日である。
（3）強制執行実施日に残されていた動産は即日売却することがある。

　　　　　　令和5年3月20日
　　　　　　京都地方裁判所
　　　　　　　　執　行　官　出　ロ　隼　平　

記

京都市中京区西ノ京永本町30番地所在
共同住宅、家屋番号30番（通称：深谷荘）、床面積170．50㎡
のうち、6号室28．42㎡

資料59
建物明渡しの見積書
本文 199 頁

見　積　書

弁護士　美　山　　彩　先生

京都市伏見区桃山町泰長老
有限会社　西　垣　商　事

見 積 日　　令和5年3月20日
執行場所　　京都市中京区西ノ京永本町30番地　中堂荘6号室
作業内容　　家屋明渡し

見積金額　　258,500円（消費税込）

（円）

品　目	数　量	単　位	単　価	金　額
トラック2t	2	台	20,000	40,000
作業員	5	名	15,000	75,000
引取梱包費	2	台分	60,000	120,000
			計	235,000
			消費税	23,500
			合　計	258,500

―――― 資料60-1 ――――

強制執行調書（断行） （1頁目）

本文 200 頁

（□にレを付けた事項）	令和 5 年（執 ロ）第 1 6 0 号

強 制 執 行 調 書／ □ 催告 ☑ 断行 □		
執行の日時	令和5年 4月13日	（午前）午後 10 時 00 分 着手
		（午前）午後 11 時 50 分 終了
執行の場所	☑令和5年3月20日の本件執行調書に添付の	
執行の目的物	☑本件申立書写しのとおり	
執行に立ち会った者	☑下記の署名者 □債務者	

執 行 の 内 容

1 執行の目的

上記執行の目的物に対する ☑不動産明渡し（引渡し）執行

□建物 収去・土地明渡し執行 □動産引渡し執行 □自動車引渡し執行

□

2 執行の内容

□別紙のとおり

□

当事者の表示等	☑上記の調書に添付の	☑本件申立書写しのとおり
執行に立ち会った者等の署名押印	債権者復代理人	北 山 京 子 ㊞
	立会人	前 川 健 司 ㊞
		□署名押印を求めたところ署名のみした。

「執行の日時」と同日

京都地方裁判所

執行官 出 口 隼 平 ㊞

───── 資料60−2 ─────

強制執行調書（断行）　（2頁目）

本文 200 頁

(別紙)　　　　　　　　　　　　　（該当番号を○で囲み、□にレ点を付けた事項）

| ① | 執行の内容 |

（1）債務名義表示の目的物件と、執行の目的物件が同一であることを認定した。

② 目的物件の占有状況等

　☑令和5年3月20日の本件執行調書の記載と同一である。

　☑債務者　　　　　　　　　　　　　が、動産を残置して占有している。
　□催告後の占有者　　　　　　　　　（以下「債務者等」は左記の者をいう。）

　□　目的物件に対して、第三者の出入り等の防止措置が講じられている。

（3）本日までの作業日時等は、別紙「作業日時表」のとおり

④ 執行官は、⑩午前・午後10時00分、強制執行の開始を宣言し、

　□債務者等　が任意に動産類の搬出作業を実施していたが、完全な履行をしないので、
　□債務者等　に、貴重品及び身の回り品等の搬出のための猶予を与え、

　☑直ちに
　□午前・午後　　時　　分　　　　　作業を開始した。

⑤ ☑目的物件に存在する目的外動産を執行補助者に搬出させた。

　☑目的物件に対する債務者等　の占有を解いて、債権者に引き渡した。

　□本件執行を次回に続行した。

⑥ ☑搬出した、☑目的外動産について、□債務者　　に引き渡した。
　　　　　　　　　　　　　　　　　□上記占有者

　□債権者等　　に引き渡すことができなかったので、

　□保管調書記載のとおり保管した。
　☑相当期間内に引き渡すことができる見込みがないものと認め、

　☑売却する旨を決定し、　　　　　☑競り売り調書のとおり売却した。
　□売却期日を、令和　年　月　日、　午前・午後　　時　　分と指定した。
　□無価値物と認定し、　　　　　　　　廃棄処分とした。
　□債務者　□上記占有者　が廃棄を求めたので、

　□強制執行実施日に売却する旨の決定を取り消した。

　☑その余の物件は、☑無価値物と認定し、
　　　　　　　　　　□債務者　□上記占有者　　が廃棄を求めたので、

　廃棄処分とした。

（7）債務者等　　に対し、上記目的外動産の引取期限及び引き取らない場合の処置について本調書謄本送付時に文書で告知することとした。

⑧ 執行官が立ち会った時間　　☑本調書冒頭の、執行の日時記載のとおり

　□午前・午後　　　時　　　分〜午前・午後　　　時　　　分
　□午前・午後　　　時　　　分〜午前・午後　　　時　　　分

⑨ 執行場所は、□全戸不在が予想されたので、□立会人　□解錠技術者　を同行した。
　　　　　　　☑全戸　□　　　　　　　　　　　　　　不在と認め、

　☑立会人を置き、□解錠技術者　　に　☑解錠させて、　　□無施錠により、
　　　　　　　　　☑債権者　　　　　　□解錠を試みさせた。

　☑立ち入った。　□債務者　　　が　□在宅　　　　　した。
　□立ち入ったところ、□　　　　　　　□帰宅

資料61
財産開示手続申立書
- -
本文 211 頁

財産開示手続申立書

令和 5 年 8 月 28 日

京 都 地 方 裁 判 所　御中

申立人代理人弁護士　美　　山　　彩

当 事 者 の 表 示　　　別紙当事者目録記載のとおり
請 求 債 権 の 表 示　　　別紙請求債権目録記載のとおり

　申立人は、債務者に対し、別紙請求債権目録記載の執行力ある判決正本に表示された請求債権を有しているが、債務者がその支払をせず、下記の要件に該当するので、債務者について財産開示手続の実施を求める。

記

1　民事執行法197条1項の要件
　　知れている財産に対する強制執行を実施しても、金銭債権の完全な弁済を得られない（2号）。
2　民事執行法197条3項の要件
　　債務者が本件申立ての日前3年以内に財産開示期日においてその財産について陳述したことを知らない。

添 付 書 類

1　執行力ある債務名義の正本　　　　　　　　　　　　　　1　通
2　同送達証明書　　　　　　　　　　　　　　　　　　　　1　通
3　財産調査報告書　　　　　　　　　　　　　　　　　　　1　通

資料62

財産調査報告書

本文 211 頁

財産調査報告書

令和5年8月28日

京 都 地 方 裁 判 所　御中

申立人代理人弁護士　美　　山　　　彩

1　不動産

　　債務者の居住地の不動産は、債務者の所有ではない（甲第1号証乃至甲第3号証）。その他の不動産は不明である。

2　債権

　(1)　預貯金債権について

　　　預貯金は不明であり、調査は困難である。

　(2)　給料債権について

　　　債務者は勤務先（〇〇株式会社）を退職しており、その後の勤務先は不明である。

3　動産

　　債務者の住居内には家財道具が存在すると思われるが、動産執行を申し立てたとしても、差し押さえるべき動産の売得金で手続費用を弁済して剰余を生ずる見込みがないとして、執行不能になると推測される。

疎　明　方　法

1　甲第1号証　　　土地登記記録全部事項証明書
2　甲第2号証　　　建物登記記録全部事項証明書
3　甲第3号証　　　地図

資料63
財産開示実施決定

本文 212 頁

令和5年（財チ）第10号

実　施　決　定

当 事 者　別紙当事者目録記載のとおり

請求債権　別紙請求債権目録記載のとおり

　当裁判所は、別紙請求債権目録記載の執行力ある債務名義の正本を有する申立人の申立てを理由があると認め、民事執行法197条1項を適用し、次のとおり決定する。

主　　文

　債務者について、財産開示手続を実施する。

　　令和5年9月1日

　　　京都地方裁判所第5民事部

　　　　裁 判 官　　芦 田 幸 雄

　　これは正本である。

　　　令和5年9月1日

　　　　京都地方裁判所第5民事部

　　　　　裁判所書記官　松 沢 佳 恵

第三者からの情報取得手続申立書（預貯金）

令和5年8月28日

京都地方裁判所　御中

申立人代理人弁護士　美　　山　　彩

当 事 者 の 表 示	別紙当事者目録記載のとおり
請 求 債 権 の 表 示	別紙請求債権目録記載のとおり

　申立人は、債務者に対し、別紙請求債権目録記載の執行力ある判決正本に表示された請求債権を有しているが、債務者がその支払をせず、下記の要件に該当するので、第三者に対し債務者の預貯金債権に係る情報（民事執行法207条1項1号）の提供を命じるよう求める。

記

1　民事執行法197条1項の要件

　　知れている財産に対する強制執行を実施しても、金銭債権の完全な弁済を得られない（2号）。

添 付 書 類

1　執行力ある債務名義の正本	1	通
2　同送達証明書	1	通
3　資格証明書	1	通
4　財産調査報告書	1	通

─────── 資料64−2 ───────

第三者からの情報取得手続申立書（預貯金）（当事者目録）

本文 216 頁

当　事　者　目　録

〒616−8104
京都市右京区太秦下刑部町10番地　吉山パレス101号
　　　　申　立　人　中　堂　慎　司

〒606−8396
京都市左京区川端通丸太町下る　木内ビル4階
　　　　美山法律事務所（送達場所）
　　　　　　　　電　話　075−761−○○○○
　　　　　　　　FAX　075−761−○○○○
　　　　申立人代理人弁護士　　美　　山　　　　彩

〒612−0021
京都市伏見区深草塚本町67
　　　　第　三　者　深　草　信　用　金　庫
　　　　代表者代表理事　三　好　浩　治

〒612−0029
京都市伏見区深草西浦町四丁目53　山本ハイツ303号
　　　　債　務　者　水　島　透　子
《債務者の特定に資する事項》
　(1) 氏名の振り仮名　　ミズシマ　トウコ
　(2) 生年月日　　　　　昭和○○年○○月○○日
　(3) 性別　　　　　　　女性
　(4) 旧住所　　　　　　京都市○○○○
　(5) 旧姓　　　　　　　○○

―――――― 資料65 ――――――
情 報 開 示 命 令

- -

本文 217頁

令和5年（情チ）第30号

情 報 提 供 命 令

当 事 者　別紙当事者目録記載のとおり

請求債権　別紙請求債権目録記載のとおり

　当裁判所は、別紙請求債権目録記載の執行力ある債務名義の正本を有する申立人の申立てを理由があると認め、民事執行法207条1項1号を適用し、次のとおり決定する。

主　　文

　第三者は、当裁判所に対し、下記各事項の情報を提供せよ。

記

1　債務者が第三者に対して有する預貯金債権の存否

2　預貯金債権が存在するときは、

（1）その預貯金債権を取り扱う店舗

（2）その預貯金債権の種別、口座番号及び額

　　　令和5年9月1日

　　　　京都地方裁判所第5民事部

　　　　　　裁 判 官　　芦 田 幸 雄

　　　これは正本である。

　　　　令和5年9月1日

　　　　　京都地方裁判所第5民事部

　　　　　　　裁判所書記官　三 上 貴 代

資料66

情 報 提 供 書

本文 218 頁

令和5年（情チ）第30号

情 報 提 供 書

京都地方裁判所第5民事部　御中

　　　　　第三者　　深草信用金庫　事務統括部
　　　　　（電話番号）　０７５－○○○－○○○○
　　　　　（担当者名）　宮野

債務者につき、下記のとおり情報を提供します。

　　　　　　　　　　　　　　　　（調査日：２０２３年９月６日）

記

Ⅰ　預貯金債権の存否　　　有
　（「無」の場合、２の記載は不要。）
２　上記預貯金債権を扱う店舗並びに種別、口座番号及び額
　■　別添のとおり
　■　本書写しを本書原本に同封して当裁判所へ送付します。

別添

残高証明書内訳表

2023年9月6日

深草信用金庫

藤森支店

水　島　透　子　様

科　目	口座番号	金　額	満期日 年	月	日	備　考
普通預金	0123456	*550,345				
		以下余白				

資料67

強制執行停止決定

本文 223 頁

令和５年（モ）第○○号

強制執行停止決定

当 事 者　　別紙当事者目録記載のとおり

　申立人は、被申立人から申立人に対する京都地方裁判所令和５年（ワ）第１２３号貸金請求事件に基づく強制執行について、請求異議の訴えを提起し、かつ、その執行の停止を申し立てた。当裁判所は、その申立てを理由があると認め、申立人に○○万円の担保を立てさせて、次のとおり決定する。

主　　文

前記債務名義に基づく強制執行は、本案判決の言渡しがあるまで、停止する。

　　　令和５年○○月○○日
　　　　　京都地方裁判所第２民事部

　　　　　裁 判 官　　永 野 桃 子

　　　これは正本である。
　　　　令和５年○○月○○日
　　　　　京都地方裁判所第２民事部
　　　　　　裁判所書記官　月　森　　愛

―― 資料68-1 ――

不動産仮差押命令申立書（1頁目・2頁目）

本文 234 頁

不動産仮差押命令申立書

令和5年1月23日

京都地方裁判所　御中

　　　　　　　債権者代理人弁護士　美　　山　　　彩　㊞

　　当事者の表示　　　　別紙当事者目録記載のとおり
　　請求債権の表示　　　別紙請求債権目録記載のとおり

申　立　の　趣　旨

　　債権者の債務者に対する上記請求債権の執行を保全するため、債務者所有の別紙物件目録記載の不動産は、仮に差し押さえる。
との裁判を求める。

申　立　の　理　由

第1　被保全権利
　1　原告は、被告に対し、次の約定に基づき金200万円を貸し渡した（甲第1号証）。
　　①　貸付年月日　　平成20年12月1日
　　②　貸付金額　　　金200万円
　　③　返済期日　　　平成24年12月1日
　　④　利　　息　　　定めず
　　⑤　損害金　　　　定めず
　2　しかし、被告は、今日に至るまで一切返済しない。
　3　よって、債権者は債務者に対して、上記金銭消費貸借契約に基づき、金200万円の貸金債権を有している。

第2　保全の必要性
　　債権者は、債務者に対し、上記貸金請求の訴訟を提起すべく準備中であるが、債権者が調査したところ、債務者の財産として唯一判明したのが本件不動産である（甲第2号証）。
　　しかし、債務者は、債権者以外にも多額の債務を負担しているようで、本件物件もいつ譲渡、処分されるかもしれない状況にあるので、請求債権保全のために本申立てに及んだ（甲第3号証）。

疎　明　方　法

1　甲第1号証　　借用書
2　甲第2号証　　土地登記事項証明書
3　甲第3号証　　陳述書

添　付　書　類

1　甲号証写し　　　　　　　　　　　　　　　　各1通
2　評価証明書　　　　　　　　　　　　　　　　1通
3　訴訟委任状　　　　　　　　　　　　　　　　1通

───── 資料68-2 ─────
不動産仮差押命令申立書（3頁目～5頁目）
- -
本文 234 頁

当 事 者 目 録

〒616-8104
京都市右京区太秦下刑部町10番地　吉山パレス101号
　　　債　権　者　　中　堂　慎　司

〒606-8396
京都市左京区川端通丸太町下る　木内ビル4階
　　　美山法律事務所（送達場所）
　　　　　　　電　話　075-761-○○○○
　　　　　　　FAX　075-761-○○○○
　　　債権者代理人弁護士　　美　山　　　彩

〒612-0029
京都市伏見区深草西浦町四丁目53　山本ハイツ303号
　　　債　務　者　　水　島　透　子

請 求 債 権 目 録

金200万円
　ただし、債権者が債務者に対し、以下のとおりの約定で貸し渡した金200万円
の貸金債権
① 貸付年月日　　平成20年12月1日
② 貸 付 金 額　　金200万円
③ 返 済 期 日　　平成24年12月1日
④ 利　　　息　　定めず
⑤ 損 害 金　　定めず

物 件 目 録

所　　在　　滋賀県草津市南笠西町
地　　番　　1000番地12
地　　目　　宅地
地　　積　　154.80㎡

　　　　　　　　　　　　　　　　　　　以　上

資料69

供 託 申 請 用 紙

本文 236 頁

供託書・ＯＣＲ用
（裁判上の保証及び仮差押・仮処分解放金）

申請年月日	令和5年1月26日
供託所の表示	京都地方法務局

供託者の住所氏名・法人名等
住所（616-8104）
京都市右京区太秦下刑部町10番地　吉山ハイツ101号
氏名・法人名等
中 堂 慎 司

被供託者の住所氏名・法人名等
住所（612-0029）
京都市伏見区深草西浦町四丁目53　山本ハイツ303号
氏名・法人名等
水 島 透 子

供託金額
¥ 4 0 0 0 0
百十億千百十万千百十円

供託者氏名カナ
ナカドウシンジ

受付
法令受付　民事保全法第14条第1項

歳入科目　裁判所
所名の名称　京都地方裁判所
事件の名称　令和5年（ヨ）第100号　不動産仮差押命令申立事件

当事者
原告　申請人　債権者　供託者
被告　相手方　債務者　被供託者

供託の原因たる事実
□訴訟費用の担保　□仮執行の担保　□仮執行を免れるための担保
□強制執行停止の保証　□仮差押取消の保証　□強制執行続行の保証
■仮差押の保証　□仮処分の保証　□仮処分執行の保証
□仮差押解放金　□仮処分解放金　□仮執行取消の保証
□その他

備考

代理人弁護士　美山　彩

（注）1. 供託金額の冒頭に¥記号を記入してください。なお、供託金額の訂正はできません。
2. 本供託書は折り曲げないでください。

印

受理　年　月　日

───── 資料70 ─────

供 託 委 任 状

- -
本文 236、237 頁

代理人の確認請求をします　　令和4年度金第2406号
弁護士　美　山　彩　　　　　　代理権限証書　確認済

供　託　委　任　状

令和5年1月26日

住　所（〒616-8104）
京都市右京区太秦下刑部町10番地
吉山パレス101号室

委任者　中　堂　慎　司　⟨印⟩

　私は、京都弁護士会所属弁護士美山彩
（事務所所在地：京都市左京区川端通丸太町下る木内ビル4階）
（電話番号：075-761-○○○○／ＦＡＸ番号：075-761-○○○○）
を代理人に選任し、下記事件に関する各事項を委任します。

記

第1　事　件
　　　債 権 者　中　堂　慎　司
　　　債 務 者　住所　京都市伏見区深草西浦町四丁目53山本ハイツ303号
　　　　　　　　氏名　水　島　透　子
　　　裁 判 所　京都地方裁判所
　　　事 件 名　令和5年（ヨ）第100号不動産仮差押命令申立事件

第2　委任事項
　1　上記事件の担保として、
　　　金40万円也を京都地方法務局へ供託する一切の権限
　2　上記供託金の取戻請求及び受領並びに同利息の請求及び受領に関する一切の
　　権限
　3　上記供託申請及び取戻請求の取下げ
　4　復代理人選任の件

───── 資料71 ─────
供　託　書
本文 237 頁

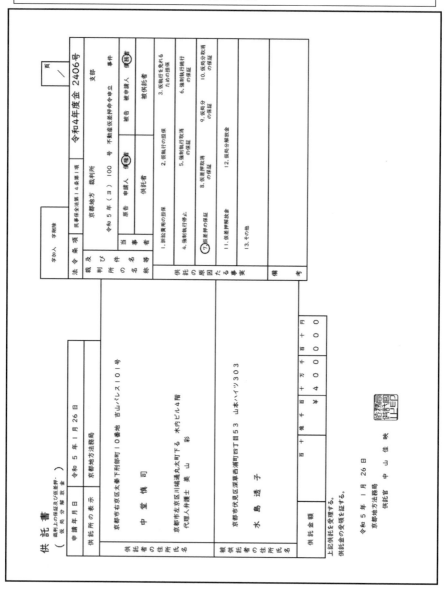

供　託　書
（裁判上の保証及び仮差押・
　　仮　処　分　解　放　金　）

字加入　字削除			頁　一

法　令　条　項	民事保全法第１４条第１項	令和４年度金 2406号	
裁判所及び事件の名称等	京都地方　裁判所　　　　　支部 令和 ５ 年 （ヨ） 100 号　不動産仮差押命令申立　事件		
当事者	原告 申請人 （債権者）　　被告 被申請人 （債務者） 供託者　　　　　　　被供託者		

供託の原因たる事実
1.訴訟費用の担保　　2.仮執行の担保　　3.仮執行を免れるための担保
4.強制執行停止　　5.強制執行取消　　6.強制執行続行の保証
⑦仮差押の保証　　8.仮差押取消の保証　　9.仮処分の保証　　10.仮処分取消の保証
11.仮差押解放金　　12.仮処分解放金
13.その他

備　考

	申請年月日	令和 ５ 年 １ 月 26 日
	供託所の表示	京都地方法務局
供託者の住所氏名		京都市右京区太秦下刑部町１０番地 吉山パレス１０１号 中堂 慎 司
		京都市左京区川端通丸太町下る 木内ビル４階 代理人弁護士 美 山 彩
被供託者の住所氏名		京都市伏見区深草西浦町四丁目５３ 山本ハイツ３０３ 水 島 遼 子

供託金額	百 十 億 千 百 十 万 千 百 十 円 ¥ 4 0 0 0 0 0

上記供託を受理する。
供託金の受領を証する。

令和 ５ 年 １ 月 26 日
京都地方法務局
供託官　中 山 佳 映

─────── 資料72 ───────

仮 差 押 決 定

本文 238、248 頁

仮 差 押 決 定

　　当事者の表示　　　　別紙当事者目録記載のとおり

　　請求債権の表示　　　　別紙請求債権目録記載のとおり

　上記当事者間の令和5年（ヨ）第100号不動産仮差押命令申立事件について、当裁判所は債権者の申立てを相当と認め、債権者に金40万円を供託する方法による担保を立てさせて、次のとおり決定する。

主　　　文

　債権者の債務者に対する前記請求債権の執行を保全するため、別紙物件目録記載の債務者所有の不動産は、仮に差し押さえる。

　債務者は、前記請求債権額を供託するときは、この決定の執行の停止又はその執行処分の取消しを求めることができる。

　　令和5年1月26日

　　　京都地方裁判所第5民事部

　　　　　　裁判官　　古　川　末　治

　　これは正本である。

　　　同 日 同 庁

　　　　　　裁判所書記官　永　村　穂　乃　香

───── 資料73 ─────

不動産登記事項証明書 （仮差押登記）

本文 240 頁

滋賀県草津市南笠西町1000-12 　　　　　　　　全部事項証明書 　　　（土地）

表 題 部 （土地の表示）		調整	平成10年8月6日	不動産番号	1234567890123
地図番号	余白	筆界特定	余白		
所在	草津市南笠西町			余白	

① 地 番	② 地 目	③ 地 積 ㎡	原因及びその日付〔登記の日付〕
1000番12	宅地	154：80	
余白	余白	余白	昭和63年法務省令第37号附則第2条第2項の規定により移記 平成10年8月6日

権 利 部 （甲 区）	（所 有 権 に 関 す る 事 項）		
順位番号	登 記 の 目 的	受付年月日・受付番号	権 利 者 そ の 他 の 事 項
1	所有権移転	平成8年8月8日 第4567号	原因 平成8年8月8日売買 所有者 大津市京町五丁目1番1号 　　　芦田幸雄 順位1番の登記を移記
	余白	余白	昭和63年法務省令第37号附則第2条第2項の規定により移記 平成12年4月1日
2	所有権移転	平成30年10月11日 第3210号	原因 平成30年10月11日売買 所有者 京都市伏見区深草西浦町四丁目53 　　　山本ハイツ303号 　　　水島透子
3	仮差押	令和5年1月29日 第1234号	原因 令和5年1月26日京都地方裁判所仮差押命令 債権者 京都市右京区太秦下刑部町10番地 　　　吉山パレス101号 　　　深谷草太

権 利 部 （乙 区）	（所 有 権 以 外 の 権 利 に 関 す る 事 項）		
順位番号	登 記 の 目 的	受付年月日・受付番号	権 利 者 そ の 他 の 事 項
1	抵当権設定	平成30年10月11日 第19876号	原因 平成30年10月11日金銭消費貸借契約同日設定 債権額 金1000万円 利息 年1.25%（年365日日割計算） 損害金 年14.5%（年365日日割計算） 債務者 京都市伏見区深草西浦町四丁目53 　　　山本ハイツ303号 　　　水島透子 抵当権者 大津市浜町一丁目5番1号 　　　株式会社京滋銀行 　　　（取扱店 深草支店）

これは登記記録に記録されている事項の全部を証明した書面である。

令和5年1月31日

大津地方法務局 　　　　　　　　登記官 　　　橋 本 志 保

※ 下線のあるものは抹消事項であることを示す。 　　　整理番号 K87000 （1／1） 1／1

───── 資料74 ─────
担保取消決定の申立書

本文 243 頁

令和5年（ヨ）第100号　不動産仮差押命令申立事件
申 立 人 　中 堂 慎 司
被申立人 　水 島 透 子

担保取消決定の申立書

令和5年9月8日

京都地方裁判所 第5民事部　御中

申立人代理人弁護士　美　　山　　彩　

　上記当事者間の頭書事件について、担保提供者は本案訴訟で勝訴し、判決確定により担保の事由が止んだので、申立人の供したる
｜　金40万円也
　京都地方法務局令和4年度金第2406号
の担保取消決定をなされたく申し立てます。

添 付 書 類

｜　判決正本（写）　　　　　　　　　　　　　　　　　　　　｜通
｜　判決確定証明書　　　　　　　　　　　　　　　　　　　　｜通

請　　書

令和　　年　　月　　日

京都地方裁判所 第5民事部　御中

申立人代理人弁護士　美　　山　　彩　

　頭書事件について、担保取消決定正本｜通を正にお請けしました。

資料75
供託原因消滅証明申請書（正本）
本文161、243頁

令和5年（ヨ）第100号　不動産仮差押命令申立事件

令和　年（モ）第　　号　担保取消申立事件

申立人　中　堂　慎　司

被申立人　水　島　透　子

収入印紙
150円

供託原因消滅証明申請書

令和5年　　月　　日

京都地方裁判所　第5民事部　御中

申立人代理人弁護士　美　　山　　彩　⑪

１　金40万円也　　京都地方法務局令和4年度金第2406号

　頭書事件について、令和5年　　月　　日付担保取消決定は確定したので、供託原因消滅の旨証明されたく申請します。

請　　　書

令和5年　　月　　日

京都地方裁判所　第1民事部い係　御中

申立人代理人弁護士　美　　山　　彩　⑪

資料76

供託金払渡請求書

本文 244 頁

供託金払渡請求書 （第25号書式）

| 請求年月日 | 令和　　年　　月　　日 |
| 供託所の表示 | 京都地方法務局 |

請求書の住所氏名印

京都市右京区太秦下刑部町１０番地
中　堂　慎　司

京都市左京区川端通丸太町下る　木内ビル４階
代理人弁護士　美　山　彰

〔代理人による請求のときは、代理人の住所氏名をも記載し、代理人が押印すること。〕

供託番号	4年度金第2406号
	年度金第　　　号
	年度金第　　　号
	年度金第　　　号

| 元本金額 | 400,000円 |

| 本　　　額 | 百十万千百十円 ￥ 4 0 0 0 0 0 |
| 合　計 | |

（注）本合計額の冒頭に￥記号を記入し、又は押印すること。

受付番号　第　　　　　　号
整理番号　第　　　　　　号

払渡請求事由及び還付取戻の別

隔地払、国庫金振替、預貯金振込を希望するときはその旨

利　息　期　間	利　息　金　額
年　月　日　から　年　月　日　まで	月　　　円
年　月　日　から　年　月　日　まで	月
年　月　日　から　年　月　日　まで	月
年　月　日　から　年　月　日　まで	月

1. 供託受諾　2. 担保権実行　3.
1. 供託不受諾　② 供託原因消滅　3.
1. 隔地払　　　3. 預貯金振込

銀行　　　　店
振込先

預貯金の種別　普通・当座・通知・別段
預貯金口座番号
預貯金口座名義人（かな書き）

受取人

2. 国庫金振替

備　考

元　　　　　件
利　　　　　件
計

承認　　年　　月　　日　㊞

年　　月　　日　㊞

上記金額を受領した。
令和　　　年　　月　　日
受取人氏名

（代理人により受け取るときは、本人の氏名及び代理人の氏名を甲）
代理人弁護士　美　山　彰
（代理人により受け取るときは、本人の氏名及び代理人の氏名を甲）

[監修者紹介]

川嶋四郎（かわしま・しろう）

同志社大学法学部・大学院法学研究科　教授
日本学術会議会員

著作
『差止救済過程の近未来展望』（日本評論社、2006年）
『民事訴訟法』（日本評論社、2013年）
『公共訴訟の救済法理』（有斐閣、2016年）
『民事訴訟の簡易救済法理』（弘文堂、2020年）
『民事訴訟法概説〔第3版〕』（弘文堂、2019年）
『民事裁判ICT化論の歴史的展開』〔共著〕（日本評論社、2021年）
『日本史のなかの裁判』（法律文化社、2022年）、ほか

[著者紹介]

山本　真（やまもと・まこと）

関西大学法学部法律学科卒
同志社大学大学院法学研究科博士後期課程満期退学（民事手続法）
法学部卒業直前の2月1日、大阪市内の法律事務所に法律事務職員として就職
現在、京都市内の法律事務所に勤務
龍谷大学法学部非常勤講師（2010年〜）

著作（共著）
『ストーリーでわかる！パラリーガル実務ガイド（刑事弁護・被害者支援）』（現代人文社、2016年）
『判例民事訴訟法入門』（日本評論社、2021年）

パラリーガルの実務感覚から学ぶ民事訴訟・執行・保全

2023年3月30日　第1版第1刷発行

監修者／川嶋 四郎
著　者／山本 真
発行所／株式会社 日本評論社
　　　　〒170-8474　東京都豊島区南大塚3-12-4
　　　　電話　03-3987-8621（販売）、-8631（編集）
　　　　振替　00100-3-16
　　　　https://www.nippyo.co.jp/
印刷／精文堂印刷　　製本／井上製本所　　装幀／神田程史
©Kawashima Shiro, Yamamoto Makoto　2023　Printed in Japan.
ISBN978-4-535-52692-1